汽车产品安全与召回技术研究报告

（2016年）

王　琰　肖凌云　巫小波　董红磊 等　著

中国质检出版社
中国标准出版社
北京

图书在版编目（CIP）数据

汽车产品安全与召回技术研究报告. 2016年 / 王琰，肖凌云，巫小波，董红磊等著. —北京：中国质检出版社，2018.1

ISBN 978-7-5026-4519-9

Ⅰ.①汽… Ⅱ.①王… Ⅲ.①汽车—产品安全性能—研究报告—中国—2016 Ⅳ.①U472. 32

中国版本图书馆CIP数据核字（2017）第281849号

*

中国质检出版社
中国标准出版社 出版发行

北京市朝阳区和平里西街甲2号（100029）

北京市西城区三里河北街16号（100045）

网址：www.spc.net.cn

总编室：（010）68533533 发行中心：（010）51780235

读者服务部：（010）68523946

中国标准出版社秦皇岛印刷厂印刷

各地新华书店经销

*

开本880×1230 1/16 印张16.75 字数308千字

2018年1月第一版 2018年1月第一次印刷

*

定价：68.00元

前　言

党的十八大以来，以习近平同志为核心的党中央将质量工作放到了前所未有的高度。作为政府加强产品安全事中事后监管、保障消费者权益和维护公共安全重要制度安排的缺陷产品召回，作用日渐凸显。《消费品标准和质量提升规划（2016—2020 年）》《中国制造 2025》和《“十三五”市场监管规划》等国家重要规划中都提出要完善和严格实施缺陷产品召回制度。2017 年 9 月 5 日发布的《中共中央　国务院关于开展质量提升行动的指导意见》中指出，要加强全面质量监管，加大缺陷产品召回力度，扩大召回范围，健全缺陷产品召回行政监管和技术支撑体系，建立缺陷产品召回管理信息共享和部门协作机制。

经过多年发展，我国汽车行业逐渐形成“履行法律义务、主动实施召回”的良好氛围，汽车召回数量逐年提升。从 2004 年至 2013 年，经过 9 年时间累计召回数量达到 1 000 万辆；从 2014 年至 2015 年，两年累计召回数量达到 1 000 万辆；2016 年仅一年时间，召回数量已经超过 1 000 万辆，达 1 133.53 万辆。本书围绕 2016 年中国汽车召回情况，从法规、标准、数据、案例和汽车安全研究热点等方面进行了系统梳理，旨在为汽车产品消费者维护自身权益提供警示性说明，为汽车产品生产者、经营者改进产品技术、提升产品安全水平提供参考性分析资料，为相关部门制定产业政策、开展监管工作提供决策性技术依据。

本书所引用召回数据均源于各国官方发布的原始召回信息，数据分类、分析方法、观点和结论均为研究性观点。书中出现的生产者、品牌或产品名称，均出于研究需要，不带有任何倾向性意见。

本书主要编撰人员：王琰、肖凌云、巫小波、董红磊、胡文浩、尹彦、宋黎、孙宁、戴劲、曲现国、王素晨、李文昭、田晶晶、冯永琴。

本书撰写得到中国标准化研究院院长基金项目（282017Y-5303、282017Y-5304、282016Y-4500）资助，撰写过程中得到王凯明高级工程师、兰凤崇教授、余贵珍教授、黄国忠教授、黄嵘高级工程师、秦洪懋博士、卢佐华院长和吴友生总经理的指导和帮助，在此表示感谢。

著　者

2017年10月

目　录

第1章 绪 论

汽车产业是各国经济发展的重要支柱产业之一，对汽车产业实施有效监管是保障汽车消费者权益、促进汽车产业健康发展的重要手段。1953 年，美国颁布《联邦车辆法》，政府由此开始对车辆进行有法可依的管理。法律授权主管部门制定汽车技术法规标准，并按照法规标准对汽车产品实施准入认证管理。1965 年，美国发生汽车交通事故 1 800 万起，造成 4.9 万人死亡，180 万人负伤，经济损失 85 亿美元，相当于国民生产总值的 1.2%。且由缺陷车辆引发的事故纠纷成为当时一种社会普遍现象，现有“认证制度”的无助导致人们对新制度的新需求。1966 年，美国国会通过《国家交通及机动车安全法》，奠定召回制度起源的法律基础，召回制度在汽车业正式开始实施。借鉴美国成功经验，各国政府对汽车产品安全的管理制度主要有：准入认证和召回制度。

1994 年，我国出台《汽车产业发展政策》，明确建立统一的道路机动车辆生产企业和产品的准入管理制度。经过 20 多年发展，我国汽车产品监管由不同行政主管部门在各自职责范围内进行管理，监管方式包括公告、CCC 认证、国家环保目录、国家质量监督抽查（国抽）、交通部油耗检测（道路运输车辆监管）、公安部交通管理部门注册审验、进口商检和缺陷产品召回等。设置过多的行政许可或准入条件，造成了过高的市场准入成本，加大了监管部门的行政责任和难以承受的行政风险。国务院总理李克强在国务院机构职能转变动员电视电话会议上指出，政府管理要由事前审批更多地转为事中事后监管，实行“宽进严管”。缺陷产品召回作为一项国家利用行政权力对产品安全进行的“后市场”监管的制度，用较少的行政成本，收到了较高的监管效率，降低了社会风险，保护了消费者的合法权益，提高了公众的安全水平，其监管的有效性得到了公认。

2004年3月12日，国家质量监督检验检疫总局（以下简称“质检总局”）会同国家发展改革委员会、商务部和海关总署联合发布《缺陷汽车产品召回管理规定》，标志着我国缺陷产品召回制度的正式实施。2004年9月，质检总局批准成立国家质检总局缺陷产品管理中心（以下简称“管理中心”，英文缩写“DPAC”）作为缺陷产品召回技术支撑机构，根据质检总局的指导和委托，承担全国缺陷汽车产品、消费品召回和汽车三包的日常管理和技术支持工作。2013年1月1日，《缺陷汽车产品召回管理条例》（国务院第626号令，以下简称《条例》，见附录Ⅰ）颁布实施，我国首次在行政法规层面对缺陷汽车产品召回管理作出规定，不仅体现了我国政府对消费者、生产者等各方面合法权益的高度重视，也成为国家产品质量安全管理的重要手段，丰富了政府服务社会的功能，对规范我国缺陷汽车产品召回与加强监督管理、保障人身与财产安全等发挥着重要作用，标志着我国对缺陷汽车产品召回管理进入了一个新的阶段。2016年1月1日，《缺陷汽车产品召回管理条例实施办法》（质检总局第176号令，以下简称《实施办法》，见附录Ⅱ）颁布实施，进一步明确和细化了《条例》中的相关程序，使之更具有可操作性。13年来，我国缺陷汽车产品召回工作从无到有，召回制度逐步完善，召回数量逐年增加（如图1–1所示），政府监管力度不断加大（如图1–2所示），消费者的维权意识和企业主动履行召回义务的意识越来越强。

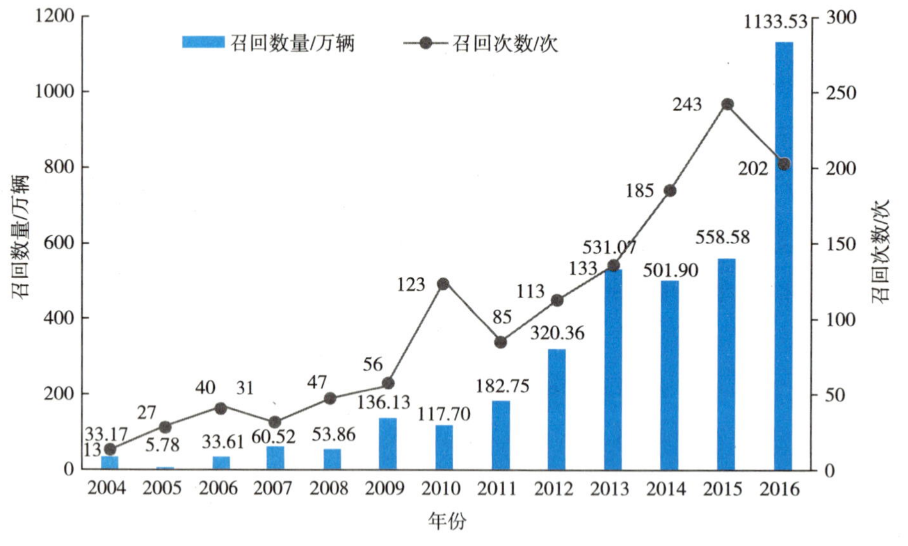

图1–1　历年汽车召回数量和次数

2017年3月24日，以“汽车召回：保障安全在路上”为主题的博鳌亚洲论坛2017年年会分论坛顺利召开，质检总局支树平局长与企业高管和专家对话（如图1–3所示）。支局长在对话中指出，汽车召回已成为社会热点，政府关心，企业关心，消费者更关心。建立缺陷产品召

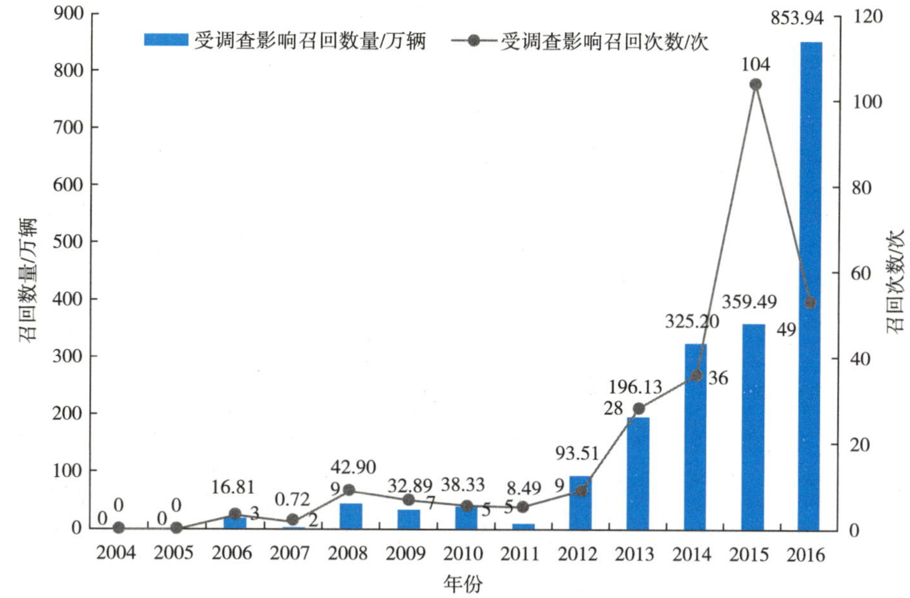

图 1-2 历年受调查影响召回的数量和次数

回制度，不仅是国际通行做法，也符合中国政府推进职能转变，加强事中事后监管的要求。党的十八大以来，以习近平同志为核心的党中央高度重视产品质量，重视老百姓的生命健康，缺陷汽车产品召回的力度明显加大。支局长用两方面的数据做了说明：一是从 2013 年开始连续三年召回突破 500 万辆大关，2016 年更是突破 1 000 万辆大关，达到 1 133.53 万辆。这 4 年召回的缺陷车辆是前 9 年的 2.89 倍。二是由质检总局缺陷调查促使企业实施召回的比例不断加大，近几年达到 60% 以上，2016 年高达 75%。甚至有些是在中国先发现，先召回，之后再引发全球召回的。

图 1-3 支树平局长博鳌亚洲论坛对话

支局长强调，企业召回的是缺陷产品，体现的是责任和担当，赢得的是信誉和市场。汽车产品在设计和制造过程中出现缺陷是难免的，召回是一个推动企业持续改进质量的过程。通过实施召回，可以倒逼企业主动提高产品安全性，改进产品研发和制造，进而提升产品质量安全水平。广大企业要主动履行召回责任，不断提高品牌美誉度，增强客户忠诚度。召回制度在维护公共安全，保障消费者合法权益，倒逼企业主动提高产品安全性、改进产品研发和制造，进而提升产品质量安全水平方面发挥了重要作用。

第 2 章　中国汽车召回政策解读及工作程序说明

2016 年中国汽车召回政策发展主要体现在两方面：一是部门规章《实施办法》颁布实施，进一步明确和细化了《条例》中的相关程序；二是国家标准《汽车产品安全风险评估与风险控制指南》（以下简称"《风险评估标准》"）形成报批稿，首次提出汽车产品安全风险评估的基本过程及风险控制的基本方法。为引导汽车行业在汽车产品安全后市场监管中有效发挥作用，正确履行缺陷汽车产品召回相关义务与责任，本章组织相关起草者对《实施办法》和《风险评估标准》进行了解读，并结合最新法规要求，对生产者备案工作流程进行说明。

2.1 《缺陷汽车产品召回管理条例实施办法》解读

2013 年 1 月 1 日《条例》开始施行，共 29 条，主要规定了"召回"的概念、召回的原因、召回的主体责任、召回程序和法律责任等几方面内容。

2016 年 1 月 1 日《实施办法》开始施行，共 6 章 43 条。在《条例》的基础上，《实施办法》在以下五个方面进行了补充完善。

（1）细化汽车产品生产者召回实施的主体责任

可追溯信息管理制度（《实施办法》第九条）、安全零部件信息保存（《实施办法》第十条）、技术服务通报（TSB）信息备案及备案信息更新（《实施办法》第十一条）等。

（2）增强汽车产品经营者的法律义务

不得销售或交付使用缺陷产品（第三十三条）等。

（3）强化零部件生产者缺陷报告、配合缺陷调查的法律义务

缺陷报告（《实施办法》第十三条）、配合缺陷调查（《实施办法》第十九条）等。

（4）完善质检系统召回监管职能与监管流程

省级质检部门参与（《实施办法》第五条等）、缺陷信息分析（《实施办法》第十五条）、风险评估与风险预警（《实施办法》第二十一条）等。

（5）明确召回技术机构的支撑作用

召回信息管理、缺陷调查、召回管理（《实施办法》第五条等）等。

2.1.1　细化汽车产品生产者召回实施的主体责任

根据《中华人民共和国产品质量法》第二十六条规定，“生产者应当对其生产的产品质量负责”，汽车产品生产者制造和出售汽车产品，应当对汽车产品的质量负责，承担汽车产品存在缺陷而引发的法律责任。因此，缺陷汽车产品的生产者是召回主体。汽车产品是复杂的工业产品，其结构复杂、供应链长、技术更新快，有相对完善的售后服务系统，生产者最了解其产品的技术情况，当汽车产品存在设计、制造、标识等方面的缺陷时，由生产者根据实际情况主动采取召回措施消除缺陷，能够取得更好的效果。实践中，绝大多数召回活动也是由生产者主动实施的。

《条例》规定了汽车产品生产者信息保存、信息备案、调查分析、配合缺陷调查、召回计划的制定、备案及通报、召回信息发布与通知车主、召回实施、召回报告的提交等主体责任。《实施办法》第三条再次强调了汽车产品召回是生产者的责任，并在以下九个方面进一步明确与细化。

（1）可追溯信息管理

《实施办法》第九条新增了生产者需构建健全汽车产品可追溯信息管理制度的要求，并阐明其意义是确保能够及时确定缺陷汽车产品的召回范围并通知车主。

可追溯性的概念在 ISO 9000：2015《质量管理体系　基础和术语》中明确为“追溯客体的历史、应用情况和所处位置的能力”。当考虑到产品和服务时，可追溯性涉及到：原材料和零部件的来源；加工的历史；产品或服务交付后的分布和所处的位置。可追溯性的概念及其作用体现在为了使监管部门和消费者能够有效监督产品的质量，要求产品具有可查询相关原材料的供应方的能力。

在汽车行业要求生产者构建健全汽车产品可追溯信息管理制度，也就是要求生产者能够做到当发现产品存在缺陷的时候，可以根据每辆车的可追溯性标识号（如车辆识别码 VIN）以及一系列可追溯性信息记录，查找到生产加工该汽车产品及其相关零部件时的过程信息，例如，人、

机、料、法、环、测、物流等要素的状态及产品检测信息，以分析出缺陷的来源，并尽快确定缺陷汽车产品的召回范围。进而再根据上述信息记录查找到问题产品的流向，促使生产者能够及时找到并通知车主，快速采取召回措施。

（2）信息保存

汽车产品相关信息十分庞杂，由此《实施办法》第十条进一步明确了与汽车产品安全密切相关的信息项内容，以及需要掌握的车主信息都包括哪些，较之《条例》第九条更加细化。该条款强调了两层含义：

一是，生产者应当建立并保存汽车产品设计、制造、标识、检验等方面的信息，其主要目的是为了确保有效地开展汽车产品缺陷分析和调查。其中，汽车产品设计、制造、标识、检验等方面的信息记录主要包括：汽车产品的设计图纸，工艺技术文件，零部件供应商和零部件改进和变更信息，生产装配的参数控制和质量控制信息，生产设备调整和维修信息，车辆生产批次信息，车辆标识信息，汽车出厂检验信息，汽车事故检测和质量检验信息，汽车维修、保养和质保索赔信息等。以上信息对于召回主管部门开展缺陷调查、监管召回实施过程，评估召回效果十分必要。

二是，生产者应当建立并保存车主信息记录，其目的为了确保生产者实施召回时能够及时通知到相关车主。通知到车主才能够落实召回活动，所以建立车主信息记录十分重要。鉴于大多数生产者很难掌握二手车车主的确切信息，所以只规定生产者必须建立并保存汽车初次销售的车主信息。初次销售的车主信息主要包括：车主名称、身份证号码、电话、手机、电子信箱、邮寄地址、邮编、所购车辆VIN码等信息。

美国召回法规也有类似要求，如《美国法典》第301章第49条第30117款规定，汽车和轮胎生产者、经营者应当保存汽车、轮胎及替换零部件的初次购买者的姓名、地址等信息，以便在召回发生时能够及时通知到相关消费者。

（3）信息备案

关于生产者应当向质检总局备案的信息项，《实施办法》第十一条在《条例》第十条的基础上，增加了“技术服务通报、公告等信息”，并强调生产者依法备案的信息发生变化的，应当在20个工作日内进行更新。

由于汽车产品的复杂性、汽车技术及产品的不断创新性、以及汽车质量问题出现的多样性，汽车产品的生产者与召回监管部门在信息和技术等方面上存在着严重的不对等现象。为确保监管部门及时、有效地掌握重要信息，加强召回监管，需要汽车生产商依法主动备案。这些备案信息对于保障汽车产品缺陷信息分析与评估、缺陷调查和召回监管等工作起到极为重要的作用，同时也进一步加强生产者的产品质量管理和召回意识。

汽车产品相关信息备案也是国际惯例。如美国《国家交通与机动车安全法》和《强化交通工具召回、责任与文件（TREAD）法案》要求汽车产品生产者对相关信息进行报告，包括汽车产品技术信息、车主信息、汽车产品在国外的召回信息、质量担保和索赔信息、涉及人员伤亡的交通事故信息等。实践证明，这些信息为美国国家公路交通安全管理局进行汽车产品的召回监管提供的十分有效的手段。

（4）调查分析

《条例》第十二条指出生产者获知汽车产品可能存在缺陷的，应当立即组织调查分析，并如实向国务院产品质量监督部门报告调查分析结果。生产者确认汽车产品存在缺陷的，应当立即停止生产、销售、进口缺陷汽车产品，并实施召回。《实施办法》第十四条在此基础上进一步明确了，在生产者开展调查分析的过程中，如认为汽车产品不存在缺陷，应当在报送的调查分析结果中说明分析过程、方法、风险评估意见以及分析结论等。《实施办法》第十五条补充说明了，生产者在接到质检总局通知要求后应立即开展调查分析并如实上报调查分析结果的职责。

调查分析的概念专门针对生产者。这一规定与美国的召回启动程序类似，根据美国《联邦机动车安全法案》的规定，机动车的制造商得知车辆存在缺陷并认定该缺陷关系到机动车安全或者该车辆不符合已生效的机动车安全标准的，则应当补救缺陷（即实施召回）。

汽车生产者可以通过多个渠道、多种方式获取汽车产品可能存在缺陷等质量问题的信息，如汽车生产企业在全国各地授权的 4S 店和特约维修店，汽车企业大量的零部件供应商，汽车生产企业在生产环节有很多质量管控点，企业生产企业通常会对其生产的汽车产品进行用户调查，境外汽车企业在境内的企业、代理商或进口商应与相应的境外汽车企业建立信息沟通和共享机制，汽车生产企业还可能通过媒体、其他检测机构的检测报告或者司法诉讼等多种渠道和方式获取其产品存在批量性质量问题的信息。汽车生产者在得到上述信息后，应当立即组织调查分析，判断汽车产品是否存在缺陷，并及时向质检总局报告，尽早实施召回，避免汽车产品缺陷造成更大范围的人身和财产损害。生产者向质检总局提交的调查分析结果的主要内容一般应当包括：起因背景、调查分析过程、分析方法、结论和应对措施。

生产者应当如实向质检总局提交其调查分析结果，不得瞒报、谎报、拖延报告调查分析结果。这样既危害了消费者等社会公众的人身、财产安全，也将损害本企业的声誉，更会因此而承担严重的法律责任。

（5）召回计划

《实施办法》第二十四条规定，生产者须在“确认汽车产品存在缺陷之日起 5 个工作日内或者被责令召回之日起 5 个工作日内”向质检总局备案召回计划，在《条例》第十六条的基础上明确了时间要求；同时，提出生产者制定召回计划，应当内容全面，客观准确，并对其内容的真实性、准确性及召回措施的有效性负责。

召回计划是生产者针对即将开展的召回活动所制定的具体实施方案，是生产者对主管部门和消费者乃至全社会的承诺，也是主管部门进行召回过程监管和召回效果评估的重要依据。

汽车生产者应制定出详细可行的召回计划，召回计划必须确保在最短的时间内消除缺陷。生产者对其制定的召回计划须担负全部法律责任。生产者应当承担召回计划的制定、备案、信息发布和车主通知的主体责任，对缺陷原因判断、召回范围准确性和召回措施有效性负责。从技术评估的可能性上来看，由于汽车产品本身的技术复杂性，生产者掌握着汽车设计、生产、制造等所有的技术和数据资料。如果由于零配件供应等原因，召回不能马上实施，生产者必须在召回计划中明确说明预计的时间以及通知车主应急处置的方法。

质检总局将会对生产者提交的召回计划进行备案，并对缺陷范围、风险及缺陷消除措施等进行评估，必要时向生产者提交相关意见和建议。即使欧美和日韩等召回制度较健全、汽车技术发达的国家对生产企业提交的召回计划也是采用备案制度，监管部门对生产者召回的监管采取“否决制”，重点在生产企业正式实施召回后加强监管，一旦发现召回措施有效性问题，立即要求企业采取其他召回措施。如果发现企业隐瞒缺陷，监管部门将实施严厉的法律制裁。召回计划一经备案，即成为具有法律效力的文书，将作为监督管理的依据。

与此同时，该条款还在《条例》第十七条中“生产者应当将报国务院产品质量监督部门备案的召回计划同时通报销售者”的基础上进一步明确强调需要以“有效方式”将召回计划通报经营者。如前所述，汽车产品的经营者虽然不是缺陷汽车产品召回的责任主体，但他们直接面向汽车产品消费者，为汽车产品消费者提供服务，与汽车产品消费者的接触也更加频繁和紧密，在缺陷汽车产品终会过程中发挥着必不可少的辅助作用。因此，生产者应当将报质检总局备案的召回计划同时通报经营者，以确保能同步了解汽车产品缺陷情况，掌握生产者实施召回的各项计划，停止销售有关缺陷汽车产品，落实生产者实施召回的措施，做好生产者与消费者等社会公众的沟通的桥梁，减少和避免缺陷汽车产品造成的人身、财产损失等。

为便于经营者及时、准确、有效地协助生产者开展召回工作，生产者向消费者通报召回计划，应当注意以下三个方面的要求：

——通报召回计划是生产者的一项法定义务，生产者必须严格按照本条规定向经营者通报召回计划。这是为了确保经营者能够及时从生产者那里获知汽车产品缺陷信息。

——生产者向经营者通报的召回计划必须是已经向质检总局备案的召回计划。这是为了保证经营者能够获取准确可靠的召回计划。

——生产者应当在向质检总局报送召回计划的同时，将召回计划通报经营者，这是对生产者通报召回计划的时限要求，生产者不得拖延向经营者通报召回计划的时间。这是为了保证经营者能够及时获取召回计划。

（6）发布信息与通知车主

生产者“发布信息”强调的是广而告之的信息传递方式，“通知车主”强调的是点对点的信息传递方式，这两项信息传递均由生产者承担主体责任。

1）《条例》第十八条规定了生产者向公众发布信息的相关要求，《实施办法》第二十六条进一步明确规定了生产者须在“自召回计划备案之日起 5 个工作日内”向公众发布缺陷汽车产品信息和实施召回相关信息，并具体细化了“便于公众知晓的方式”——“报刊、网站、广播、电视等”。同时，补充提出“生产者应当通过热线电话、网络平台等方式接受公众咨询”。

缺陷汽车产品生产者实施召回，除了要向质检总局备案召回计划外，还应当以便于公众知晓的方式向社会发布相关信息，这样规定的主要目的是为了减少和防止缺陷汽车产品可能给消费者等社会公众带来的危害，保障人身、财产安全。在向公众发布相关信息的过程中，应注意以下 3 点：

——生产者应当以上述便于公众知晓的方式发布信息。这样规定，主要是为了防止由于缺少联系方式或者汽车产品被多次转售而难以通知到车主的情形，从而最大地避免或减少缺陷汽车产品可能造成的危险；同时，最大范围地保障消费者对缺陷产品召回信息的知情权。生产者不可因存在影响企业、品牌声誉的可能性，仅采用点对点定向通知的方式通知车主，而不以便于公众知晓的方式发布信息。

——发布信息的主要内容包括：告知车主汽车产品存在的缺陷；避免损害发生的应急处置方法；生产者消除缺陷的措施、召回开始时间等事项。这些内容应与召回计划一致，不能对消费者产生误导。

——生产者应开通热线电话、网络平台等方式接受公众咨询，以收集消费者对缺陷产品相关的信息反馈，为更好地推进召回活动及评估召回措施有效性均具有积极意义。

2）《实施办法》第二十六条较之《条例》第十八条还进一步明确规定了生产者须在“30 个工作日内”告知车主汽车产品缺陷和相关处置措施，并具体细化了告知车主的方式——“挂号信等有效方式”。

生产者除使用公共传播媒介发布信息外，还应当通过挂号信、电话、传真、电子邮件等通讯方式点对点定向通知到车主。依据多年工作经验及调查结果，为有效提高我国汽车召回完成率，生产者应采取上述有效方式切实通知到消费者。

借鉴国外先进做法，我国已逐步开始对生产者的召回通知方式、挂号信格式和内容进行明确要求。美国《联邦行政法典》第 49 主题第 577.5（a）条指出“召回制造商应在发送给所有者通知函的每个信封外面标记上包括‘安全’‘召回’和‘通知’字样的符号，所有文字都要用大写字母，字号要大于地址部分的字号，而且还应以除字号以外的某种形式有别于其他字体。各制造商必须提前 5 个联邦政府工作日内向国家公路交通安全管理局提交信封样式。当国家公路交通安全管理局批准了信封格式之后就不必再提交信封的样式（除非制造商希望改变信封的格式）。”

（7）召回记录保存

《实施办法》第二十九条补充提出“生产者应当保存已实施召回的汽车产品召回记录，保存期不得少于 10 年”的要求。

通过综合分析我国汽车召回的实际情况以及汽车故障发生规律，可以发现：汽车产品的大部分缺陷会在投入使用的1~2年内发生；超过90%的召回都是10年以内的车型；10年以上的汽车被召回的概率极低，所以根据汽车缺陷实际情况，规定汽车产品相关信息保存期不少于10年。因此，对照汽车产品相关信息保存的时间要求及汽车产品被召回的概率，本办法规定召回记录的保存期同样不得少于10年。过去，这些记录大多是用纸制形式保存的，现在，绝大多数生产者和经营者都采用计算机管理系统，这些信息都是以电子形式存储的，基本可以永久保存。生产者妥善保存召回记录，可为召回信息追溯、缺陷信息分析、召回措施评估等提供重要依据。

在美国，如果汽车初次销售的日期距离召回通知书发出之日已超过10个日历年，生产者可以不对其进行免费召回维修。相比于美国，我国对缺陷汽车产品召回的期限更加严谨，召回记录保存10年，但并不代表召回活动在10年之后就会停止，召回活动的窗口会一直开放。

（8）召回报告提交

《条例》第二十条明确规定，“生产者应当按照国务院产品质量监督部门的规定提交召回阶段性报告和召回总结报告”。《实施办法》第三十条在此基础上对于提交阶段性报告（每3个月）和召回总结报告（完成召回计划后15个工作日内）均提出了详尽的时间要求。

要求生产者按期提交阶段性报告是召回过程监管的需要。根据要求，生产者在召回实施过程中应当定期就召回实施的情况向质检总局进行报告。管理中心已制定了《缺陷汽车产品召回阶段性报告》规范性表单模版，需报告的信息内容包括召回基本信息、报告提交人及联系方式、召回阶段性报告起止时间、通知车主和经营者起止时间、召回车辆总数量、本阶段召回的实际车辆数、已召回的实际车辆数、召回计划备案完成率、目前实际的完成率、进行检查但未维修的车辆数、已实施和未实施召回的车辆信息、车辆缺陷消除后是否再次发生故障或事故、无法通知到车主的情况及其他情况。

内容在事件性质严重、特殊或紧急情况下，质检总局可以不定期要求生产者提供召回阶段性报告，其频率会比一般要求要高。

召回总结报告是召回效果评估的重要依据。在召回计划完成后，生产者应向质检总局提交召回总结报告。管理中心已制定了《缺陷汽车产品召回总结报告》规范性表单模版，需报告的信息内容包括召回基本信息、报告提交人及联系方式、备案的召回起止时间、通知车主起止时间、方式及成功率、通知经营者起止时间及方式、召回车辆总数量、实际召回车辆数、预期完成率、实际完成率、召回各阶段完成情况、进行检查但未维修的车辆数、已实施和未实施召回的车辆信息、未实施召回的原因及将会采取的针对性措施、车辆缺陷消除后是否再次发生故障或事故、其他情况。

值得注意的是，提交召回总结报告并不是召回活动的终结，只要缺陷存在，召回活动就不会停止。

从国外的情况开看，美国法律对未召回车辆的进一步处置措施、下一步加强召回质量和进度监管措施的报告等也有类似规定，《联邦行政法典》第 49 主题第 573.6 条规定："从通知车主的时间开始，每次安全召回活动都要提交季度状况报告。季度状况报告必须在各季度的下一个月的 30 号提交。"

（9）其他义务与罚则

为落实《条例》"全部召回"的要求，《实施办法》第三十二条补充说明了生产者完成召回计划后，仍有未召回的缺陷汽车产品的，应当继续实施召回。

《实施办法》第三十三条补充说明了对未消除缺陷的汽车产品，生产者和经营者不得销售或者交付使用。这一点非常重要，《美国法典》第 49 主题第 30112、30120~30165 条及第 578 部分指出，"制造商尽可能迅速地通知分销商、经销商、零售商和其他购买者有关召回的情况以保证产品在补救之前不对外出售。对存在安全隐患或不符合安全标准性的制造商、分销商、经销商或零售商库存的所有机动车设备部件，制造商或分销商有义务在出售给公众之前回购。所有不符合联邦机动车安全标准的机动车或机动车设备部件的销售都是不允许的"。

此外，《实施办法》第三十五条针对生产者的罚则规定，"生产者违反本办法规定，有下列行为之一的，责令限期改正；逾期未改正的，处以 1 万元以上 3 万元以下罚款：（一）未按规定更新备案信息的；（二）未按规定提交调查分析结果的；（三）未按规定保存汽车产品召回记录的；（四）未按规定发布缺陷汽车产品信息和召回信息的"，这是对《条例》第二十二条至第二十六条未涉及情形的补充。

法律责任是法律规范的重要构成部分。它是指行为人对其违法行为所应承担的不利的法律后果。任何法律规范不仅要明确规定法律主体的权利和义务，而且要明确规定因违反义务或者侵犯权利而应当承担的责任。法律责任以法律制裁为必然后果。通过法律制裁，对人们起到教育和警示作用，从而达到预防和制止违法行为的目的。设定法律责任的根本目的之一就是促使人们遵守法律规范。

2.1.2　增强汽车产品经营者的法律义务

《实施办法》在第十二条提出"销售、租赁、维修汽车产品的经营者"统称为经营者，与《条例》第十一条的意义相同，进一步明确了经营者的概念。

《实施办法》第十二条"经营者应当建立并保存其经营的汽车产品型号、规格、车辆识别代码、数量、流向、购买者信息、租赁、维修等信息"在《条例》第十一条的基础上细化了经营者应保存的信息内容。经营者的工作性质决定了他们有条件获取汽车产品质量问题信息、维修信息和车主信息等。根据规定，这些经营者应当建立并保存好相关信息，支持生产者和质检总局开展缺陷汽车产品召回工作。

《实施办法》第三十三条还补充说明了"对未消除缺陷的汽车产品"经营者不得销售或者

交付使用。这也是国际通行做法，《美国法典》第 49 主题第 30112、30120~30165 条及第 578 部分指出，“禁止经销商向公众出售可能含有安全隐患的任何新机动车或机动车设备部件，直至对缺陷进行补救之后。对于任何违反当局规定的行为，将被处以每次从 5 000 美元到不超过 1 500 万美元的民事罚款”。

2.1.3 强化零部件生产者缺陷报告、配合缺陷调查的法律义务

根据近年来的召回实践经验，汽车产品缺陷中大部分是由汽车零部件缺陷导致的。以 2016 年汽车产品召回数据为例，据不完全统计，因零部件缺陷实施汽车产品召回共计 153 次，涉及车辆 1 109.33 万辆，占 2016 年召回总数量的 97.9%。另外，由于全球汽车工业普遍存在集团化的特点，同时很多通用零部件可能供应多个汽车品牌，零部件生产者对其供应的汽车厂商信息掌握是最全面的，规定零部件生产者的报告义务便于质检总局追溯其他缺陷零部件的流向，更好地监督其他汽车产品生产者实施召回。

故《实施办法》针对零部件生产者在报告缺陷、配合开展调查分析和缺陷调查等方面的责任和义务进行明确。

（1）缺陷报告

《实施办法》第十三条补充强调了“汽车产品零部件生产者应当向质检总局报告所获知的汽车产品可能存在缺陷的相关信息，并通报生产者”的职责。

汽车企业有大量的零部件供应商，而且这些零部件供应商大多建立了严格、完善的研发、测试和质量控制体系，如对零部件的抽样检测、生产线的检查、原料供应、物流仓储等各个环节质量管控体系的核查等，通过这些工作，供应商可能会发现一些零部件的生产或设计问题，并开展调查分析，然后将调查结果报告给汽车生产企业。

（2）配合缺陷调查

《实施办法》第十九条补充说明了“与汽车产品缺陷有关的零部件生产者应当配合缺陷调查，提供调查需要的有关资料”的责任。

与赋予质检总局必要的执法措施相对应的是，零部件生产者有义务提供有关资料。根据《中华人民共和国行政强制法》的规定，行政强制措施是指行政机关在行政管理过程中，为制止违法行为、防止证据损毁、避免危害发生、控制危险扩大等情形，依法对公民的人身自由实施暂时性限制，或者对公民、法人或者其他组织的财物实施暂时性控制的行为。具体包括限制公民人身自由；查封场所、设施或者财物；扣押财物；冻结存款、汇款等。如果生产者、经营者、零部件生产者不配合，质检总局可以依法采取必要的行政强制措施。

（3）相关罚则

《实施办法》第三十六条“零部件生产者违反本办法规定不配合缺陷调查的，责令限期改正；逾期未改正的，处以 1 万元以上 3 万元以下罚款”补充申明了零部件生产者的违法情形与处罚

措施。

《行政处罚法》授权国务院规定罚款的限额，国务院规定部门规章设定罚款的行政处罚的数量为 3 万元以下，超过限额的，应当报国务院批准。国务院可以授权具有行政处罚权的直属机构依照上述规定，设定行政处罚。本办法依照此要求制定上述罚则条款，对于违反本办法规定不配合缺陷调查且逾期未改正的零部件生产者处以最高 3 万元罚款，是部门规章最高罚款额度，再次强化了零部件生产者的法律义务，与前文条款相呼应。

2.1.4　完善质检系统召回监管职能与监管流程

缺陷汽车产品召回工作采用“中央事权、地方配合”的监管模式。为有效衔接总局和地方在缺陷汽车产品召回监管过程中的行政工作和技术工作，《实施办法》进一步强调了质检总局对于召回监管部门内部体系（总局—地方—中心）的统一部署，为后续内部分工的无缝衔接进行铺垫。

（1）进一步明确中央事权和省级质检部门职责

中央事权即指质检总局负责全国缺陷汽车产品召回的监管工作。如此规定主要基于以下 3 个方面的考虑：

——从我国汽车行业发展特点和汽车产品使用状况来看，汽车产品作为现代化大工业的产物，具有技术含量高、生产集中度高、产品分布广等特点。作为一种复杂的工业产品，汽车的生产和销售过程决定了汽车产品不限于某一个特定地域，具有广泛的地域性特点。同时，从汽车产品的使用状况来看，汽车消费者的分布也具有广泛的地域性，并且汽车产品作为重要的交通运输工具，它的使用往往是从一地到另一地，本身具有流动性。上述特点决定了汽车产品召回监管工作难以由某个行政区域的行政管理部门来管理。

——从有关部门职责的“三定”规定和我国缺陷汽车产品召回立法及实践来看，国务院办公厅《关于印发国家质量监督检验检疫总局主要职责内设机构和人员编制规定的通知》的规定，国家质量监督检验检疫总局实施缺陷产品和不安全食品召回制度，其中就包括了对全国缺陷汽车产品召回的监督管理工作，其工作责任包括：负责收集、分析与处理有关缺陷的信息；组织无利害关系的专家对汽车产品进行技术检测和鉴定；对生产者的召回活动进行监督，并根据工作需要委托地方管理机构进行有关召回的监督工作以及向社会公布已经确认的汽车产品存在缺陷的信息及实施召回的有关信息等。

——从国外有关立法和实践情况来看，一般是由中央（联邦）政府的有关部门对汽车产品召回实施监督管理。比如，美国由联邦交通部下属的国家公路交通安全管理局（NHTSA）负责监督机动车产品的召回。日本则是又国土交通省下属的汽车交通局负责这一事务。

为此，从目前汽车行业的发展状况、汽车产品本身的特点以及汽车产品消费者的分布情况以及国内外有关立法和实践等因素考量，确定由质检总局作为缺陷汽车产品召回的主管部门统一负责全国缺陷汽车产品召回的监督工作，同时需要地方进一步配合实施。

2016 年，中国汽车产销总量再创历史新高，分别完成 2 811.9 万辆和 2 802.8 万辆，连续八年蝉联全球第一，全国机动车保有量达 2.9 亿辆，其中汽车 1.94 亿辆。鉴于如此巨大的汽车产销量和保有量，需要充分发挥具有较高技术水平和监管能力的省级质检部门的作用，在缺陷汽车产品召回监管过程中，质检总局可委托省级质检部门开展相关工作。《实施办法》第四条指明“各级产品质量监督部门和出入境检验检疫机构依法履行职责”，并在条例的基础上进一步明确了受委托的省级质检部门在缺陷信息上报、缺陷调查及其报告报送、召回过程监督与情况汇报三方面的职责。具体条款有《实施办法》第八条“缺陷信息上报”、第十八条“缺陷调查”、第二十条“缺陷调查报告”和第三十四条“召回监督与汇报”。

行政委托是行政机关将其职权的一部分，依法委托给其他组织或个人行驶的法律行为，受委托者以委托机关的名义实施管理行为和行驶职权，并由委托机关承担法律责任。在缺陷汽车产品召回监督管理过程中，质检总局可以根据汽车产品召回管理工作的需要，委托省、自治区、直辖市人民政府产品质量监督部门和进出口商品检验机构协助开展部分召回监督管理工作，如进入当地生产者、经营者的生产经营场所进行现场调查，协助开展车辆事故调查，协助开展汽车产品召回过程监督和效果评估等。

（2）缺陷信息收集与分析

《条例》第六条规定要求国务院产品质量监督部门应当建立缺陷汽车产品召回信息管理系统，收集汇总、分析处理有关缺陷汽车产品信息，《实施办法》第七条在此基础上明确提出还需“备案生产者信息”，同时在描述质检总局与国务院有关部门共同建立的汽车产品“生产、销售、进口、登记检验、维修、消费者投诉、召回”等信息共享机制中，加入了“事故”信息。

同时，《实施办法》第十五条规定细化了质检总局获知汽车产品可能存在缺陷的方式，即“对缺陷汽车产品召回信息管理系统收集的信息、有关单位和个人的投诉信息以及通过其他方式获取的缺陷汽车产品相关信息进行分析”。

汽车召回可能涉及汽车全寿命过程的各个监管环节和多个监管部门，包括新车型认证和准入、车辆销售和进口、车辆登记注册、交通管理、车辆保险、车辆维修、车辆报废等。要做好缺陷汽车产品召回管理工作，离不开各相关部门的密切配合、信息共享，分工协作，这些部门在履行缺陷汽车产品召回相关监督管理工作时所获取的相关信息是汽车缺陷调查与认定、召回效果监管的重要信息资源。为了确保召回监管工作的顺利实施，各部门之间共享相关信息是非常必要的。

（3）缺陷调查

《实施办法》第十七条规定明确归纳总结了质检总局需组织开展缺陷调查的情形：生产者未按照通知要求开展调查分析的；经评估生产者的调查分析结果不能证明汽车产品不存在缺陷的；汽车产品可能存在造成严重后果的缺陷的；经实验检测，同一批次、型号或者类别的汽车产品可能存在不符合保障人身、财产安全的国家标准、行业标准情形的；其他需要组织开展缺陷调查的情形。较之《条例》第十三条规定更为全面细致。

汽车产品缺陷调查是一项细致艰难且技术性非常强的工作，质检总局与企业之间存在着严重的信息不对称，不可能掌握所有的汽车技术细节。为了确保质检总局能够切实有效地开展缺陷调查，履行监管职责，应当赋予其必要的执法措施。《条例》和《实施办法》赋予质检总局开展缺陷调查的权力，主要是考虑到缺陷汽车产品召回不仅是企业自主经营行为，也涉及公共安全和广大社会公众的利益。从平衡企业和社会公众的利益角度出发，有必要赋予行政管理部门进行开展缺陷调查的权力，一方面可以避免出现企业滥用缺陷调查分析的时效，漠视调查分析通知，干扰缺陷汽车产品召回程序等问题，另一方面也可以防范和控制汽车产品缺陷可能引发的危险后果。

从国外有关实践来看，美国国家公路交通安全管理局的缺陷调查通常分为初步分析（PE）和工程分析（EA）两个阶段，在 PE 阶段，通常有信息筛查、信息获取、信息验证等阶段，在 EA 阶段，可能需要进行检测鉴定，如果通过 EA 确定缺陷存在但生产者拒不召回的，NHTSA 有权利召开公开的听证会，各相关利益方均可参加，包括生产者、消费者、媒体等，在听取各方意见之后 NHTSA 可再次要求生产者召回。如果生产者依然拒不召回，NHTSA 可以对生产者提起诉讼，以责令其进行召回。

与此同时，《实施办法》第十八条补充说明质检总局和受委托的省级质检部门开展缺陷调查时，可“进入零部件生产者的经营场所进行现场调查”，与上文所提到的《实施办法》第十九条零部件生产者需配合缺陷调查的义务相呼应。

此外，《实施办法》第十八条所述质检总局和受委托的省级质检部门开展缺陷调查时可使用的职权中，其第（二）款可“查阅、复制相关资料和记录，收集相关证据”较之《条例》第十八条第（二）款增加了“收集相关证据”。《实施办法》第二十条明确提出质检总局和受委托的省级质检部门开展缺陷调查并进行分析后，应“形成缺陷调查报告”。

（4）增加风险预警环节

《实施办法》较之《条例》新增加了发布风险预警的环节，具体体现在第二十一条，明确指出“质检总局可以组织对汽车产品进行风险评估，必要时向社会发布风险预警信息”。

1）汽车产品安全风险评估是通过分别评估危险事件或情形的严重性和发生可能性等级，并代入风险矩阵，确定综合风险水平等级的过程。风险控制对象是已销售的汽车产品，风险控制责任主体根据综合风险水平等级制定相应的风险控制策略与措施，以减小或避免危险事件或情形的发生。风险评估的基本流程主要包括：确定风险评估对象、识别危险事件或情形、评估危险事件或情形的严重性、评估危险事件或情形发生的可能性、确定综合风险水平等级。

关于汽车产品风险评估详细内容，可参见本书 2.2 节“《汽车产品安全 风险评估与风险控制指南》标准解读”。

2）风险预警通常是在召回实施之前，为减少和避免因可能存在的缺陷所造成人身伤亡事故的发生，向公众提示汽车产品存在安全风险的做法。其触发条件有三：

——汽车产品缺陷尚未确定，但已有相关事故发生；

——汽车产品缺陷虽已确定，但由于零部件供应、涉及生产者范围不明等原因，无法及时实施召回；

——其他质检总局认为需要发布风险预警的情形。

2015 年 7 月 13 日，国家质检总局缺陷产品管理中心发布某气囊风险预警，文中介绍了该气囊所引发的事故情形与事故数据统计，及该气囊在国内外市场上的累计召回情况与涉及车辆数，并指出该气囊问题影响范围大、车型多且召回车辆的年款范围广，提醒消费者及时与生产者或授权经销商联系，以确认车辆是否在召回范围内，并尽快实施召回免费维修，以消除安全隐患。

（5）召回通知

1）《实施办法》第二十二条在《条例》第十五条的基础上进一步明确指出“质检总局根据缺陷调查报告认为汽车产品存在缺陷的，应当向生产者发出缺陷汽车产品召回通知书，通知生产者实施召回”。质检总局按照规定开展缺陷调查后，如果认为汽车产品存在缺陷，应当先通知生产者，要求生产者实施召回。在实际监管过程中，国务院产品质量监管部门在开展缺陷调查之前，已经通知过生产者，并且在调查过程中也与生产者进行了充分沟通和交流，生产者对于被调查的产品质量问题、可能涉及的产品范围和数量、可能的召回措施等情况应当比较了解。

2）该条款同时增加“生产者申请听证的或者质检总局根据工作需要认为有必要组织听证的，可以组织听证”的情形。听证制度属于行政程序中的基本制度，是指在法律规定的条件下，采用准司法的方式听取利害关系人的申辩的制度。听证是行政机关在作出影响行政相对人合法权益的决定前，由行政机关告知决定理由和听证权利，行政相对人有表达意见、提供证据以及行政机关听取意见、接纳证据的程序所构成的一种法律制度。一般认为，听证制度的基本内容主要是：

——告知和通知。告知是行政机关在作出决定前将决定的事实和法律理由依法定形式告知给利害关系人。通知是行政机关将有关听证的事项在法定期限内通告利害关系人，以使利害关系人有充分的时间准备参加听证。告知和通知在行政程序中发挥着行政机关与行政相对人之间的沟通作用，是听证中不可缺少的程序，对行政相对人的听证权起着重要的保障作用。

——公开听证。听证必须公开，让社会民众有机会了解行政机关的行政决定作出的过程，从而实现监督行政机关依法行政。但听证如涉及到国家秘密、商业秘密和个人隐私的，听证可以不公开进行。

——委托代理。行政相对人并不一定都能自如地运用法律维护自己的合法权益，因此，应当允许其获得必要的法律帮助。在听证中，行政相对人可以委托代理人参加听证，以维护自己的合法权益。

——对抗辩论。对抗辩论是由行政机关提出决定的事实和法律依据，行政相对人对此提出质疑和反诘，从而使案件事实更趋真实可靠，行政决定更趋于公正、合理。

——制作笔录。听证过程必须以记录的形式保存下来，行政机关必须以笔录作为作出行政决定的唯一依据。

（6）召回信息公布

关于质检总局需及时向社会公布的信息内容，《条例》第十八条提到应包括“已经确认的缺陷汽车产品信息以及生产者实施召回的相关信息”，在此基础上，《实施办法》第二十八条新增了“生产者召回计划”这一内容。

依照《中华人民共和国政府信息公开条例》第九条规定“行政机关对符合下列基本要求之一的政府信息应当主动公开：（一）涉及公民、法人或者其他组织切身利益的；（二）需要社会公众广泛知晓或者参与的；（三）反映本行政机关机构设置职能、办事程序等情况的；（四）其他依照法律、法规和国家有关规定应当主动公开的。”生产者召回计划与已经确认的缺陷汽车产品信息、生产者实施召回的相关信息一样，因涉及公众安全和个人的切身利益，需要社会公众广泛知晓，属于行政机关应当主动公开的信息。

（7）召回效果评估

对召回实施效果进行评估是过程监督的重要环节。《条例》中没有明确提出对召回效果评估之后的应对措施，《实施办法》第三十四条补充说明了质检总局通过召回实施情况监督和评估发现生产者的召回范围不准确、召回措施无法有效消除缺陷或者未能取得预期效果的，应当要求生产者再次实施召回或者采取其他相应补救措施。该条款弥补了《条例》相应立法空白，对召回效果评估之后应采取的行政措施进行了规定。

1）此条款旨在表明，作为缺陷汽车产品召回过程中负责监督管理的部门，质检总局应在生产者的召回实施过程中建立评价指标体系，获取基础信息和数据，通过组织无利害关系专家进行评估等多种方式对召回效果开展评估，得出结论并采取监管措施。效果评估主要涉及两个方面：召回完成比例和缺陷消除措施的有效性。其中，消除缺陷措施的有效性主要是看维修措施是否能够彻底修复故障，消除安全隐患，不能仅仅是暂时解决问题或掩盖问题，更不能因为召回维修给车辆带来其他问题。

2）此条款还表明，如果在召回过程中发现问题，主管部门将及时进行干预，必要时进行调查或要求生产者采取其他补救措施。实践证明，当缺陷严重性等级较高、影响范围较大，而生产者提供的召回措施又无法取得预期效果时，要求其采取相应补救措施是一种必要的监管手段。

在美国等发达国家，召回监管和效果评估也是主管部门的主要职责之一，美国《联邦行政法典》第 49 主题第 573.7 条提到“当局严格监管每次安全召回的技校和效力。利用消费者投诉与季度状况报告评审来评估召回行为的效果。对未解决的问题进行调查以便识别和制定解决方案”，通过暗访、专家评审召回季度报告和总结报告等多种形式，来实现召回监管和效果评估，而且召回效果评估报告要向社会公布。

2.1.5 明确召回技术机构的支撑作用

《实施办法》第五条明确指出质检总局缺陷产品召回技术机构按照质检总局的规定承担缺陷汽车产品召回信息管理、缺陷调查、召回管理中的具体技术工作”。《实施办法》第十六条还补充强调了“召回技术机构负责组织对生产者报送的调查分析结果进行评估，并将评估结果报告质检总局”。进一步细化召回技术机构的工作任务有利于实际工作的开展，主要包括两个层次的内容：一是承担相关系统、体系等的建立与运行，作为长期和专项的技术支撑工作；二是承担召回监管工作中的若干具体技术工作，与《实施办法》涉及工作程序的条款相互呼应。

管理中心作为我国缺陷产品管理领域唯一的技术支撑机构，下设汽车召回管理部、消费品召回管理部、信息管理部、新闻宣传部、研究发展部、法律事务部、三包技术服务部、实验检测部、综合管理部 9 个部门，主要承担以下具体工作：

——技术性业务工作：缺陷信息收集、备案信息管理、缺陷信息综合分析、缺陷技术初步分析、缺陷技术认定建议、制造商召回报告技术评估、召回过程监测、召回效果技术评估等。

——技术保障工作：专家和检测机构资源管理、信息系统建设与维护、缺陷工程分析实验室建设与运行、车辆事故深度调查体系建设与运行、产品伤害监测体系建设与运行。

——汽车召回关键技术研究：缺陷产品管理制度研究、缺陷产品管理相关标准化研究、汽车产品召回关键技术研究。

——消费者宣传教育：组织开展产品安全和召回管理技术培训、组织开展消费者产品安全普及教育。

由于汽车技术复杂，召回监管工作中还需要大量的技术工作作为支撑，技术工作贯穿于召回监管的各个环节中，具体技术工作包括投诉信息的收集、备案信息的管理、投诉和备案信息分析和处理、缺陷调查核实与技术分析、风险评估、检测与鉴定、召回措施有效性的分析、召回效果评估等，这些工作需要专业的召回技术机构才能完成，为行政部门的监管提供必要的技术支持。

从美国、日本等汽车工业发达国家的经验来看，这样的召回技术机构为监管部门更好地履行缺陷汽车产品召回监督管理工作提供必不可少的技术支撑和辅助作用。美国国家公路交通安全管理局（NHTSA）隶属于美国联邦交通部，现约 650 名工作人员，每年工作经费约 8 亿多美元，是美国进行汽车安全监管的主管单位，NHTSA 下设政策运营部、交通伤害控制部、车辆安全部三大部门，承担了召回工作中的大量技术性工作。日本国土交通省负责统一管理汽车召回工作，具体由其下属的汽车交通局技术安全部审查课负责汽车事故原因的调查、要求制造商调查汽车安全性能、责令召回等，国土交通省下设的独立行政法人交通安全环境研究所作为技术支撑机构，主要负责从技术上分析制造商缺陷调查报告及评估制造商召回的有效性。

2.2　《汽车产品安全　风险评估与风险控制指南》标准解读

国家标准《汽车产品风险评估与控制策略》2014 年 12 月列入国家标准委国家标准制、修订计划，由管理中心提出并组织起草，由全国产品缺陷与安全管理标准化技术委员会（SAC/TC463）归口。在制订过程中，根据标准实际编写内容，并参考相关标准，标准制订小组决定将标准更名为《汽车产品安全　风险评估与风险控制指南》。

2.2.1　标准制修订过程

管理中心于 2015 年初成立了标准起草组，起草组的人员包括了行政管理、消费者代表、整车企业代表、维修行业代表、研究人员等。标准起草组通过对 2004—2015 年汽车召回案例（1200 例）进行分析梳理，总结了缺陷可能导致的危险事件或情形，分析了典型原因，在结合对汽车整车及零部件企业的深入调研基础上，于 2016 年 9 月形成了标准征求意见稿，并通过中国标准化研究院、管理中心官方网站向社会公开征求意见，同时通过管理中心官方微信向社会和汽车行业公开征求意见。标准起草组根据公开征求意见反馈与专家评审意见结果，完成《意见汇总处理表》，同时修订了标准文本，形成标准送审稿。2017 年 9 月 29 日，GB/T 34402—2017《汽车产品安全　风险评估与风险控制指南》以 2017 年第 23 号标准公告发布。

2.2.2　标准内容解读

该标准共包括 5 个部分：第 1 部分界定了标准适用范围；第 2 部分定义了标准涉及主要术语；第 3 部分给出风险评估和风险控制的基本流程；第 4 部分为标准的主体内容，详细阐述了风险评估程序和风险等级确定的过程；第 5 部分明确指出了（或规定了）风险控制主体根据综合风险水平等级应采取的风险控制策略与措施。以下分部分进行解读：

> 1　范围
>
> 本标准规定了汽车产品风险评估基本过程以及风险控制的基本措施。
>
> 本标准适用于在汽车产品的缺陷分析和认定过程中，对已销售的汽车产品存在的不合理危险进行风险评估，并基于风险评估结果制定相应的风险控制策略。

本标准为汽车产品的风险评估过程和风险控制措施的规定提供指南。

《条例》第三条给出了“缺陷”的明确定义“是指由于设计、制造、标识等原因导致的在同一批次、型号或者类别的汽车产品中普遍存在的不符合保障人身、财产安全的国家标准、行业标准的情形或者其他危及人身、财产安全不合理危险。”根据缺陷的定义，对于缺陷的认定应包括三个方面：①非人为使用问题或环境问题；②不符合相关安全标准；③存在危及安全性的不合理危险。其中，标准符合性的问题，由于相关标准中均有明确规定，可以及时准确地根据标准进行判断，因此，本标准中所提及的风险评估不适用于汽车产品存在不符合保障人身、财产安全的国家标准、行业标准的情形，该类汽车产品应该按照相应的国家标准、行业标准中的有关规定进行管理处置。汽车产品因为其特殊性，具有高速和高能量，本身即是一个危险源，此类危险通常划分为合理危险之中。

2 术语和定义

2.1 汽车产品安全风险 motor vehicle product safety risk：汽车整车、系统、总成或零部件等因故障或失效产生危险事件或情形的严重性与发生可能性的综合。

《机械安全 设计通则 风险评估与风险减小》（GB/T 15706—2012）中 3.12 规定，风险定义为：“伤害发生的概率与伤害严重程度的组合。”《电气设备的安全 风险评估和风险降低 第 1 部分：总则》（GB/T 22696.1—2008）中 3.13 规定，风险定义为：“对伤害的一种综合衡量，包括伤害发生的概率和伤害的严重程度。”汽车产品是一种集合上万个零件的复杂产品，任何系统、零部件等出现故障或失效都会引起风险。类比其他行业对于风险的定义，结合汽车产品本身特点，对其风险作此定义。

2.2 风险评估 risk assessment：确定危险事件或情形的严重性和发生可能性的综合水平等级的过程。

《机械安全 设计通则 风险评估与风险减小》（GB/T 15706—2012）中 3.14 规定，风险估计定义为：“确定伤害可能达到的严重程度和伤害发生的概率。”《电气设备的安全 风险评估和风险降低 第 1 部分 总则》（GB/T 22696.1—2008）中 3.15 规定，风险评估定义为：“包括风险分析和风险评价的全过程。”汽车产品的使用条件和环境十分复杂，因此在由缺陷引发事故、伤害的风险传递过程中具有区别于其他类别产品的特殊性。根据对汽车产品风险评估过程的分析和论证，明确汽车产品风险评估包括两个方面：①根据危险事件或情形发生的可能性和造成伤害后果的严重性来定量风险水平；②根据“最低合理可行原则（As Low As Reasonably Practicable，ALARP）”确定其风险水平是否在可接受范围。因此，本标准在综合上述两方面内容的基础上，对汽车产品的风险评估作此定义。

2.3 风险控制 risk control：用于避免或减小危险事件或情形发生的策略。

《机械安全 风险评估 实施指南和方法举例》（GB/T 16856—2015）中 8.1 规定：“风险减小是通过采纳风险评价过程中提出的建议，并采用符合 GB/T 15706 的保护和（或）风险减小措施而达到的。”《电气设备的安全 风险评估和风险降低 第 4 部分 风险降低》（GB/T 22696.4—

2008）中 4.1 规定："风险减小是综合风险分析、评价风险过程中提出的建议，实施保护和防护措施而达到。"风险减小是目标，通过风险控制而实现。风险控制是在识别和度量风险的基础上，选择、拟定并实施的一种策略手段，通过减少或避免风险的措施手段，达到保护人员、财产安全的目标。根据我国现行法律法规规定，生产者应对其制造的产品质量负责，因此汽车产品风险控制的主体是汽车产品的生产者。

2.4　汽车产品危险 motor vehicle hazard：由于设计、制造或标识等原因使汽车整车、系统、总成或零部件等处于一种不安全状态，在这种状态下，将可能导致人身伤害或财产损失。

《机械安全　设计通则　风险评估与风险减小》（GB/T 15706—2012）中 3.4 规定："危险是潜在的伤害源。"《电气设备的安全　风险评估和风险降低　第 1 部分　总则》（GB/T 22696.1—2008）中 3.17 规定："危险即不可接受风险。"汽车产品具有结构复杂，同一性高，数量大等特点。依据上述汽车产品特点，从以下三个方面考虑对其汽车产品危险作出定义：一是指出汽车产品危险的来源，即设计、制造或者标识等过程中出现错误或遗漏；二是确定危险的属性，危险是一种不安全状态，并且危险主体是汽车产品的系统或部件；三是预测结果，危险将可能导致人身伤害或财产损失。

2.5　严重性 severity：危险事件或情形对人身、财产安全的损害程度。

《机械安全　设计通则　风险评估与风险减小》（GB/T 15706—2012）中 5.5.2.2 规定："伤害的严重程度可通过伤害损坏健康的严重程度（轻微、严重、死亡）和伤害的范围（一个人、几个人）进行评估。"《电气设备的安全　风险评估和风险降低　第 1 部分　总则》（GB/T 22696.1—2008）中 7.2.2 规定："伤害的严重程度可通过伤害的程度（轻微、严重或死亡）或者伤害的广度（一个人员、一件设备或多个人员、较广范环境的损害）进行预估。"潜在的风险可能导致危害事件的发生，而危害事件的严重性是评判风险的重要指标。

2.6　可能性 probability：汽车产品在其使用寿命周期内发生"危险事件或情形"的概率。

《机械安全　设计通则　风险评估与风险减小》（GB/T 15706—2012）、《电气设备的安全　风险评估和风险降低　第 1 部分：总则》（GB/T 22696.1—2008）中均指出，"风险的重要因素之一可能性即发生伤害的概率。"本标准是针对已销售的汽车产品进行评估，风险承担主体是汽车产品使用者。汽车产品使用寿命周期内发生危险事件或情形的概率值是通过相关预测模型计算获得的，并不等同于已经发生的事故率或伤害率。

2.7　风险评估对象：可能存在故障或失效问题的批次汽车产品。

汽车产品具有鲜明的批次性特征，将具有潜在风险的汽车产品批量投放市场，将会带来大范围、系统性的安全风险，社会危害性极大。因此，本标准将风险评估对象界定为可能存在风险的批次汽车产品。

3　总则

主要说明风险评估和风险控制的基本流程，指出风险评估的对象为"危险事件或情形"，指明风险控制主体制定风险控制的基本要求。

风险评估与风险控制是一项系统工程，因此，制定出基本框架与策略是保障其顺利实施的首要条件。本标准是针对于汽车产品系统或部件失效 / 故障导致的危害事件进行风险评估。在传统生产安全领域对于事故进行风险评估，需考虑具体场景条件下中使用者的处置措施，而汽车产品缺陷判定工作往往排除使用者主观影响因素；根据对于汽车产品由于缺陷导致伤害的风险传递路径的不确定性分析结果，不同伤害模式发生的概率是无法预测的。例如：汽车产品的电气线路短路（故障或失效）会导致电气线路过热，可能引发火灾（危险事件或情形），造成人员轻度烧伤（伤害情形 A）、重度烧伤（伤害情形 B）或烧死（伤害情形 C），在风险评估时，要对上述 A、B、C 三种伤害情形的发生概率进行预测几乎无法完成，但“引发火灾”这一危险事件或情形具有相对确定性。故综合上述考虑，选择对“危险事件或情形”进行风险评估，易于相关工作的开展。

图 2–1 是参考相关汽车风险评估、机械安全评价及消费品风险评估与控制等综合考虑的结果。例如该标准第 3 章产品直接伤害的风险评估中的图 3–6 直接伤害的产品风险评估程序如下图 2–1。

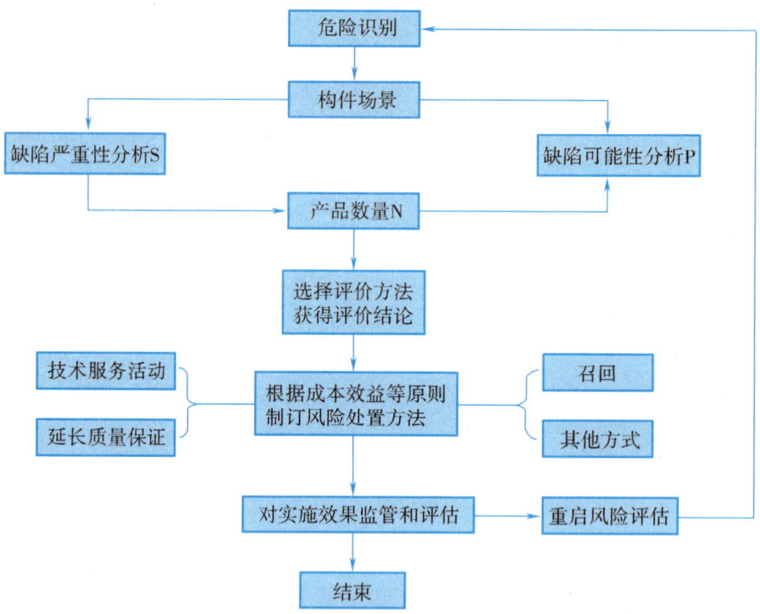

图 2–1　直接伤害的产品风险评估程序

《消费品安全管理导则》（GB/T 28803—2012）第 8 章、9 章、10 章列出的对风险估计、风险评价、风险控制的说明；以及《消费品质量安全因子评估和控制通则》（GB/T 28216—2011）中消费品质量安全因子评估与控制，如图 2–2 所示。

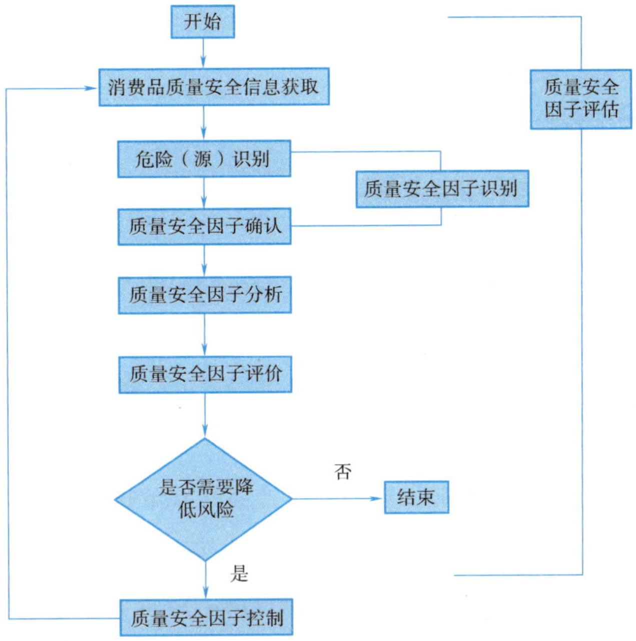

图 2–2　消费品质量安全因子评估和控制过程

具体风险控制水平可参阅汽车相关标准和条例，例如《缺陷汽车产品召回管理条例》等。

4　风险评估

4.1　风险评估基本流程

风险评估技术在不同的安全领域应用中虽然略有差异，但原理和过程是基本一致的。本标准在综合分析不同领域的风险评估流程的基础上，结合多年以来汽车产品缺陷判定工作的累积经验，将汽车产品缺陷风险评估的流程分为五个步骤：确定风险评估对象、识别危险事件或情形、评估危险事件或情形事故后果的严重性、评估危险事件或情形发生的可能性、确定综合风险水平等级。

4.2　确定风险评估对象

主要说明评估对象，并指出具体的批次范围需经过合理的分析。

汽车产品的生产具有批次性，当发现某一车型的一辆或几辆车出现失效 / 故障，政府部门和生产者应该分析找出该车的批次范围，追根溯源，从该车的设计、制造、标识等角度进行分析，不能局限于特定范围或数量的汽车，应以可能存在风险的批次汽车产品这一群体作为风险评估的对象。本标准根据缺陷的定义，从设计、制造和标识三个方面设定了风险评估的对象。

4.3　识别危险事件或情形

识别危险事件或情形的主要基础是明确缺陷导致事故的风险传递过程，并在此基础上理清多种危险事件或情形主次关系。

4.3.1　风险传递过程

对风险传递过程的分析在整个风险评估流程中具有重要的作用，也是风险评估工作中的重点和难点。

（1）建立和分析风险传递过程的目的

①识别汽车产品中可能存在的风险

分析风险传递过程，对汽车产品故障或失效进行技术分析，模拟危险事件或情形发生和可能引起伤害的场景，有利于提高汽车生产企业对风险的认识，促进汽车企业从设计及制造方面优化改良系统，提高系统可靠性，减少事故的发生。

②从宏观角度分析可能发生的事故，掌握事故发生的规律

通过对风险传递过程的分析，掌握事故的发生规律及其主要影响因素，对其伤害模式与伤害的严重程度进行总结，对多发事故及其伤害模式进行重点分析，加强事故发生后的维护措施，将损失减少到最低。

③制定和实施消除事故的合理措施，改善汽车产品的安全状况

从系统安全角度出发，进一步对造成的系统失效或故障进行分析，从而可以对系统可靠度进行定量的计算，判断系统可靠性。通过选用可靠性高的设备部件、采用提高系统冗余量、改善系统运行条件及加强检测和预防性维修保养等方式提高系统可靠性，从而减少事故的发生。

（2）风险传递过程构建的理论与方法基础

事件树分析方法（ETA–Event Tree Analysis）是一种逻辑演绎分析方法，在给定的一个初因条件的前提下，分析次事件可能导致的后续事件的结果，从而可以评价系统的可靠性和安全性。本标准所涉及的汽车风险传递过程为事后分析过程，汽车产品缺陷判定工作也是基于汽车产品产生失效或故障后分析出其风险等级，与事件树分析法具有一定契合度，因此适合采用基于事件树分析理论的风险传递过程进行风险识别。汽车的风险从最初的零部件设计制造因素导致产品缺陷──►故障──►危险──►事故──►人身──►伤害，风险从原因端向结果端传递，表现形式由确定的系统或部件发生失效 / 故障分化到若干不同的危险形态，最终产生后果（伤害、环境损失、财产损失）。这种从系统或部件失效 / 故障到伤害的风险传递，与危险演变的过程是一致的。因此，将汽车产品风险演化规律与事件树分析方法相结合形成了本标准展示的风险传递过程图。

（3）基于风险传递过程不确定性分析的风险评估终端设定

当汽车系统或零部件由于设计、制造或标识等原因形成缺陷，造成了汽车在使用过程中的系统或零部件的失效或故障，进而引发一系列可能的危险事件或情形，而每一种情形都会导致一种或多种事故的产生，而每一种事故都会对人造成一种或多种形式的伤害。以某汽车产品的电气线路短路（故障或失效）为例，构建风险传递模型（图2–3）。顶上事件为电气线路设计缺陷，导致其无法满足工作温度要求，发生短路。该故障可能导致两个危险情形：电气线路过热、人员直接接触带电部位。当电气线路过热时可能引发火灾，人员直接接触带电部位会发生触电现象。这两种情况都可能会造成人员伤害或财产损失，但人员伤害和财产损失难以进行定量判定，“引发火灾”和“人员接触”这两个危险事件和情形具有相对的确定性，易于展开风险评估。因此本标准只针对危险事件或情形进行风险评估。

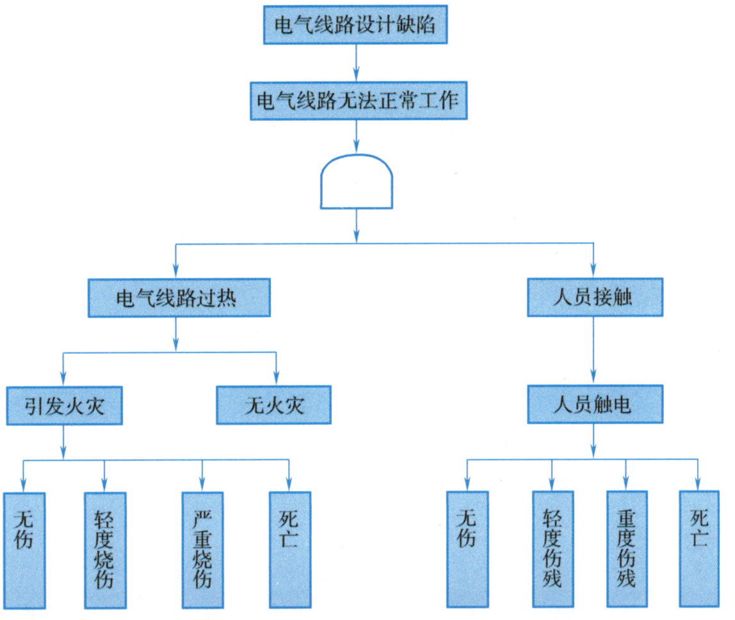

图 2–3　某汽车电气线路过热风险传递示意图

4.3.2　主要危险事件或情形的辨识

从风险传递的分析中可以知道，汽车产品的系统或部件出现失效或故障并不一定导致单一的危险事件或情形发生，实际情况往往是多种危险事件或情形的综合。直接对多种危险事件或情形进行综合分析在实际工作中较为困难，因此本标准中规定，将多种危险事件或情形按照主次进行初步排序，对主要危险事件或情形进行展开风险评估工作。当不能轻易选出主次危险事件或情形时，则可以通过专家或专业技术人员评判设定一个危险事件或情形作为主要危险事件或情形。对主要危险事件或情形进行了风险水平等级判定后，再对其他危险事件或情形进行分析，考虑对已经得出的风险评估结果的影响，由专家小组得出结论，并适当提高风险水平等级。

4.4　评估危险事件或情形的严重性

主要针对本标准给出的危险事件或情形的严重性等级划分与评定进行说明。

4.4.1　危险事件或情形的严重性等级说明

风险严重性评估是指分析和评价危险事件或情形对人身、财产安全的危害程度。严重性分为 5 个等级：高、较高、中、较低和低。

严重性等级	严重性等级说明
高	故障为突发性，且不可控，可能造成严重的人身伤害或财产损失

危险事件或情形中严重性等级“高”（以下简称“高”）的关键描述词为“失效”，主要是指车辆的整体使用功能完全丧失，或者车辆某一项操纵功能完全丧失，严重影响车辆使用安全，将可能导致极为严重的安全事故。“高”的具体说明为“故障为突发性，且不可控，可能

造成严重的人身伤害或财产损失”，重点强调了“突发性”“不可控”和“严重人身伤害或财产损失”。

“突发性”是指危险事件或情形出现没有任何的预兆，突然发生。例如：转向系统中转向横拉杆突然断裂，造成车辆转向功能突然丧失，没有给驾驶员任何警示信息。

“不可控”既包括车辆行驶或操控功能的不可控，同时也包括危险事件的发生和发展过程不可控。例如：转向横拉杆突然断裂，造成车辆转向功能突然丧失，即会导致车辆方向的完全不可控；燃料系统泄漏，在接触到外界明火或者高温表面时，会引发迅速起火，这个事件的发展过程也是不可控的；气囊在不具备点爆条件下发生点爆，这个过程也是不可控的。

“造成严重人身伤害或财产损失”是指危险事件或情形会直接导致事件接触人员死亡、重伤等严重医学后果，例如：气囊的异常点爆会直接导致人员受到严重外力伤害，转向功能突然丧失会直接导致事故的发生。

严重性等级	严重性等级说明
较高	故障为突发性，且可控性降低，可能造成人身伤害或财产损失

危险事件或情形中严重性等级“较高”（以下简称“较高”）的关键表述词为“异常”，主要是指车辆的使用功能或某一项操纵功能无法正常完成或功能实施过程中断，对车辆的使用安全性有较严重的影响，将可能导致较严重的安全事故。关于“较高”的具体说明为“故障为突发性，且可控性降低，可能造成人身伤害或财产损失”，与“高”的主要差异为“可控性降低”，包括车辆行驶或操控功能的异常，危险事件的发展过程的可控性差。例如：转向助力在行驶中完全失效，车辆的转向功能依然存在，但是操控性能出现异常；气囊展开形态异常，虽然故障的出现存在突然性，但是气囊的保护作用依然存在，只是无法达到应有的保护作用。

严重性等级	严重性等级说明
中等	故障造成车辆行驶性能或功能下降，但可控，车辆有可能继续使用，如继续使用可能会导致高、较高的严重性等级

危险事件或情形中严重性等级“中等”的关键表述词为“下降”，主要是指车辆的行驶性能或某一项操纵功能出现降低，无法完全满足实现预定的功能要求。关于“中等”的具体说明为“故障造成车辆行驶性能或功能下降，但可控，车辆有可能继续使用，如继续使用可能会导致高、较高的严重性等级”，重点强调了“行驶性能或功能下降”“可控”和“可能到导致高、较高的严重性等级”，例如：车辆转向助力效能下降，车辆转向功能和转向助力功能都存在，只是助力效能存在降低，车辆可控也可继续使用，但是若持续使用，可能会导致转向助力完全失效的情形。

严重性等级	严重性等级说明
较低	故障对车辆行驶性能或功能有部分影响，但可控，车辆可继续使用，如继续使用可能会导致较高、中等的严重性等级

危险事件或情形中严重性等级“较低”的关键表述词为“一般故障”，主要是指车辆在使用过程中出现的常见性功能缺失，但可以基本满足完成规定功能要求。关于“较低”的具体说明为“故障对车辆行驶性能或功能有部分影响，但可控，车辆可继续使用，如继续使用可能会导致较高、中等的严重性等级”，与“中等”的主要差异为“对行驶性能或功能有部分影响”和“可能会导致较高、中等的严重性等级”，例如：车辆转向无法自动回正，车辆转向功能和转向助力功能都存在，只是对转向性能有部分影响，但是若持续使用，根据故障产生的原因可能会导致进一步的危险事件。

严重性等级	严重性等级说明
低	故障对车辆安全性无直接影响

危险事件或情形中严重性等级“低”的关键表述词为“轻微故障”，主要是指车辆在使用过程中出现的轻微性功能影响，但可以满足正常完成规定功能要求。关于“低”的具体说明为“故障对车辆安全性无直接影响”。例如：车辆外观生锈，对车辆的安全性能无直接的影响。

4.4.2　严重性初步评估

危险事件或情形的严重性等级评估包括初步评估和结果修正两个步骤，在进行严重性等级初步评估时，依据上述危险事件或情形的严重性等级说明，在技术资料分析的基础上，由专业技术人员进行分析评估，初步确定严重性等级。

4.4.3　初步评估结果修正

危险事件或情形的严重性等级评估的第二个步骤为初步评估结果修正，结果修正主要考虑两个因素：易受伤人员和车辆类型。

对于易受伤人员，主要考虑具有特殊性的车辆使用与接触人群，例如：校车的主要使用人群为学生，对于与其他车辆同一类型的故障事件或情形，在进行评估修正时，可提高严重性等级。

对于车辆类型，主要考虑车辆的使用性质和用途等，例如：危化品运输车，主要用于运输危险化学品，对于与其他载货车同一类型的故障事件或情形，在进行评估修正时，可提高严重性等级。

除此之外，在进行结果修正时，也可参考实际故障或事故案例分析、试验结论等做进一步的调整。例如，车辆转向助力完全失效的故障，在实际故障案例分析时发现，故障仅发生在车辆启动自检时，在进行评估修正时，可降低严重性等级。

4.5　评估危险事件或情形发生的可能性

主要针对本标准给出的危险事件或情形的可能性等级划分与评定进行说明。

风险发生可能性不同于对以往失效/故障的统计，而是风险发生的概率预测，即缺陷车辆在其寿命周期内发生“危险事件或情形”的概率。

4.5.1 危险事件或情形发生的可能性等级

国内外风险评估标准中，可能性等级的划分都是通过定性方法确定。欧盟《非食品类消费品风险评估指南》对包括汽车在内的通用产品风险评估进行了统一和规范，将消费者被产品固有危险实际伤害的概率分为“几乎肯定，完全可以预见到”“相当可能”“不常有，但有可能”“只有极小的可能”“可以想象的，但是极不可能”“实际上不可能”“除非有帮助，否则不可能”和“不可能”八个等级。国际标准ISO 26262《道路车辆功能安全》车辆安全综合等级ASILs中将操作条件下暴露于危险中的可能性分为“不可能”“非常低的概率”“低概率”“中等概率”和“高概率”五个等级。QS 9000《故障模式及影响分析》中关于故障发生度分为“很高”“高”“中等”“低”和“极低”五个等级，分别表示“失效几乎不可避免”“失效反复发生”“失效偶尔发生”“失效相对很少发生”“失效不可能发生”。风险影响因素等级划分表征评估人员对风险的认知要程度。等级划分过细易导致认知混乱或交叉，等级划分太少不能准确界定。鉴于风险评估在产品缺陷判定领域的应用处于起步阶段，相关理论模型和方法应用处于探索阶段，对缺陷的相关认识不够深入，可能性等级划分不易过细。参考严重性等级划分和QS 9000中故障模式发生度等级划分，将可能性等级也分为五级，分别用高、较高、中、较低和低表示“危险不可避免，几乎肯定会发生”“危险很可能发生”“危险偶尔发生”“危险不太可能发生”“危险极不可能发生”。

4.5.2 可能性初步评估

一般情况下，缺陷汽车风险以零部件故障或失效形式表现，一旦缺陷零部件发生故障或失效，危险可能同时发生。因此，风险发生的可能性可用汽车零部件的故障率或失效率等效预测。失效预测的关键是能确定产品的失效模式，构造函数模型，使得观测值与分析结果符合。由于不同零部件故障率或失效率等级不同，且同一零部件的不同失效模式也不同，因此无法形成统一的故障/失效模式可能性等级。针对典型的失效模式，可采用可靠性分析中的故障失效率预测模型（如韦伯尔分布模型）计算出其失效率，然后交由零部件行业确定其水平。

零部件失效率或故障率预测需要大量相关数据，若样本数量或质量不满足要求时，可直接对危险事件或情形发生的可能性进行专家定性评估。定性评估首要考虑的是缺陷产生原因，主要包括设计原因、制造原因和标识原因。一般来讲，因汽车设计制造的一致性和批次性，致使存在设计缺陷的汽车产品发生危险的概率较高，如不采取措施其在寿命周期内一定会发生危险，风险可能性相对较高；制造缺陷具有一定的离散特征，在可追溯的区域内，缺陷原因的分布形态可能是随机的，需要采样预测缺陷的实际存在率。所以制造缺陷导致的危险（在寿命周期内）发生率相对较低，其风险可能性也相对较低。

4.5.3　初步评估结果修正

实际缺陷判定案例应用结果表明，危险事件或情形发生的可能性受到各种因素影响，如发生的场景（发生条件、车辆使用频次、车辆运行环境、车辆行驶里程）和故障的技术特点（故障或失效能否被发现、故障或失效可控性），通过分析影响因素修正风险可能性。本标准在十年缺陷汽车产品召回案例中终结出了七个主要导致危险事件或情形发生可能性发生变化的要素，最终可能性概率值要依据综合分析结果进行评判

4.6　确定风险等级水平

给出风险评估矩阵表，根据风险评估矩阵图来得出风险等级。

本标准采用风险矩阵图（图 2-4）来确定和表征汽车产品综合安全的风险水平，综合风险水平等级划分与风险主要影响因子（严重性、发生可能性）等级划分一致，综合风险水平等级划分为高、较高、中、较低、低五级，用不同数字分别表示，5 表示高；4 表示较高；3 表示中；2 表示较低；1 表示低。由于缺陷的定义中明确指出了缺陷是导致人身、财产安全的不合理危险，即在评定缺陷的综合风险水平时更关注危险事件或情形的后果严重性，因此对于危险严重性较低、可能性较高的缺陷情况的风险等级进行了调低。

可能性	严重性				
	低	较低	中	较高	高
低	1	2	2	3	3
较低	2	2	3	3	4
中	2	3	3	4	4
较高	3	3	4	4	5
高	3	3	4	5	5

图 2-4　风险评估矩阵

5　风险控制

汽车产品生产者是汽车产品质量的责任主体，也是汽车风险处置的主体。由于已销售车辆进入了流通环节，所影响范围较大，属于后市场管理的环节，依据汽车后市场管理重要的法规《缺陷汽车产品召回管理条例》的相关要求，本标准中风险控制是针对已销售车辆。

风险处置主体应参照风险水平等级，制定相应的风险处置措施。风险等级为高（第 5 级）和较高（第 4 级）的，风险处置主体应根据相应的法律法规通过实施召回活动消除车辆的安全风险。风险水平等级为中等（第 3 级）的，风险控制主体可分析国内外相关的召回案例，如果存在类似召回案例的，生产者可采取召回活动；如果没有类似召回案例，风险处置主体可自主处置。风险水平等级为低（第 1 级）和较低（第 2 级）的，风险处置主体可自主处置。

2.3 生产者召回备案工作流程说明

备案是指行政机关依照法律法规的规定，接收行政相对人报送符合条件的资料和文件，并进行收集存档，以作为后续监管和执法的信息基础的行政程序性事实行为。2016 年实施的《缺陷汽车产品召回管理条例实施办法》对生产者的召回实施与管理工作提出了更细化、更具体的要求。为了使召回计划备案管理工作更加高效化和规范化，管理中心依据《条例》《实施办法》和质检总局的相关规定，对生产者召回计划备案工作流程和召回计划备案表单进行了优化和修改。

2.3.1 优化生产者召回计划备案工作流程

管理中心受质检总局委托承担缺陷汽车产品召回计划备案管理的具体工作，包括备案资料接收、形式评估、参加备案会议、风险评估、资料归档与管理。缺陷汽车产品召回计划备案的主要流程，见图 2–5。

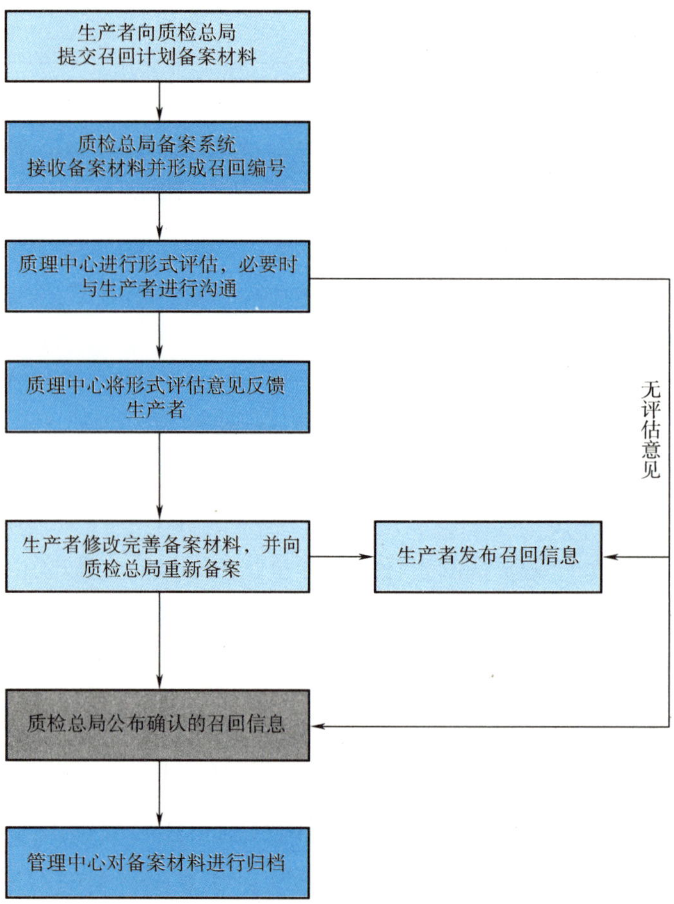

图 2–5　缺陷汽车产品召回计划备案工作流程

资料接收：在召回备案系统测试完成前，管理中心负责接收生产者提交的备案资料（包括电子版及盖章版，电子版发邮箱 vrecall@dpac.gov.cn），登记召回编号。在召回备案系统测试完成后，生产者可通过备案系统上传备案材料。

形式评估：包括信息评估和技术内容评估。信息评估主要包括生产者主体确认、生产者基本信息及车辆信息是否与备案信息一致、召回车辆 VIN 的规范性及与召回数量的匹配校验。技术内容评估主要包括缺陷及其后果描述是否合理、是否有应急处置方法、召回日程是否合理等。

首次形式评估反馈应在收到盖章版备案资料后的 2 个工作日内完成。在特殊情况下，若生产者仅能够确定“缺陷描述”部分内容，“缺陷的补救措施”“召回日程”等内容尚无法确定，形式评估可予以通过，但需在表单中明确“生产者需在确定其他信息之后，立即补充完善备案资料，并重新提交完整的备案资料”。

生产者按照形式评估意见修改完善备案资料，并再次提交管理中心评估。若备案资料修改情况不满足要求，可要求生产者再次修改，直到满足形式评估意见要求。

组织备案会议：管理中心根据形式评估情况，将是否需要组织召开备案会议的意见上报质检总局。召回活动存在以下情况之一的，应建议质检总局组织召开备案会议。

①国产汽车召回数量超过 25 万辆；进口汽车召回数量超过 3 万辆；社会影响较大的召回事件。

②车辆缺陷风险的初步评估结果为高，且缺陷描述及召回维修措施等信息缺失或与调查不一致，情况比较复杂，必须当面交流的。

③其他需要当面进行交流的。

风险评估：管理中心参照标准《汽车产品安全风险评估与风险控制指南》（报批稿）对备案的汽车产品缺陷进行风险评估。

召回计划变更：生产者修改已备案的召回计划应当重新备案。根据不同的召回进展阶段，其重新备案的流程不同，具体要求如下：

在召回信息发布之前提出变更：生产者按照正常召回备案流程提交变更后的召回计划备案材料，原召回计划备案材料退还生产者，不留存。按本工作规范重新开展形式评估、风险评估和资料归档等工作。该情形不视为一次新召回，采用相同召回编号。

在召回信息发布之后、生产者召回实施之前提出变更：生产者需按照正常召回备案程序提交变更后的召回计划备案材料，并在召回计划表单中的其他说明中注明“本次召回属于 ×××× 年 ×× 月 ×× 日发布公告的《×××××× 有限公司召回部分 ×××××× 系列汽车》召回活动的变更”，原召回计划备案材料需留存。生产者需要提交书面盖章的变更说明材料。若缺陷描述、召回措施等关键信息发生变更，管理中心按照本工作规范再次开展形式评估和信息发布，并继续进行风险评估和材料归档等工作。这种情形不视为一次新的召回，采用相同召回编号。

在生产者召回实施之后提出变更：生产者需按照正常召回备案程序提交变更后的召回计划备案材料，并在召回计划表单中的其他说明中注明“本次召回属于 ×××× 年 ×× 月 ×× 日发布且于 ×××× 年 ×× 月 ×× 日实施的《×××××× 有限公司召回部分 ×××××× 系列汽车》召回活动的变更”，原召回计划备案材料需留存。生产者需要提交书面盖章的变更说明材料。若缺陷描述、召回措施等关键信息发生变更，管理中心按照本工作规范再次开展形式评估、信息发布、风险评估和资料归档等工作。这种情形视为一次新的召回，重新形成召回编号。

2.3.2　修改完善缺陷汽车产品召回计划备案表单

《条例》第十六条规定：生产者实施召回，应当按照国务院产品质量监督部门的规定制定召回计划并备案；修改已备案的召回计划应当重新备案。为保障《条例》顺利实施，质检总局制定了《缺陷汽车产品召回计划备案表单（试行）》（以下简称原表单，包括 10 个表单）指导生产者制定召回计划。随着汽车保有量的不断增加和消费者权益保护意识的提高，缺陷汽车产品召回日益呈常态化发展。相应的，生产者备案召回计划的次数也增多。由于原表单内容繁琐、重复且存在个别不合理的地方，增加了生产者填写和管理者形式评估的难度和工作量，因此提出修订计划。

修订原则：召回计划是召回实施和召回过程监管的主要依据，原表单实行多年取得良好效果。因此，本次修订在不减少原表单主要内容和主体框架的基础上进行微调，以内容简洁、使用方便和科学合理作为本次修订的基本原则。

调整内容：召回新闻稿、召回维修作业方法和费用统计表未调整，仅变更版本号。其他调整如下：

①表单版本号由试行版调整为 1.0 版，便于与原表单区分。

②取消备案申请单，生产者是召回的责任主体，应当在确认产品存在缺陷之日起 5 个工作日内，主动制定召回计划并备案，备案无需申请。

③将申请表单中“发布召回信息的时间”的内容补充至召回计划表单的“5. 召回日程”中。

④召回公告中增加应急处置办法一栏。

⑤召回公告表单国产和进口合并。原表单增加“召回车辆生产类型（进口 / 合资 / 自主）”，“其他信息”描述为：“车主也可通过以下方式了解更多信息：国产车型（合资 / 自主）：登陆国家质检总局网站（www.aqsiq.gov.cn）、国家质检总局缺陷产品管理中心网站（www.dpac.gov.cn）以及关注微信公众号（AQSIQDPAC）。此外，还可拨打国家质检总局缺陷产品管理中心热线电话：010-59799616 反映在召回活动实施过程中的问题或提交缺陷线索。进口车型：登陆国家质检总局网站进出口商品检验栏目（jyjgs.aqsiq.gov.cn）、国家质检总局缺陷产品管理中心网站（www.dpac.gov.cn）以及关注微信公众号（AQSIQDPAC）。此外，还可拨打国家质检总局

缺陷产品管理中心热线电话：010–59799616 或地方出入境检验检疫机构的质量热线：12365（转 2 号键），反映在召回活动实施过程中的问题或提交缺陷线索。”

⑥召回通知书中增加备注：“注：生产者应当将报国务院产品质量监督部门备案的召回计划同时通报销售者；在 30 个工作日内以挂号信等有效方式，告知车主汽车产品存在的缺陷、避免损害发生的应急处置方法和生产者消除缺陷的措施等事项。”增加原因：生产者通知两者的内容和时间要求不同，通知书的内容仅为通知车主的内容。根据《条例》第十七条：生产者应当将报国务院产品质量监督部门备案的召回计划同时通报销售者，销售者应当停止销售缺陷汽车产品。第十八条：生产者实施召回，应当以便于公众知晓的方式发布信息，告知车主汽车产品存在的缺陷、避免损害发生的应急处置方法和生产者消除缺陷的措施等事项。根据《缺陷汽车产品召回管理条例实施办法》，生产者应当在 30 个工作日内以挂号信等有效方式，告知车主汽车产品存在的缺陷、避免损害发生的应急处置方法和生产者消除缺陷的措施等事项。因此，通知经营者的是召回计划，时间是备案的同时；通知车主的是“召回通知书”规定的内容，时间是 30 个工作日内。

⑦阶段性报告、总结报告中“通知经营者起止时间、通知车主起止时间”顺序调整。简化备注（3）车辆信息清单和经营者清单。

⑧召回总结报告公开版中增加召回实施起止时间。

2.3.3　替换轮胎召回计划备案表单说明

汽车轮胎作为车主可以自行更换的易损耗零部件，与行车安全密切相关，社会关注度高。对轮胎产品质量加强监管，对缺陷轮胎产品实施召回将有利于降低交通事故，减少人员伤亡。根据《条例》规定，未随车装备替换轮胎由轮胎生产者负责召回，轮胎召回在程序框架上与汽车产品召回一致，但也有差别，既将轮胎纳入召回管理范畴，同时也避免了整车召回规定对轮胎产品的不适用之处，操作上具有较大灵活性。

针对未随车装备轮胎的召回计划备案表单，参照缺陷汽车产品召回备案表单编制，并多次组织专家和企业讨论形成，具体见附录Ⅲ。

第3章　2016年国内外汽车产品召回情况

缺陷汽车产品召回次数和数量的变化，与汽车保有量、汽车产品质量、汽车产品生产者主体责任、行政监管和技术资源的投入等因素密切相关。汽车产品生产者主动召回的行为应理解为其社会责任感的体现。针对2016年我国缺陷汽车产品召回情况，从几方面进行分析：我国汽车产品缺陷信息采集与分析；我国缺陷汽车产品召回情况；中外缺陷汽车产品召回对比；我国缺陷汽车产品召回过程监督实施情况。

3.1　汽车产品缺陷信息采集与分析

3.1.1　汽车产品缺陷信息采集

（1）投诉信息

汽车产品出现疑似缺陷后，消费者通过国家质检总局缺陷产品管理中心官方网站（www.dpac.gov.cn）、微信公众号（国家质检总局缺陷产品管理中心）、投诉热线（010-59799616）、投诉邮箱（tousu@dpac.gov.cn）等方式向管理中心提交缺陷投诉报告，如图3-1所示。

缺陷产品管理中心通过呼叫中心、网站、微信、邮箱、邮寄、传真等多种方式和渠道收集消费者关于与安全相关的缺陷投诉信息，包括42个数据项，分为三部分：联系人信息、车辆信息和缺陷描述信息，具体见表3-1。

图 3–1　缺陷投诉方式

表 3–1　汽车产品缺陷信息采集数据要求

数据项分类	数据项名称	数据来源	是否格式校验	备注
联系人信息	*车主姓名	消费者录入		
	*性别	消费者录入		
	*证件类型	字典项		
	*证件号码	消费者录入	18 位校验	
	*联系人	消费者录入		
	*手机	消费者录入	11 位校验	
	电话	消费者录入		
	电子信箱	消费者录入		
	*所在省市	字典项		
	所在地市	字典项		
	邮政编码	消费者录入	6 位校验	
	联系地址	消费者录入		
车辆信息	*品牌	备案信息		
	*生产者名称	备案信息		
	*年款	字典项		
	*车型系列	备案信息		
	*车型名称	备案信息		
	具体型号	备案信息		
	*VIN 码 / 车架号	消费者录入	17 位校验	
	变速器类型	字典项		
	发动机排量［升（L）］	消费者录入	数字校验	
	发动机号	消费者录入		
	*购买日期	消费者录入		
	*行驶里程［千米（km）］	消费者录入	数字校验	
	购买店铺	消费者录入		
	牌照号码	消费者录入		

续表

数据项分类	数据项名称	数据来源	是否格式校验	备注
车辆信息	*国产 / 进口	根据品牌自动选择		
	*自主 / 合资 / 进口	根据品牌自动选择		
缺陷描述信息	*所在总成	字典项		
	*所在分总成	字典项		
	三级总成	字典项		
	具体部位	消费者录入		
	*轮胎品牌	消费者录入		当总成选择“轮胎和车轮”时才需填写
	*轮胎规格	消费者录入	固定格式录入	当总成选择”轮胎和车轮”时才需填写
	涉及零部件是否为车辆出厂时原装零部件	消费者录入		
	*缺陷描述	消费者录入		
	其他情况说明	消费者录入		
	添加附件	消费者录入		
	是否发生交通事故	消费者录入		
	是否造成人员伤亡	消费者录入		
自动生成	编号	自动生成		
	填报时间	自动生成		
	授权委托企业名称	根据品牌自动生成		
	缺陷报告方式	自动生成		管理端可选择
	工作重要性级别	自动生成		管理端可选择
	状态	自动生成		
	录入人员	管理端自动生成		
	所在单位	管理端自动生成		

注：* 为必填项。

（2）产品备案信息

依据《条例》及《实施办法》，汽车产品生产者承担信息备案的责任和义务。汽车产品生产者日常备案信息内容包括：

● 生产者基本信息

➢ 国产产品生产者：生产者基本信息登记表、企业法人营业执照副本、组织机构代码证、生产厂基本信息登记表。

➢ 进口产品生产者：生产者基本信息登记表、企业法人营业执照副本、组织机构代码证、境外制造商基本信息登记表。

➢ 如果生产者委托其他企业代其开展在中国境内的汽车召回管理相关工作，还需备案《汽车召回授权委托书》、生产者授权委托企业基本信息登记表。

● 汽车产品相关信息

➢ 车型信息主要包括：品牌、车型系列、车型名称、型号、境外通用名称等信息。

➢ 配置信息主要包括：车辆类别、品牌、车型系列、车型名称、型号、年款、排量、投产日期、上市时间、载重量、最大总质量、外形尺寸、发动机类型、变速器类型、制动系统类型、转向系统类型、安全带装备类型、安全气囊装备数量及类型、轮胎品牌与规格、维修手册、配件目录、用户使用手册、车辆规格与技术参数等信息。

➢ 经销商信息主要包括：销售者 / 修理者名称、法定代表人、组织机构代码、详细地址、电子邮件、办公电话、服务电话、业务负责人姓名、月平均维修能力、涉及品牌等信息。

➢ 车主信息主要包括：VIN 号码、型号、发送机号、生产日期、购买时间、经销商名称、车主姓名、身份证号、固定电话、手机号码等信息。

➢ 安全故障信息是指影响行车安全的车辆故障案例信息。主要包括：品牌、车型系列、车型、VIN 号码、发动机号、车主姓名、车主联系方式、故障现象、故障所属系统及其位置、故障产生原因、可能产生的危险及其严重程度、导致的后果、故障维修措施、零部件供应商信息、处理情况等信息。

➢ 境外召回说明是指当境外召回的车型或类似车型可能在中国市场进行销售，或可能与在中国生产 / 销售的车型采用通用零部件时，不论车型是否已在中国市场进行召回，生产者应将该类境外召回信息进行备案。主要包括：发布日期、召回开始时间、涉及国家、召回数量、车型、召回原因、改进措施、市场处置措施、是否涉及中国市场、原始文件等信息。

➢ VIN 编码规则：颁发产品生产合格证的企业针对名下所有汽车产品的车辆识别代码（VIN）编码规则。

➢ 技术服务公告（TSB）是指面向特定和非特定车型范围的“市场活动”“客户满意服务”“客户咨询活动”类的信息和各类通知，或者其他涉及到特定和非特定车型范围的车辆维修和零部件更换的活动通知或文件。TSB 内容主要包括：标题、通报类型、编号、总成分类、品牌、车型系列、发布日期、原始文件等信息。

（3）国外召回信息

美国、欧盟、澳大利亚、德国、韩国、日本、英国官方网站发布的汽车产品召回信息。国外召回信息来源包括美国高速公路交通安全管理局；欧盟非食品类产品快速预警系统；澳大利亚产品安全与召回委员会；德国汽车服务局；韩国国土交通部；日本国土交通省；英国车辆和驾驶员服务局等。

（4）国内召回信息

国内召回数据的以质检总局和中心网站发布的召回新闻和召回公告内容为准。主要包括汽车召回编号、发布日期、品牌属性、车辆类型、生产者名称、品牌、召回车型范围、召回数量、召回缺陷概述等内容，具体见表 3–2。

表 3–2　国内召回信息采集字段项

召回公告发布日期	召回措施	报告接收日期
召回编号	生产国	记录创建日期
汽车制造商	国外召回申报日期	相关法规章节编号
车名	国外召回开始日期	相关联邦机动车安全标准号
涉及车型	召回类型	车辆零部件型号
召回数量	VIN 起止码	车辆零部件制造商
生产开始日期	年款	销售开始时间
生产终止日期	涉及总成组件（不合格部位）	销售结束时间
缺陷概述	召回发起者	来源（网址链接）

（5）舆情信息

舆情信息是指基于汽车产品质量与安全主题内容进行的日常网络舆情信息监测以及针对具体的事件进行的专项网络舆情监测，来源包括公共网络媒体和自媒体等。

3.1.2　汽车产品缺陷信息处理

信息分析的内容主要是对缺陷信息、技术服务公告信息、企业境外召回备案信息、国外召回信息、国内召回信息进行的信息的聚类和信息间的关联分析，包括定性的和定量的判断，如缺陷信息数量增减变化趋势、缺陷问题的严重性、汽车的销量情况等。从信息的流程来说分为信息采集、信息的清理、信息的聚类分析、信息间的关联分析这四个重要环节，如图 3–2 所示。

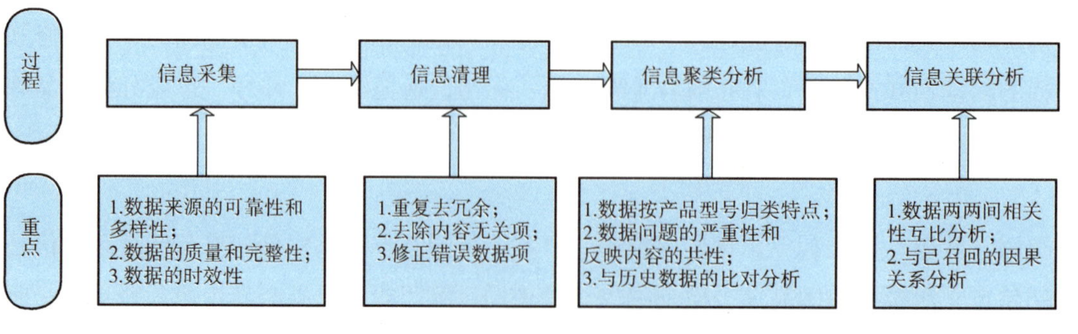

图 3–2　汽车产品缺陷信息处理过程

（1）基础信息的预处理

根据汽车产品缺陷信息采集数据要求，对缺陷信息进行筛查，踢出无效的信息，形成汽车产品缺陷信息案例。

（2）基础信息的关联分析

● 企业境外召回备案信息与国内召回对比

企业境外召回备案信息与国外召回信息分析的重点比对国内召回信息在国内是否有类似车型或同平台或同配件车型、生产者企业是否已完成境外召回信息备案；根据召回缺陷描述比对、分析查找存在备案漏报以及可能国外召回国内也涉及的车型，具体如图 3–3 所示。

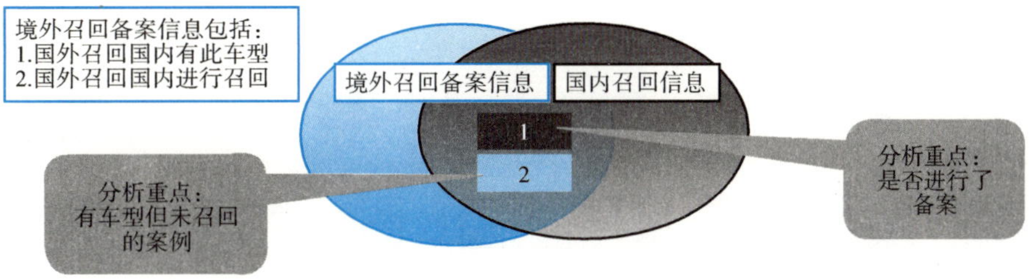

图 3–3　境外召回备案与国内召回数据关联分析

● 已召回案例与投诉信息对比

企业发布了召回新闻及召回公告，表示对这一问题已有消除缺陷的处理方式。企业召回信息发布一段时间后的召回依然有投诉。需要考虑召回范围的准确性、召回措施的有效性。

● 汽车产品缺陷网络舆情信息分析

日常监测舆情信息：通过设置目标关键词对互联网中相关新闻、微博进行日常舆情监测，所监测的信息用于辅助判断一段时间内的总体情况。主要从舆情信息传播广度、受众深度、传播速度等因素进行传播影响力分析，在海量媒体信息中快速锁定典型案例，并以此为切入点，挖掘相关信息线索、进行风险预警、分析事件的发展动态，从舆情信息的角度为汽车产品质量特别是质量安全信息提供信息传播影响力评价量化指标，该指标客观的反映了该汽车产品在互联网中的传播范围、受众反映、媒体评价、信息热度等，为缺陷信息分析及重点问题预警提供时效性强、易用性高、客观准确的判断依据。

专项监测舆情信息：专项舆情监测是指针对具体事件进行的依据信息来源的媒介权重、信息传播的广度、信息被转发和点评的数量、单位时间内信息的传播速度来进行的传播影响力评估分析。

（3）缺陷信息会商

缺陷信息案例内容包括七部分：缺陷投诉数据、技术服务公告、境外召回备案数据、国外召回数据、国内召回数据和其他如信访、总局网站留言等内容。具体分析过程如下：依据《故障严重性等级表》对缺陷信息严重度等级进行评定；选取该会商周期内涉及车辆安全的新增技术服务公告；根据国内车辆保有情况筛选出相关的境外召回备案数据、国内外召回数据；根据中心采集的事故案例，筛选由车辆故障引发的交通事故。以投诉数据为主线，对会商周期内采集到的信息进行关联归并到已有会商案例库。依据《综合信息会商制度及工作指南》组织召开会商会议，按照《综合信息会商评估方法及要求（试行）》对会商库重点内容进行故障严重等级评分；形成会议纪要并根据会上讨论结果修订“综合信息会商库”发业务部门和质检总局相关部门，分析过程如图 3–4 所示。

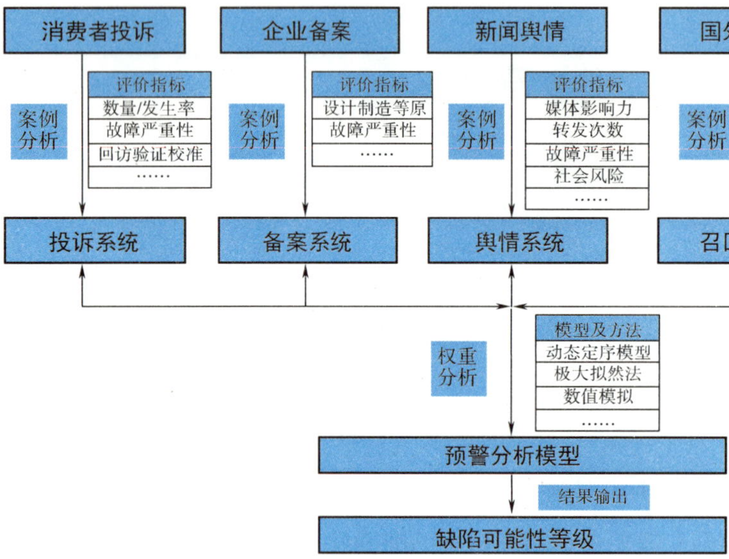

图 3–4　汽车产品缺陷信息会商

（4）缺陷技术会商

缺陷分析部分根据缺陷信息会商结果筛选严重度等级高、影响范围广的案例优先进行技术分析、取证调查，最终根据技术分析结果决定案例处理措施。

3.1.3　汽车产品缺陷投诉情况

汽车产品缺陷投诉数量增长与我国缺陷汽车召回法规、汽车销售数量、社会热点事件、消费者安全意识四方面密不可分。我国 2004—2016 年汽车产品缺陷投诉数量如图 3–5 所示，总体呈现稳步增长趋势。由此可见，随着我国缺陷汽车产品召回制度的逐步完善，消费者的汽车产品缺陷“投诉意识”逐渐增强。

2016 年，汽车产品缺陷投诉以故障总成进行分类，传动系、车身、发动机缺陷排名前三。图 3–6 是我国 2016 年缺陷投诉涉及总成分布情况。

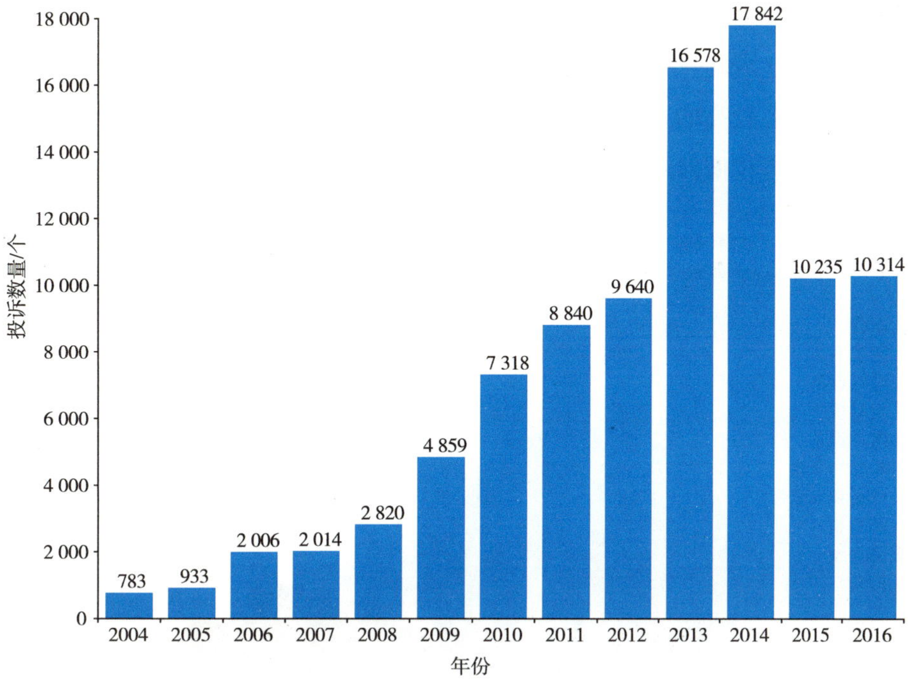

图 3-5　2004—2016 年我国汽车产品缺陷投诉情况

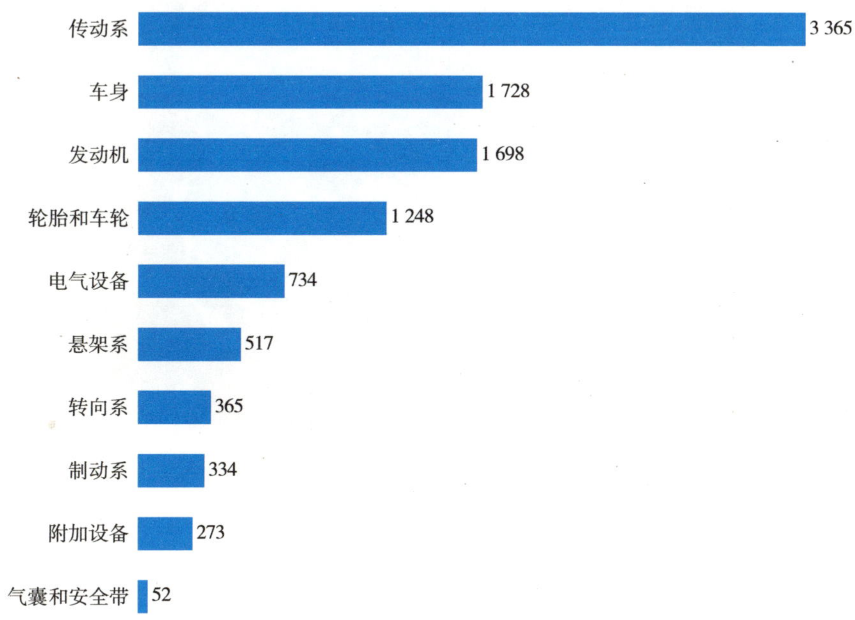

图 3-6　汽车产品缺陷涉及总成分布

图 3-7 是我国 2016 年汽车产品缺陷投诉涉及总成及故障类型的分布情况。通过统计分析可知：传动系 - 异响、车身 - 异味等严重度等级较低但对汽车舒适性产生较大影响的故障类型是消费者投诉的重点。投诉数量排名第一的传动系 - 异响与汽车使用工矿以及消费者的主观感

受密切相关，它是所有车型面临的共同问题；投诉数量排名第二的车身 - 异味与汽车使用地域的气候情况密切相关，东北三省地区车身 - 异味投诉数量较明显较少；投诉数量排名第三的轮胎和车轮 - 裂纹在气温较高的月份的投诉数量明显增加，且与汽车使用工况和消费者使用习惯密切相关。严重度等级较低但对汽车舒适性产生较大影响的故障类型也是今后管理中心监管工作需要加强的方向。

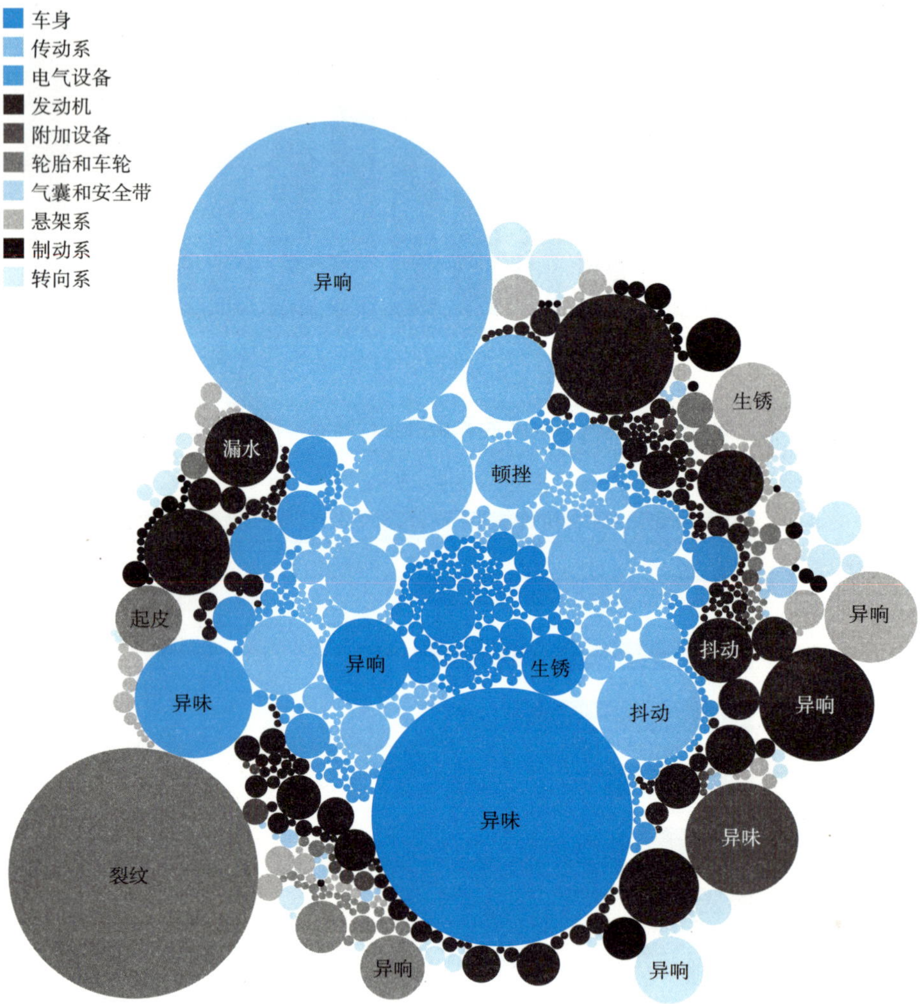

图 3–7　汽车产品投诉故障类型分布

图 3–8、图 3–9 是进口汽车缺陷投诉时使用时间及行驶里程分布。进口汽车缺陷投诉时使用时间在 3 年以内的占比 57.16%；行驶里程在 6 万 km 以内的占比 65.95%。

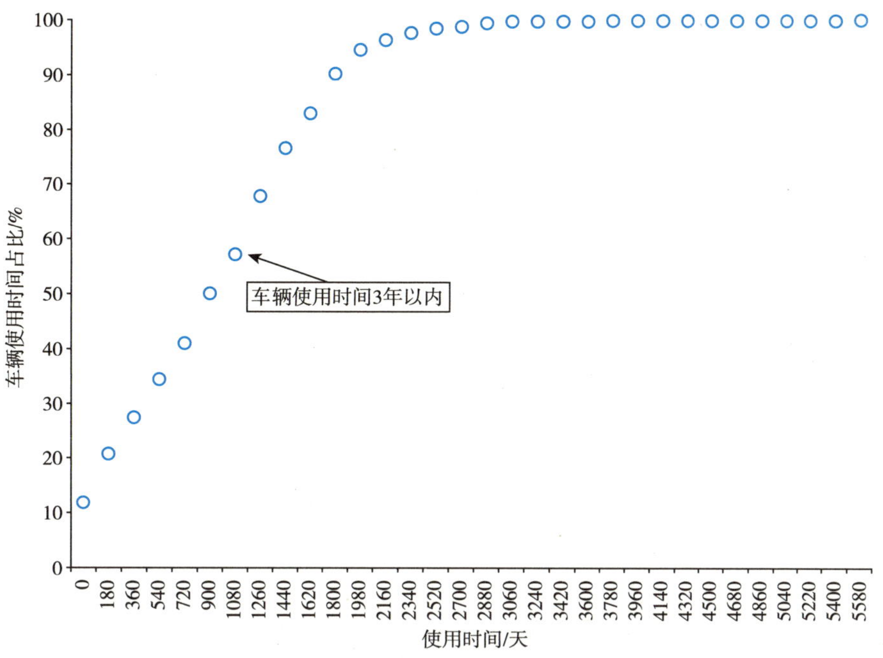

图 3-8　进口汽车缺陷投诉时使用时间分布

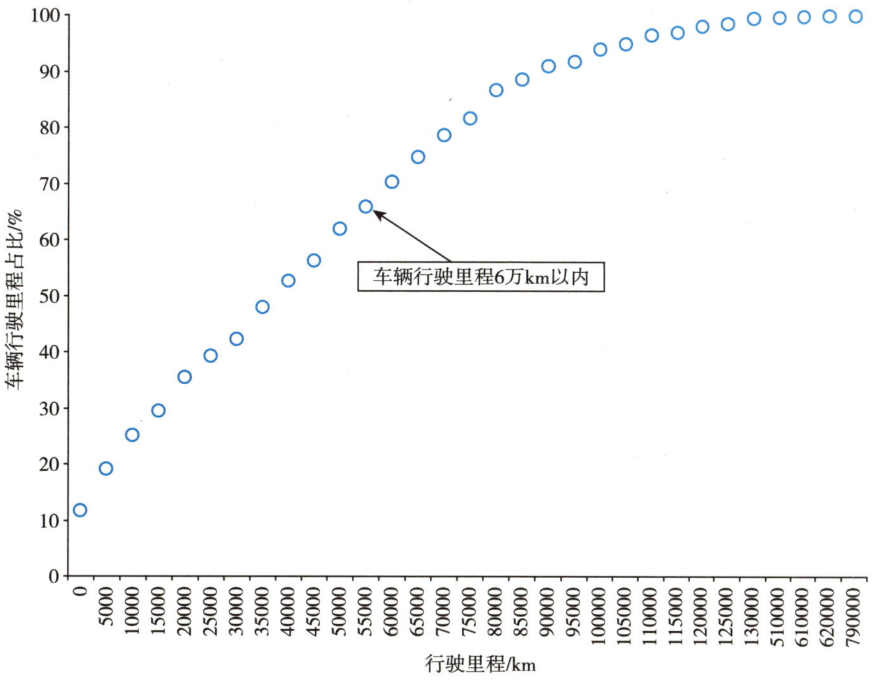

图 3-9　进口汽车缺陷投诉时行驶里程分布

图 3-10、图 3-11 是自主及合资汽车缺陷投诉时使用时间及行驶里程分布。自主及合资汽车缺陷投诉时使用时间在 3 年以内的占比 86.74%；行驶里程在 6 万 km 以内的占比 60.58%。

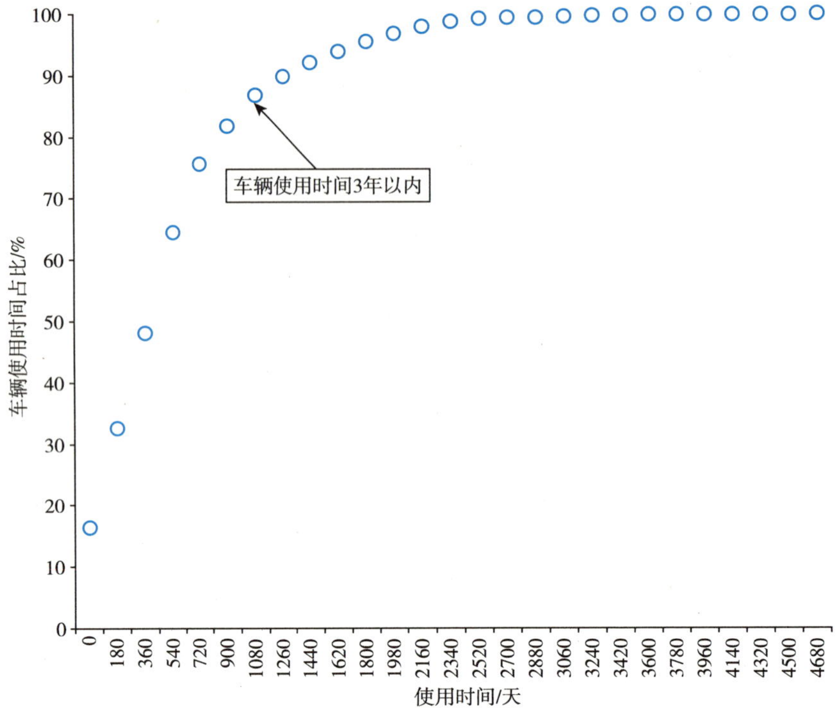

图 3-10　自主和合资汽车缺陷投诉时使用时间分布

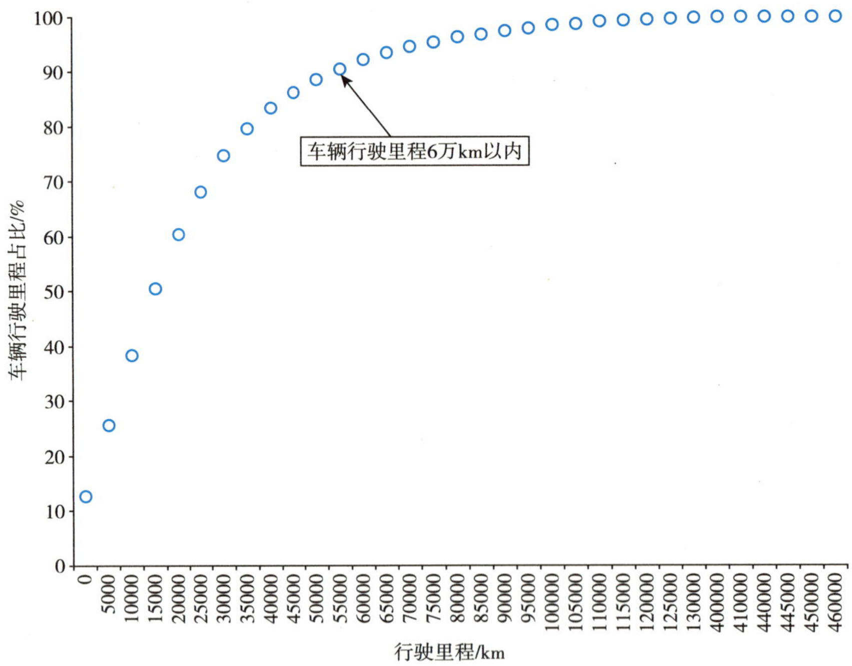

图 3-11　自主和合资汽车缺陷投诉时行驶里程分布

根据统计结果可知：缺陷投诉的汽车产品在“三包”有效期内的比例非常高，新车质量可靠性有待进一步提升；进口汽车与自主及合资汽车相比，在“三包”有效期内进行投诉的占比相对较小，在一定程度上表明进口汽车的新车质量可靠性较高；汽车缺陷导致的故障主要发生在车辆使用初期，消费者在新车出现影响安全的故障后，应积极主动向管理中心报告，以求及时发现并消除潜在的汽车缺陷。

3.2　国内缺陷汽车产品召回

根据我国缺陷汽车产品召回管理工作，本节从缺陷汽车产品次数及数量变化、召回责任主体属性及分布、召回品牌属性及分布、缺陷涉及总成及形态类型、缺陷技术调查对召回的影响等方面对我国缺陷汽车产品召回特点进行详细的剖析，为我国缺陷汽车产品召回管理的推进以及制度完善提供参考。

3.2.1　召回次数及数量

我国自 2004 年开始实施缺陷汽车产品召回管理制度，13 年以来共进行缺陷汽车产品召回 1302 次，涉及车辆 3717 万辆。2004—2016 年我国缺陷汽车产品召回次数及数量分布如图 3-12、图 3-13 所示。从我国缺陷汽车产品召回次数上看，已从 2004 年 13 次增长到超过 200 次；从我国缺陷汽车产品召回数量上看，从 2004—2013 年，9 年累计召回缺陷汽车产品数量达到 1 000 万辆；2014—2015 两年累计召回缺陷汽车产品数量就超过了 1 000 万辆；2016 年仅一年时间，召回数量已经超过 1 000 万辆。综上所述，我国缺陷汽车产品召回从 2004 年 13 次 33.17 万辆到 2016 年 204 次 1 133.98 万辆缺陷汽车产品召回，召回次数与召回数量出现了快速增长的趋势。

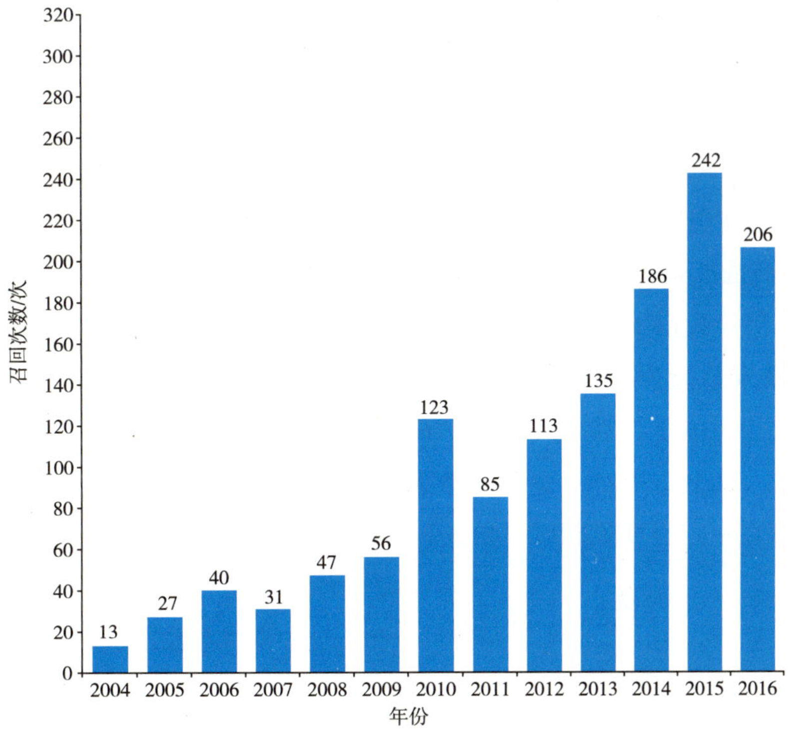

图 3-12　2004—2016 年我国缺陷汽车产品召回次数

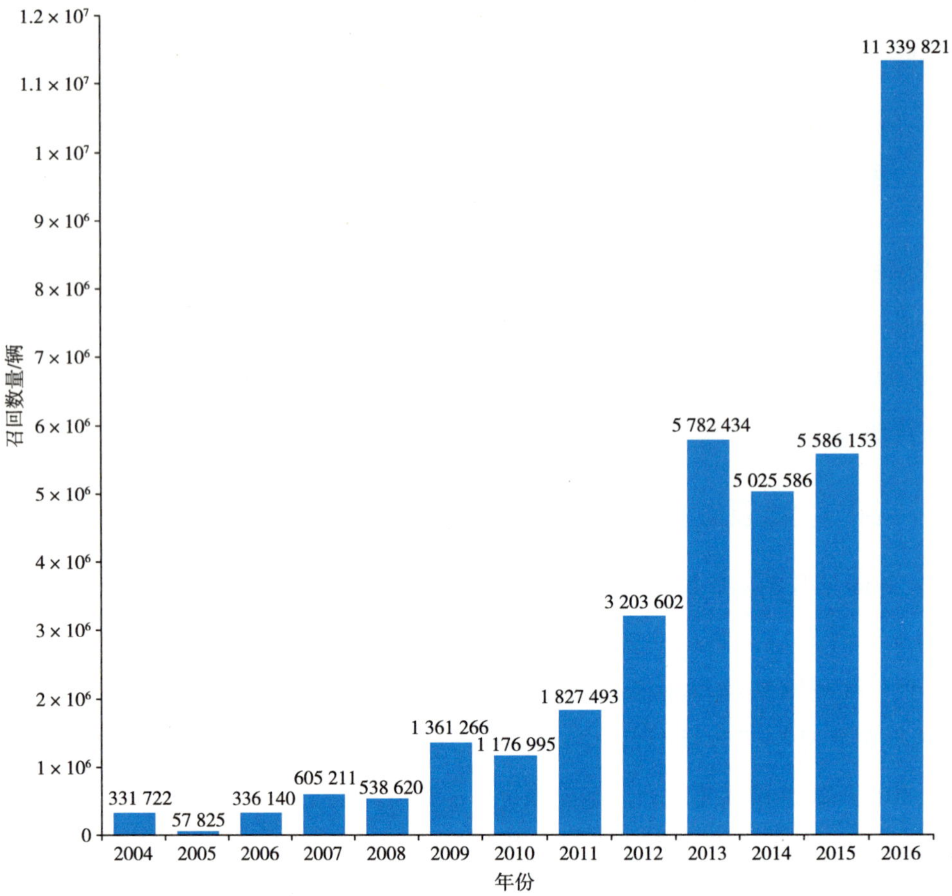

图 3–13　2004—2016 年我国缺陷汽车产品召回数量

3.2.2　召回责任主体属性

我国缺陷汽车产品召回责任主体分为国产汽车产品制造商和汽车产品进口商两类：①国产汽车产品制造商是指在中国境内依法设立的生产汽车产品并以其名义颁发产品合格证的企业；②汽车产品进口商是指从中国境外进口汽车产品到境内销售的企业。

2004—2016 年，我国 1 302 次缺陷汽车产品召回中国产汽车产品制造商和汽车产品进口商召回次数及数量分布如图 3–14 和图 3–15 所示。国产汽车产品制造商的召回次数为 611 次（占比 46.93%），涉及车辆 2 946.94 万辆（占比 86.11%）；汽车产品进口商召回次数为 691 次（占比 53.07%），涉及车辆 475.54 万（占比 13.89%）。统计结果表明，汽车产品进口商在一定程度更能以“积极”的态度面对缺陷汽车产品召回问题，召回意识更强。

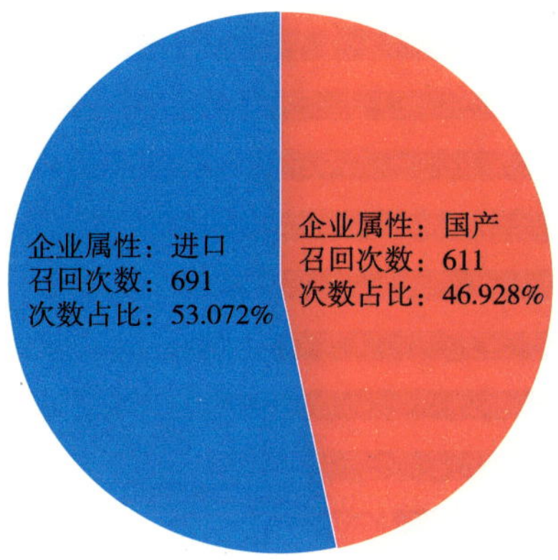

图 3-14　2004—2016 年我国缺陷汽车产品召回次数

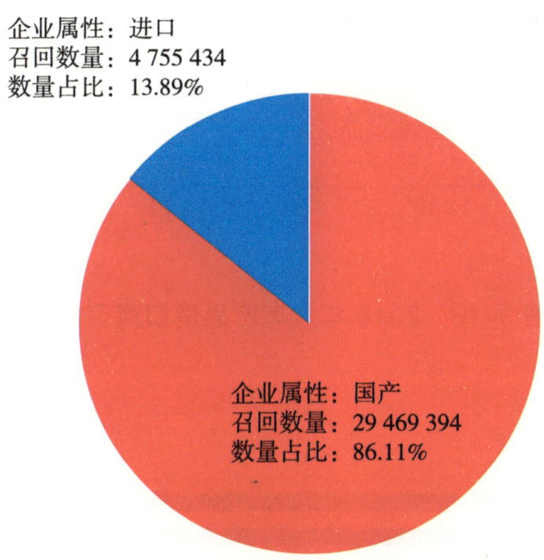

图 3-15　2004—2016 年我国缺陷汽车产品召回数量

2016 年，我国缺陷汽车产品召回共 204 次，召回数量首次突破 1 000 万辆。图 3-16 和图 3-17 分别是 2016 年召回数量超过 1 万的汽车产品进口商和国产汽车制造商排名情况。图 3-18 和图 3-19 分别是汽车产品进口商数量与召回数量累积百分比的关系以及国产汽车制造商数量与召回数量累积百分比的关系。根据图 3-16 和图 3-18，汽车产品进口商召回数量超过 1 万的共计 16 家，排名前 7 的汽车产品进口商的召回数量（占进口商总量的 18.42%）占所有召回的进口车总数量的 78.34%。根据图 3-17 和图 3-19，国产汽车制造商召回数量超过 1 万的共计 23 家，排名前 6 的国产汽车制造商的召回数量（占进口商总量的 14.29%）占所有召回的进口车总数量的 83.71%。进口车的召回责任主体相对国产车召回责任主体分布更加分散，但均满足“帕列托法则”即 80/20 法则，这也指导我国汽车产品质量监督管理部门在进行缺陷汽车产品召回监管过程中应更多的关注召回数量排前 20% 的召回责任主体的召回完成情况。

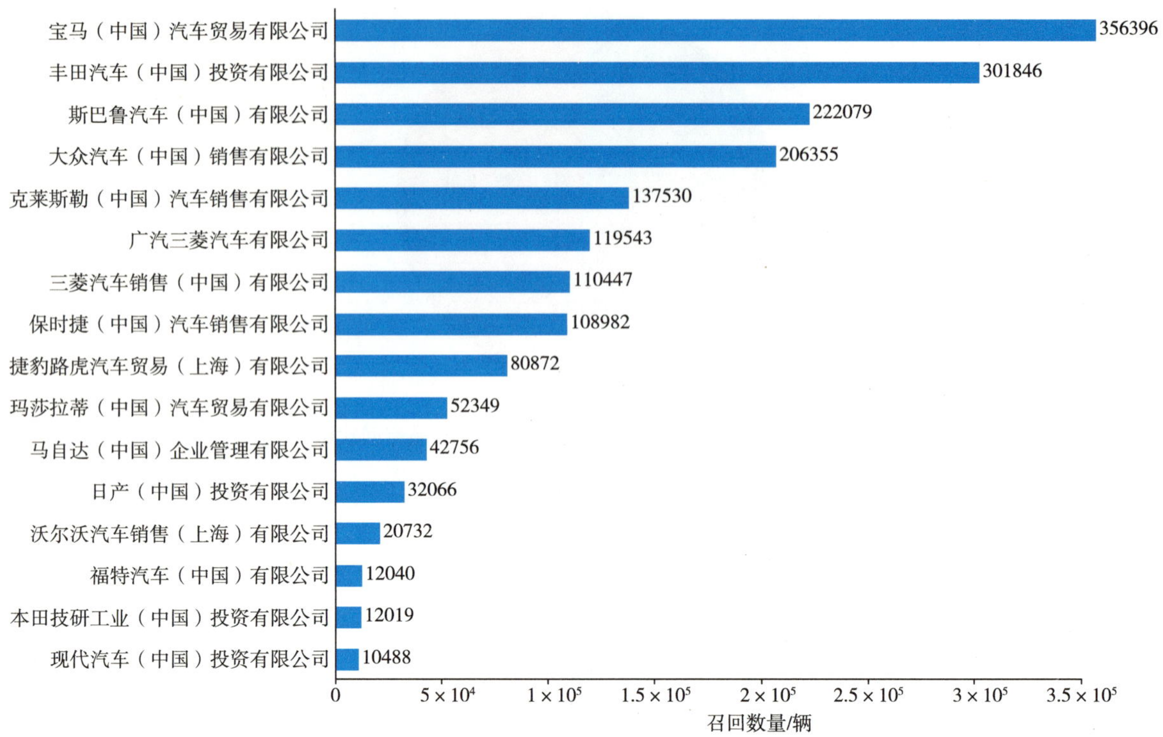

图 3–16　2016 年汽车产品进口商召回数量

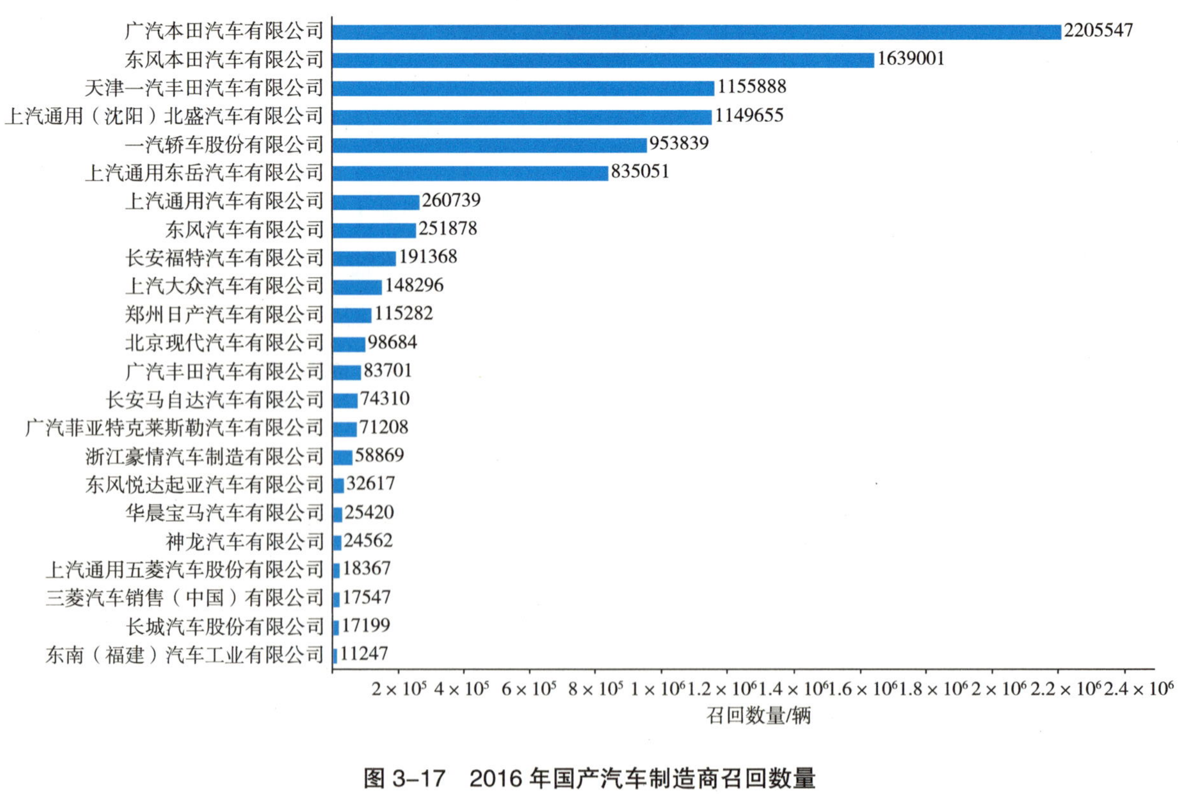

图 3–17　2016 年国产汽车制造商召回数量

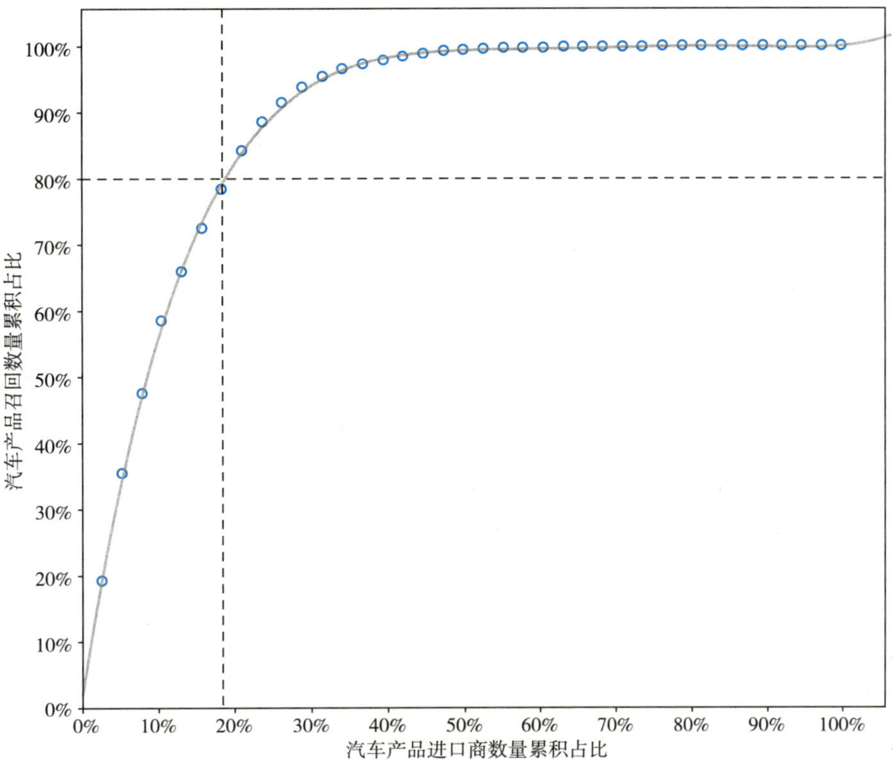

图 3-18　2016 年汽车产品进口商数量与召回数量累积百分比的关系

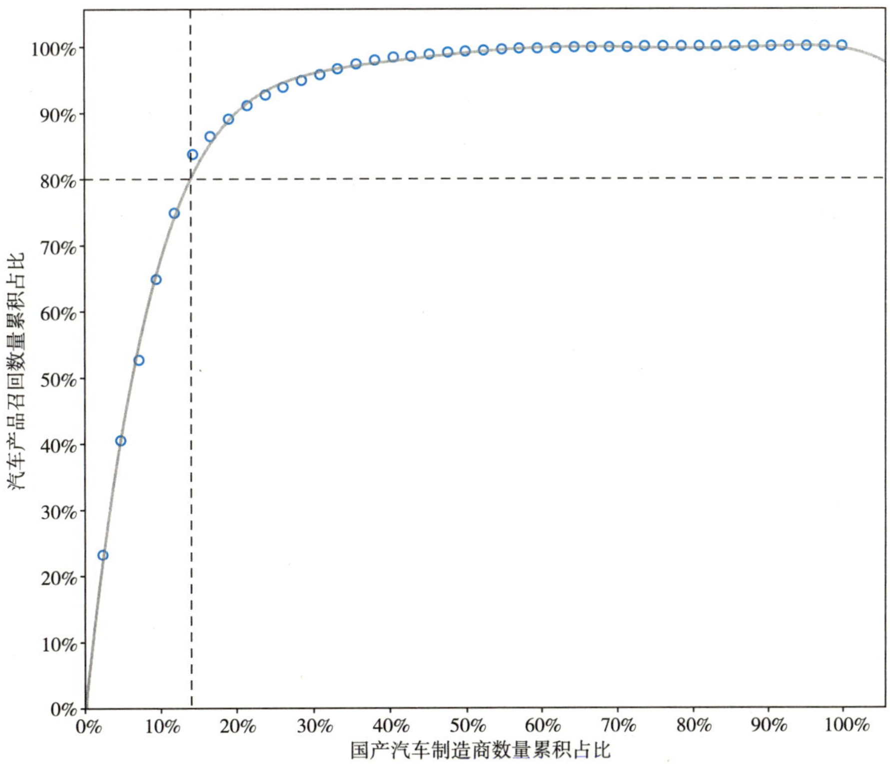

图 3-19　2016 年国产汽车制造商数量与召回数量累积百分比的关系

3.2.3 缺陷产品品牌属性

在我国境内销售的汽车产品根据品牌来源地分为美国、欧洲、日本、韩国、中国等。2016 年缺陷汽车产品召回共 204 次，图 3-20 是召回的缺陷汽车产品来源地分布情况，日本品牌占比 64.07% 排名第一，中国（含台湾地区）品牌占比 1.93%。

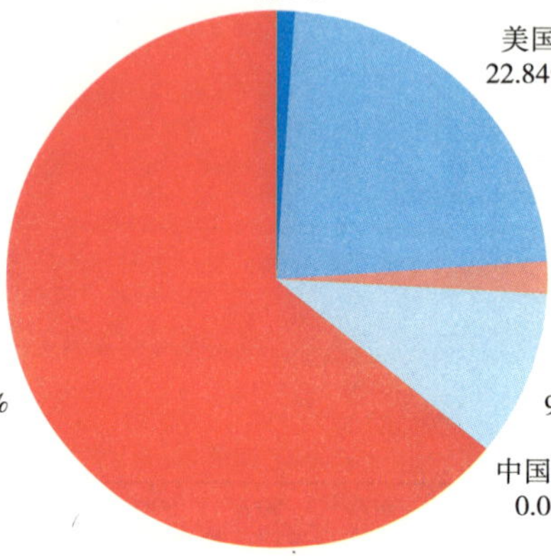

图 3-20 2016 年召回缺陷汽车产品来源地

汽车产品所属品牌属性分为自主品牌、合资品牌和进口品牌三大类。自主品牌：由国内企业自主开发，拥有自主知识产权的品牌；合资品牌：亦称合资自主品牌，由国内企业通过购买、引进外方产品技术平台，并在此基础上重新开发出知识产权归合资企业的品牌；进口品牌：产品及相关知识产权等均有国外企业拥有的品牌。

图 3-21、图 3-22、图 3-23 分别是 2016 年召回数量超过 5000 的自主、合资和进口汽车产品品牌的排名。图 3-24、图 3-25、图 3-26 分别是汽车品牌与召回数量累积占比关系。根据图 3-21 和图 3-24，自主品牌召回数量超过 5000 辆的共计 6 个，排名前 3 的自主品牌（占总量的 20%）的召回数量占所有召回的自主品牌车辆的 80.67%。根据图 3-22 和图 3-26，合资品牌召回数量超过 5 000 辆的共计 23 个，排名前 6 的合资品牌（占总量的 17.14%）的召回数量占所有召回的合资品牌车辆的 84.07%。根据图 3-23 和图 3-26，进口品牌召回数量超过 5 000 辆的共计 26 个，排名前 9 的进口品牌（占总量的 17.65%）的召回数量占所有召回的进口品牌车辆的 80.03%。

进口品牌的召回责任主体相对自主品牌和合资品牌召回责任主体分布更加分散，但均满足“帕列托法则”即 80/20 法则，这也指导汽车产品质量监督管理部门在进行缺陷汽车产品召回监管过程中应更多的关注召回数量排前 20% 的汽车品牌的召回完成情况。

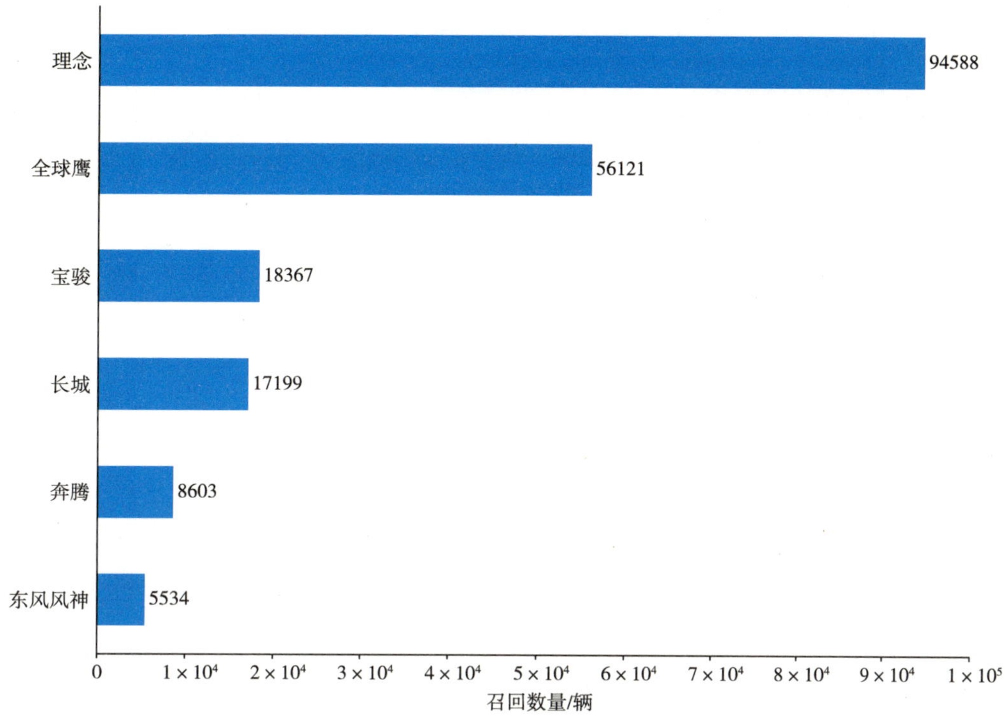

图 3–21　2016 年自主品牌召回数量

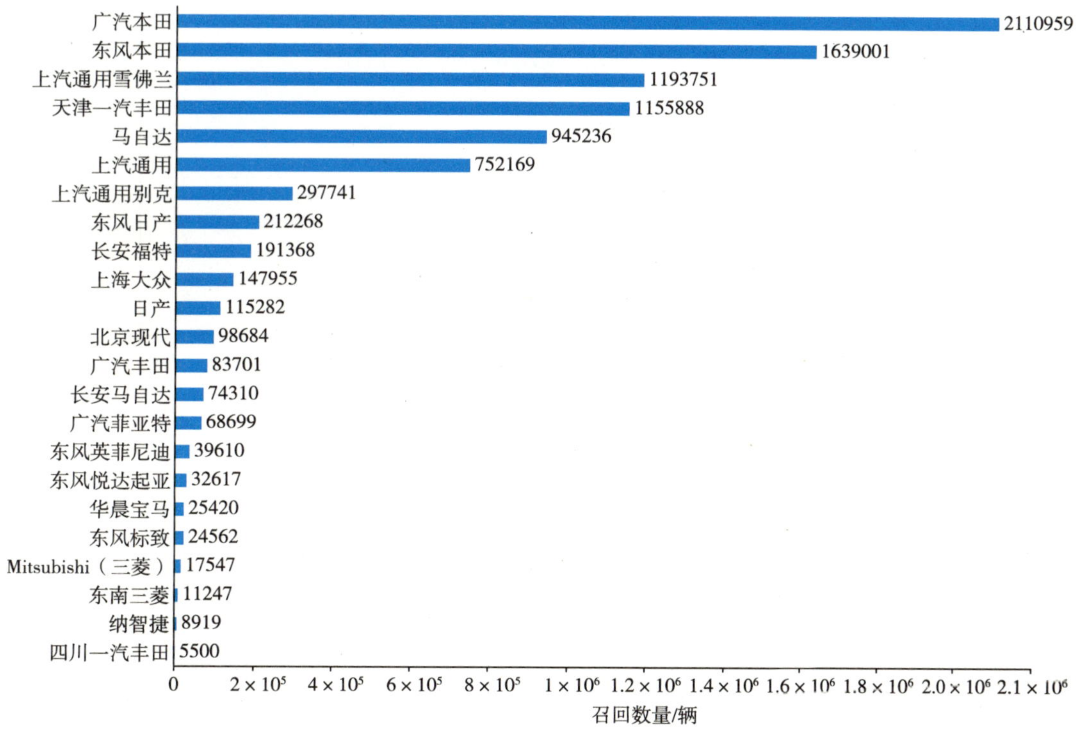

图 3–22　2016 年合资品牌召回数量

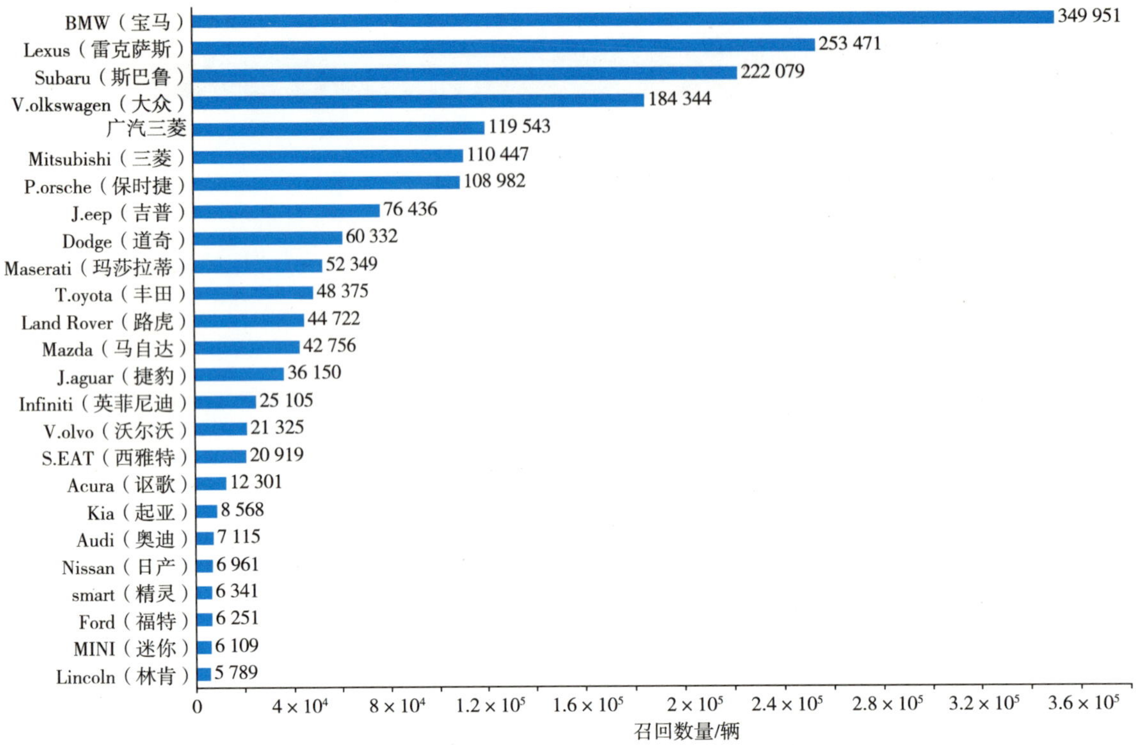

图 3-23　2016 年进口品牌召回数量

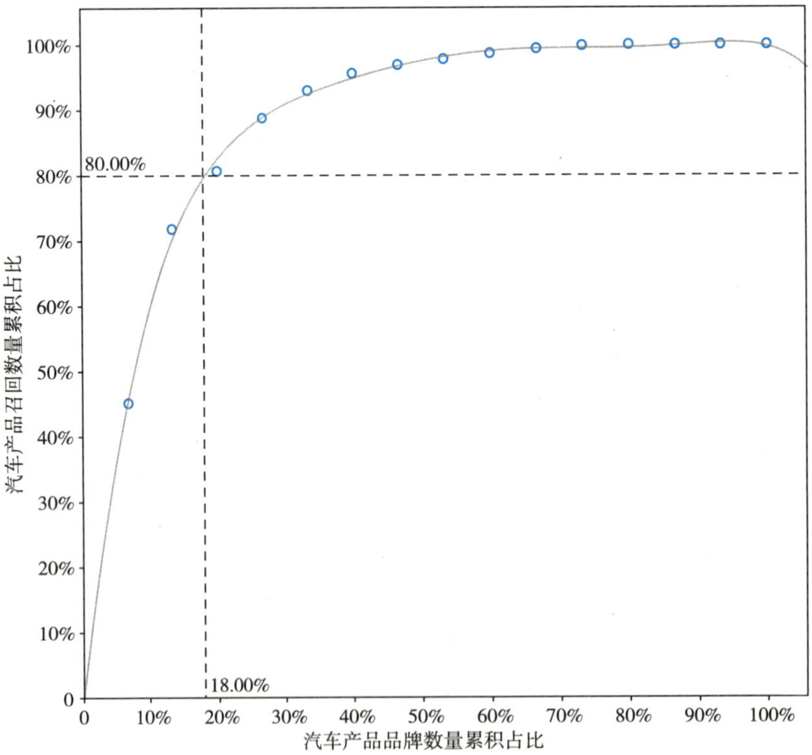

图 3-24　2016 年自主品牌数量与召回数量累积百分比的关系

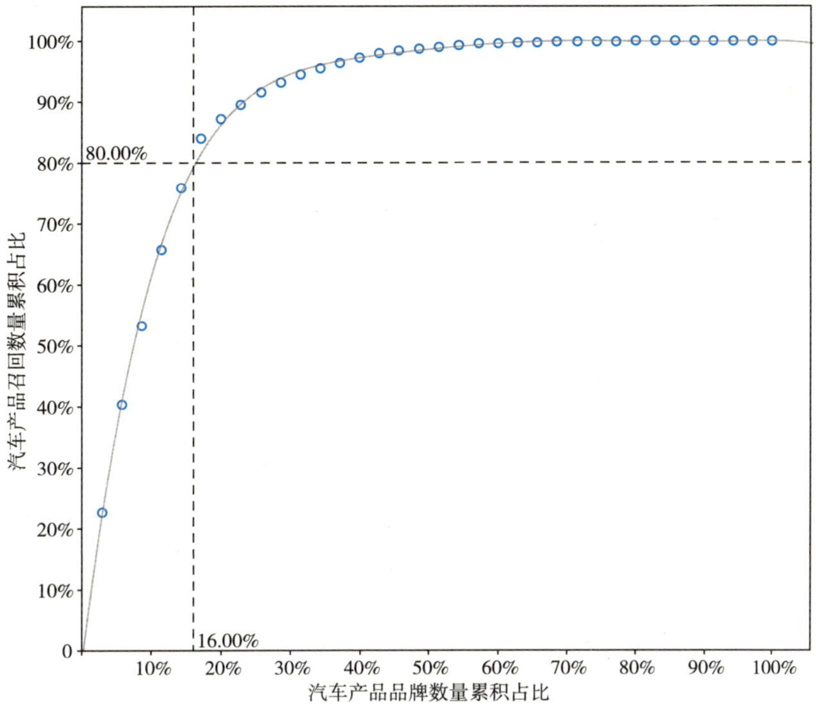

图 3–25　2016 年合资品牌数量与召回数量累积百分比的关系

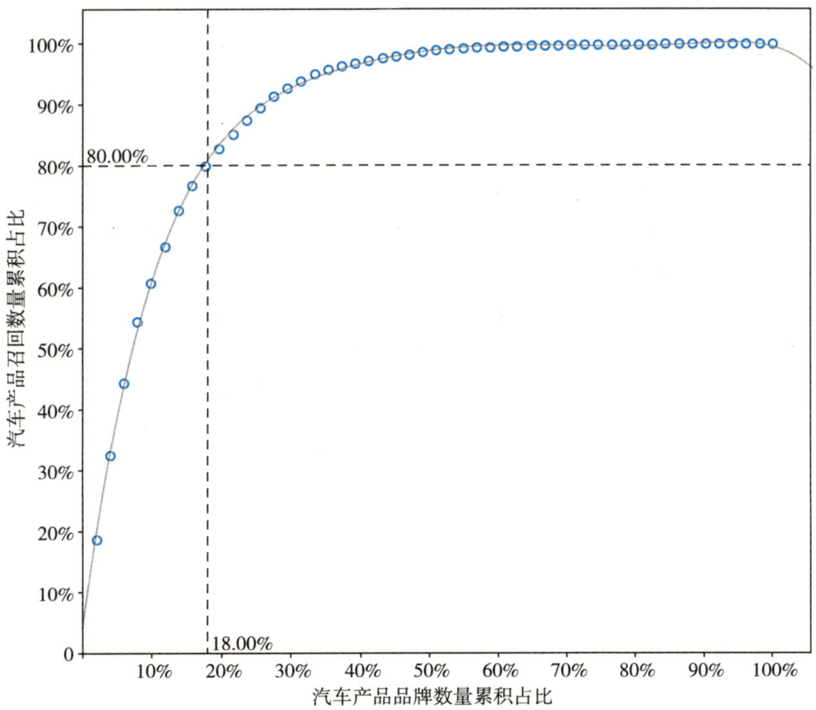

图 3–26　2016 年进口品牌数量与召回数量累积百分比的关系

3.2.4 缺陷车辆及总成分类

2016 年，我国汽车产品召回按照类型分为乘用车、货车、客车和轮胎及车轮，缺陷汽车产品类型及占比分布如图 3–27 所示。乘用车 11 325 588 辆，占比 99.87%；货车 5 334 辆，占比 0.05%；客车 4397 辆，占比 0.04%；轮胎和车轮 4 502 辆，占比 0.04%。由此可见，我国召回的缺陷汽车产品类型相对单一；我国缺陷汽车产品召回以乘用车为主，召回工作已取得突破性进展；货车、客车以及轮胎和车轮等汽车产品召回数量非常少，召回工作仍处于起步状态。

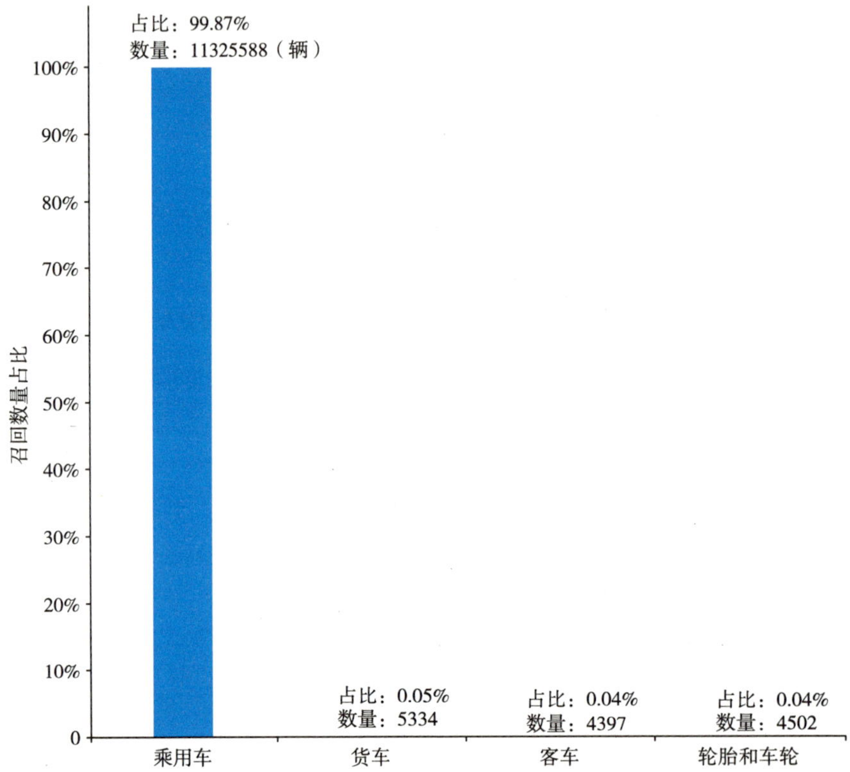

图 3–27 2016 年缺陷汽车产品类型

2016 年，我国召回的汽车产品缺陷类型可按总成进行分类，召回次数、数量及占比情况如图 3–28 和图 3–29 所示。其中：气囊和安全带 67 共次，涉及车辆 6 428 691 辆；发动机共计 28 次，涉及车辆 6 428 691 辆；车身共计 29 次，涉及车辆 852 960 辆；发动机共计 28 次，涉及车辆 2 419 837 辆；制动系共计 21 次，涉及车辆 611 886 辆；电气设备共计 19 次，涉及车辆 542 932 辆；传动系共计 19 次，涉及车辆 272 510 辆；转向系共计 10 次，涉及车辆 138 940 辆；悬架共计 6 次，涉及车辆 60 565 辆；轮胎和车轮共计 3 次，涉及车辆 4 573 辆；附加设备共计 3 次，涉及车辆 4 518 辆。

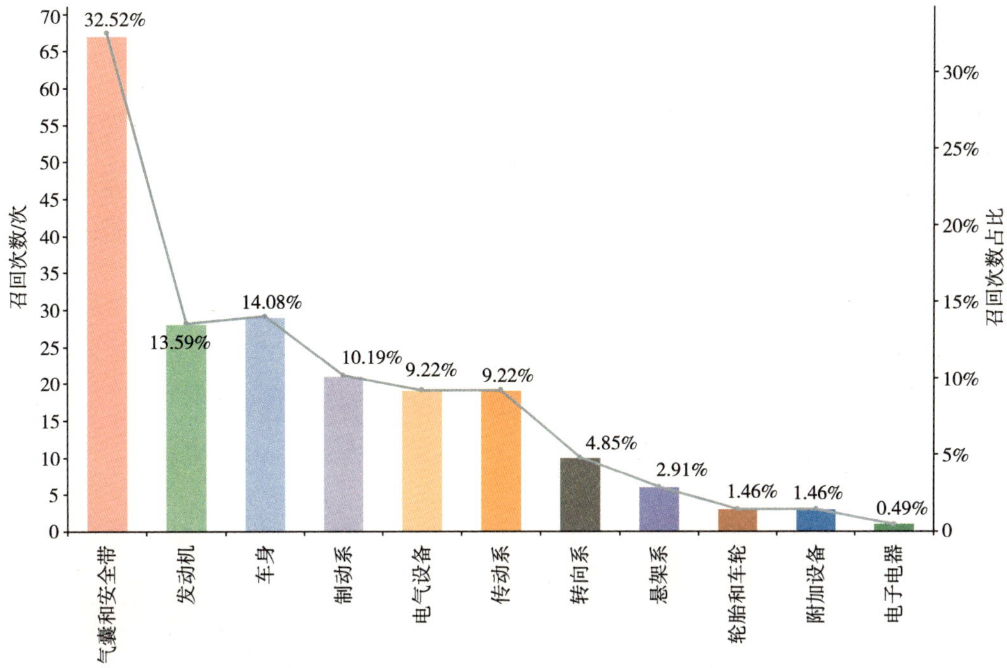

图 3-28　2016 年缺陷汽车产品召回次数及总成分布

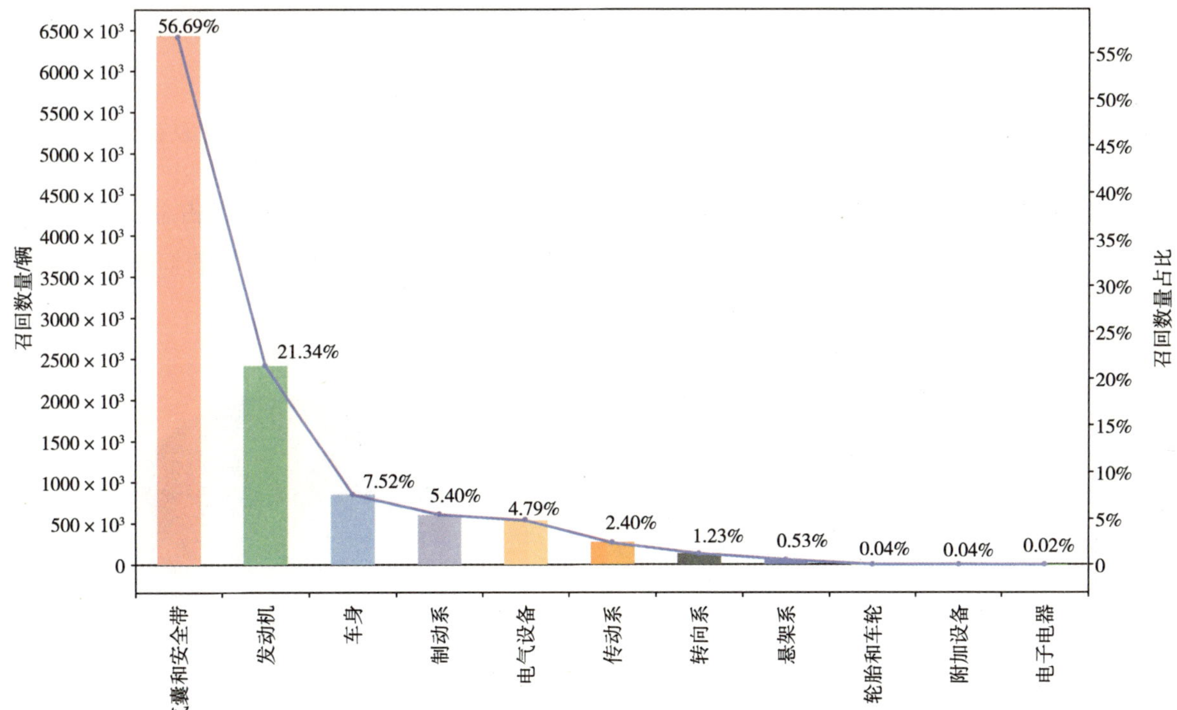

图 3-29　2016 年缺陷汽车产品召回数量及总成分布

统计结果表明，按召回次数来看，召回涉及总成分布前三名分别是气囊和安全带、车身、发动机。按召回数量来看，召回涉及总成分布前三名分别是气囊和安全带、发动机、车身。2016 年可谓“安全气囊”召回年，高田气囊缺陷引发了全球范围内的安全气囊危机。

3.2.5 缺陷原因分类

2016 年，我国汽车产品召回按照缺陷的来源分为附加设备、整车、零部件和轮胎，缺陷来源及召回分布如图 3–30 和图 3–31 所示。供应商的零部件原因导致的召回占总召回次数的 43.20%，占总召回数量的 56.58%。因此，在缺陷汽车产品召回管理过程中应进一步强化对零部件制造商和供应商的监督。

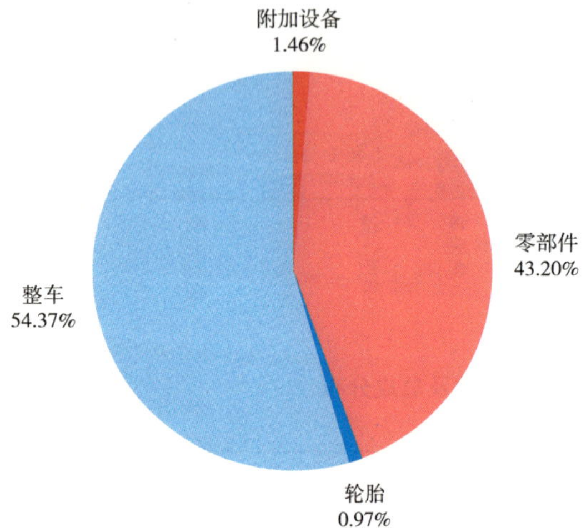

图 3–30 汽车产品缺陷来源分类及召回次数占比

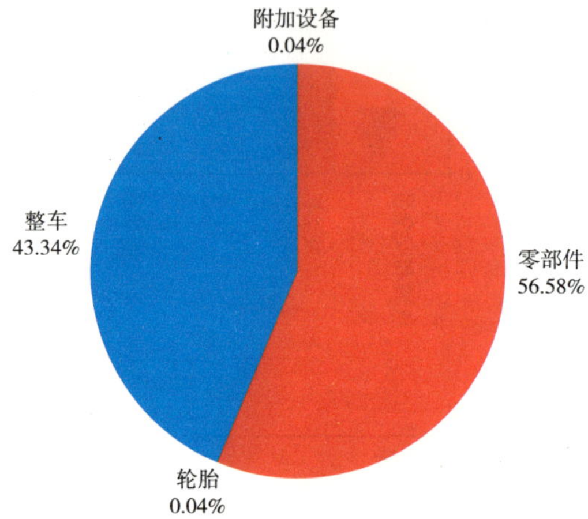

图 3–31 汽车产品缺陷来源分类及召回数量占比

汽车产品缺陷原因及召分布如图 3–32 和图 3–33 所示。设计问题导致的召回占总召回次数的 65.53%，占总召回数量 92.35%；制造原因导致的召回占总召回次数 32.52%，占总召回数量 7.58%。

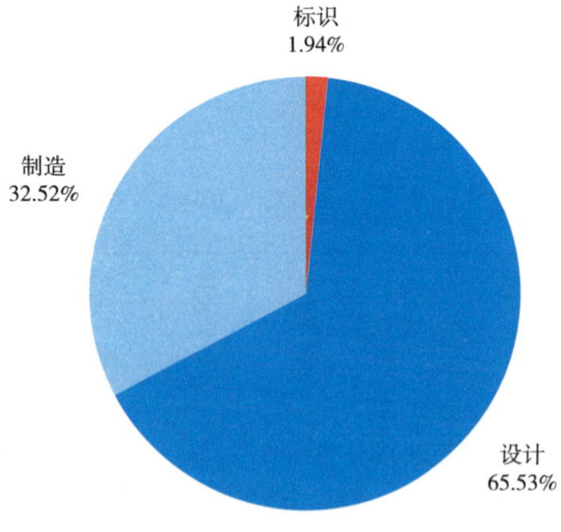

图 3–32 汽车产品缺陷原因分类及召回次数占比

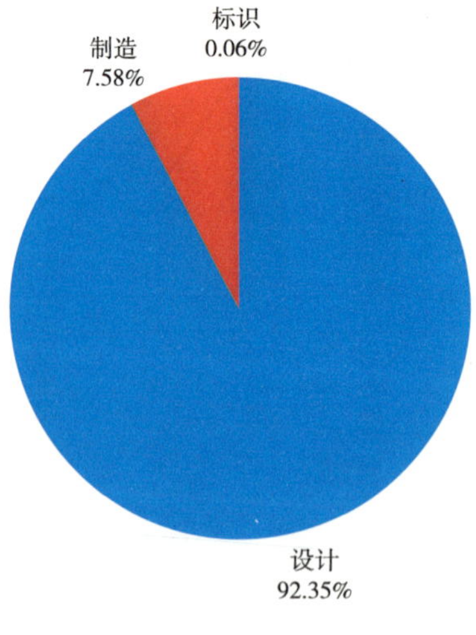

图 3–33 汽车产品缺陷原因分类及召回数量占比

汽车产品缺陷标准符合性问题分类及召回分布如图 3–34 和图 3–35 所示。缺陷为非标准符合性问题占总召回次数的 97.09%，占总召回数量 99.94%；标准符合性问题仅占总召回次数 2.91%，占总召回数量 0.06%。因此，在缺陷汽车产品召回管理过程中应进一步加强非标准符合性的试验方法和能力的研发与积累。

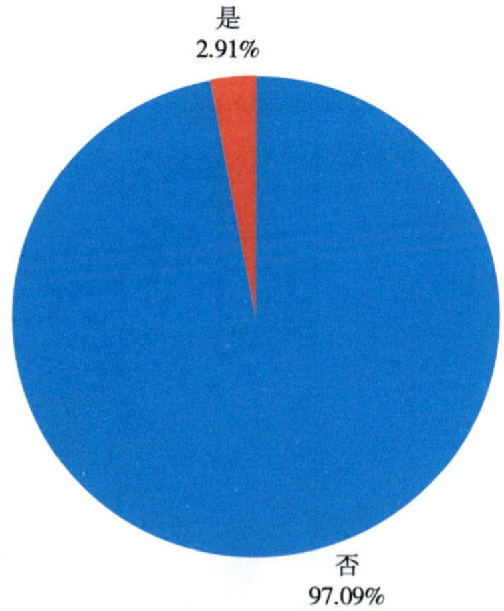

图 3-34　汽车产品缺陷标准符合性问题分类及召回次数占比

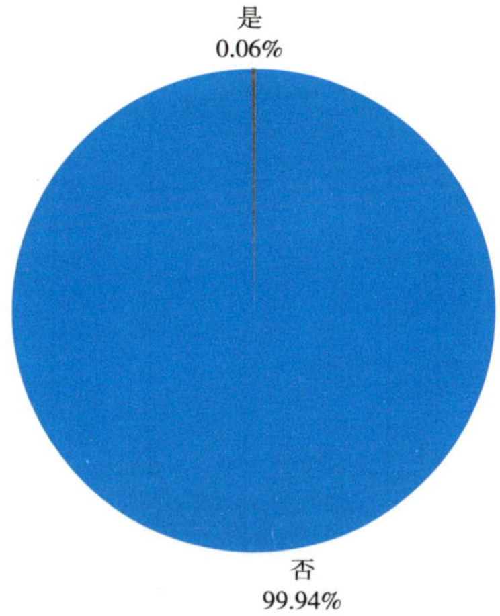

图 3-35　汽车产品缺陷标准符合性问题分类及召回数量占比

3.2.6　受调查影响情况分析

我国自 2004 年开始实施缺陷汽车产品召回管理制度，13 年以来共进行缺陷汽车产品召回 1 302 次。图 3-36 是 2004—2016 年我国受 DPAC 调查召回次数分布情况。图 3-37 是 2004—

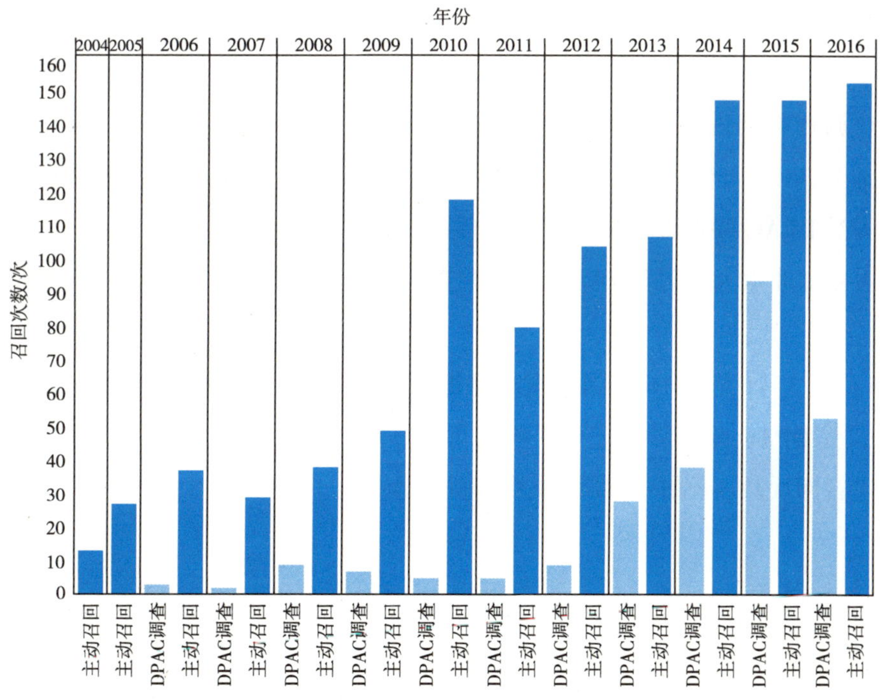

图 3-36　2004—2016 年受 DPAC 调查召回次数分布

2016 年我国受 DPAC 调查召回数量分布情况。统计结果表明，2004—2016 年我国受 DPAC 调查进行缺陷汽车产品召回的次数及数量逐年增加，可见质量监督管理部门在推动我国缺陷汽车产品召回管理工作中起了非常重要的作用。

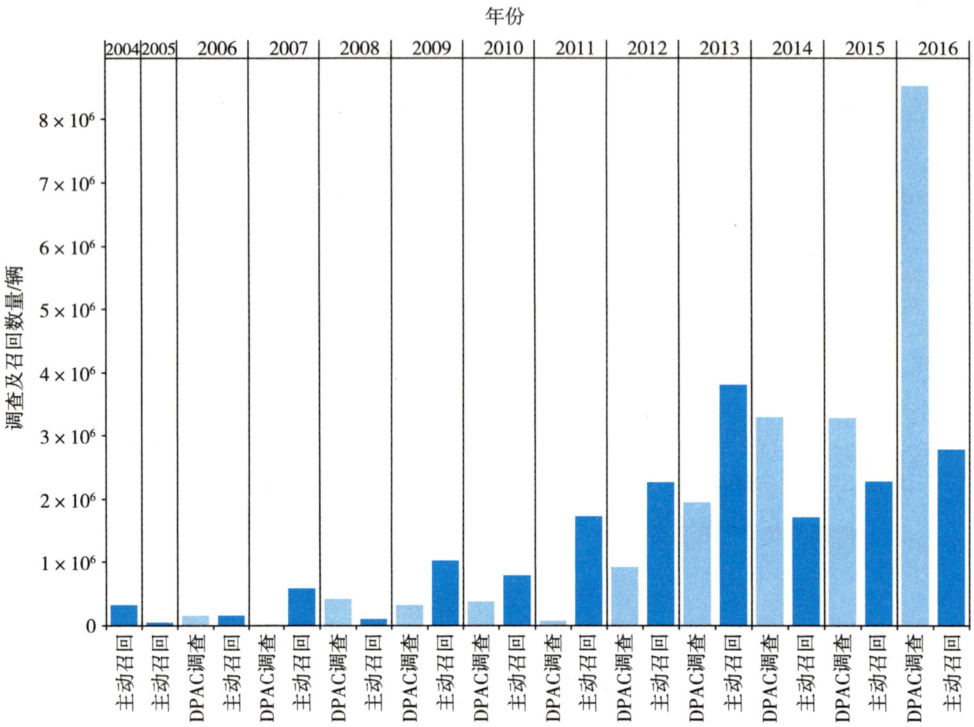

图 3-37　2004—2016 年受 DPAC 调查及召回数量分布

图 3-38、图 3-39 是 2016 年我国受 DPAC 调查进行缺陷汽车产品召回情况。2016 年，我国受 DPAC 调查影响进行缺陷汽车产品召回 53 次，次数占比 25.73%，涉及车辆 8 543 906 辆，数量占比 75.34%；自主召回 151 次，次数占比 74.27%，涉及车辆 2 795 915 辆，数量占比 24.66%。我国受 DPAC 调查影响召回次数较自主召回次数相对较少，但受 DPAC 调查影响召回的车辆数量占比却非常大，可见 DPAC 缺陷调查对促进我国汽车产品生产者实施召回具有重要的推动作用。

图 3-40 和图 3-41 是 2016 年国产汽车制造商受 DPAC 调查影响进行缺陷汽车产品召回情况。2016 年，受 DPAC 调查影响进行缺陷汽车产品召回次数占比 46.66%，涉及车辆数量占比 85.11%；自主召回次数占比 53.33%，涉及车辆数量占比 14.89%。

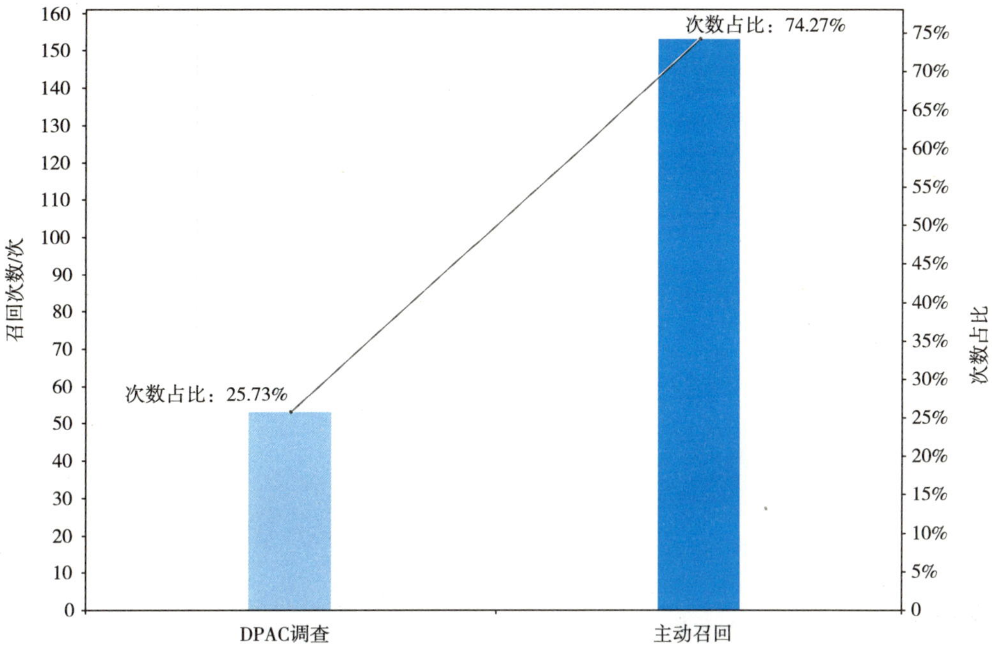

图 3-38　2016 年受 DPAC 调查召回次数分布

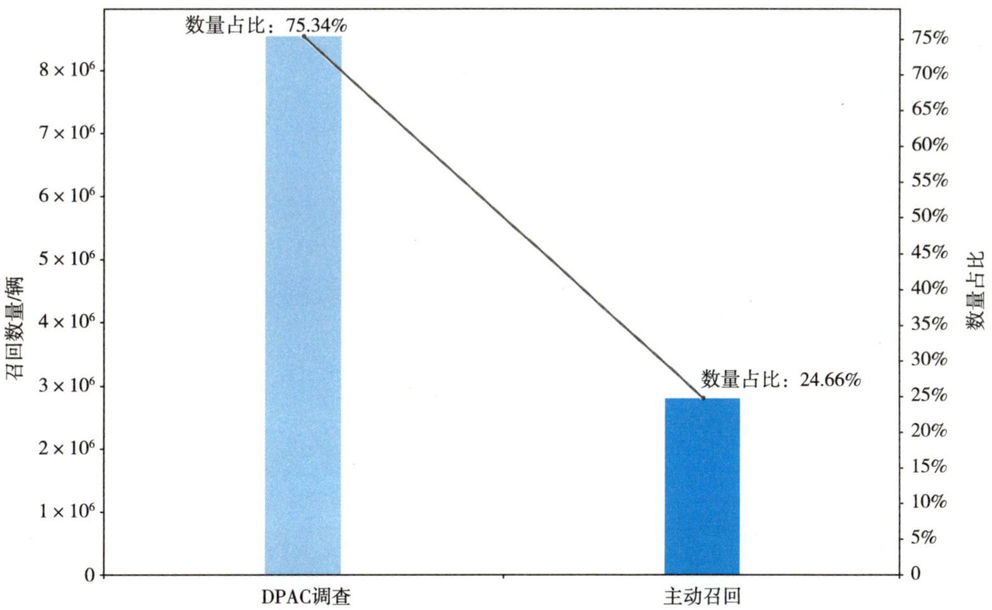

图 3-39　2016 年受 DPAC 调查召回数量分布

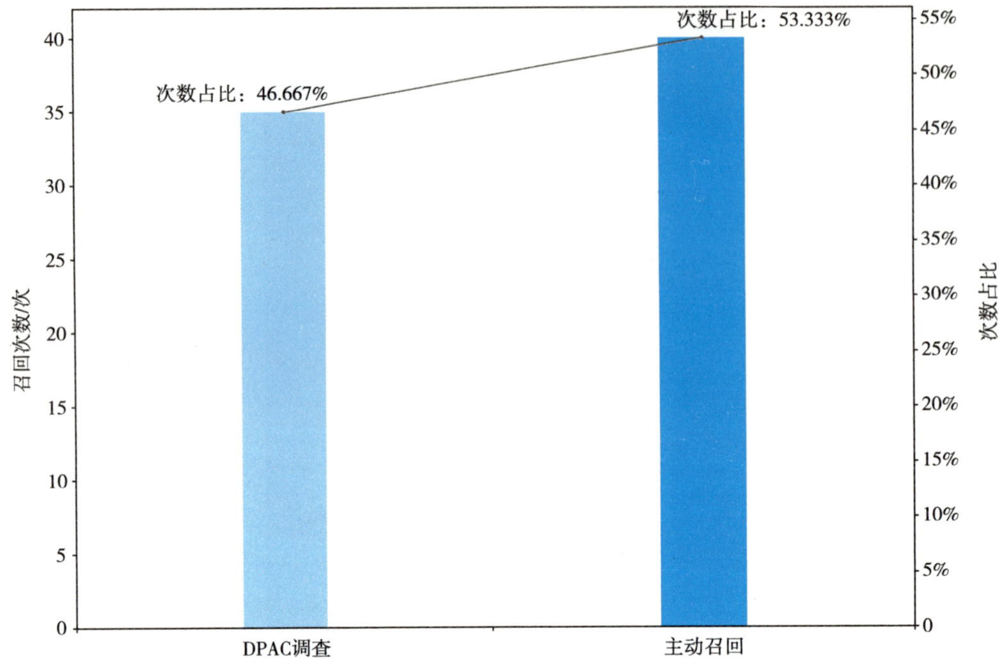

图 3-40　2016 年国产汽车制造商受 DPAC 调查召回次数分布

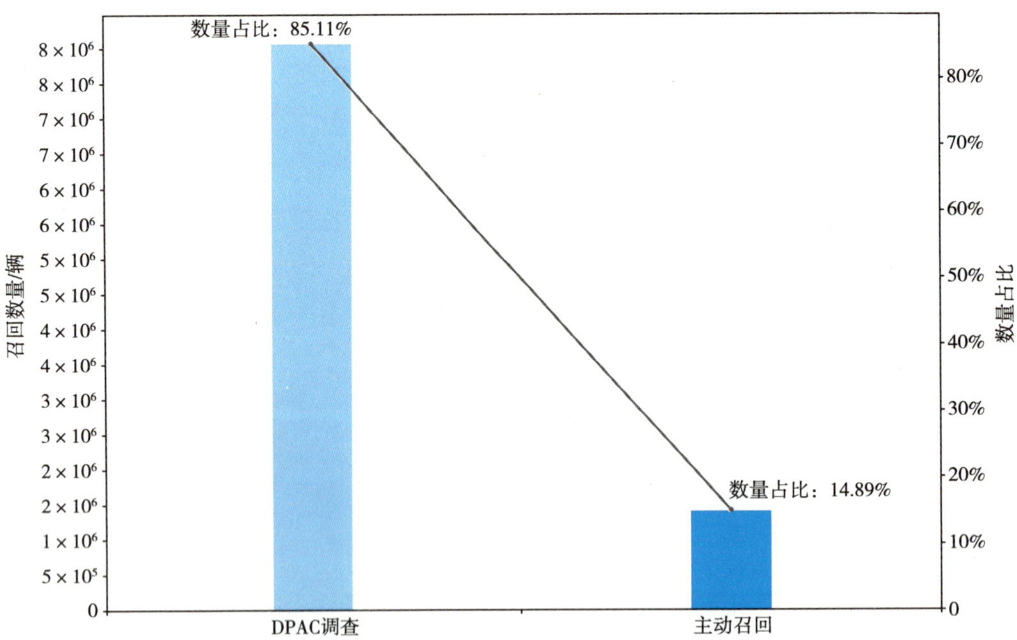

图 3-41　2016 年国产汽车制造商受 DPAC 调查召回数量分布

图 3–42 和图 3–43 是 2016 年汽车产品进口商受 DPAC 调查影响进行缺陷汽车产品召回情况。2016 年受 DPAC 调查影响进行缺陷汽车产品召回次数占比 13.74%，涉及车辆数量占比 25.46%；自主召回次数占比 86.26%，涉及车辆数量占比 74.54%。统计结果表明，进口汽车产品制造商对缺陷汽车产品召回态度更加积极，能够更好的主动的开展召回工作。

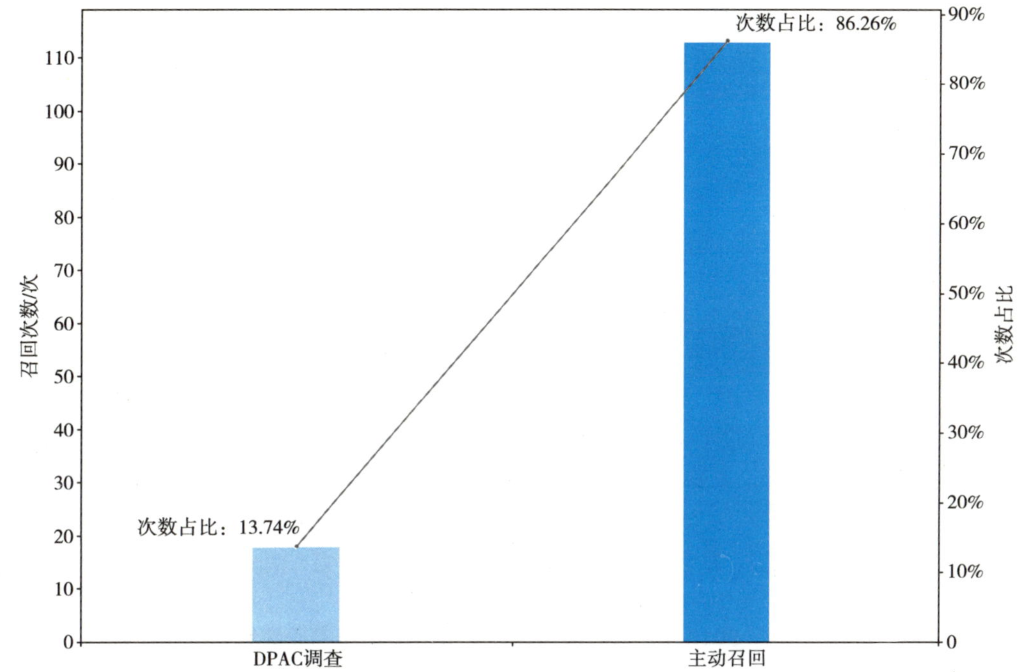

图 3–42　2016 年汽车产品进口商受 DPAC 调查召回次数分布

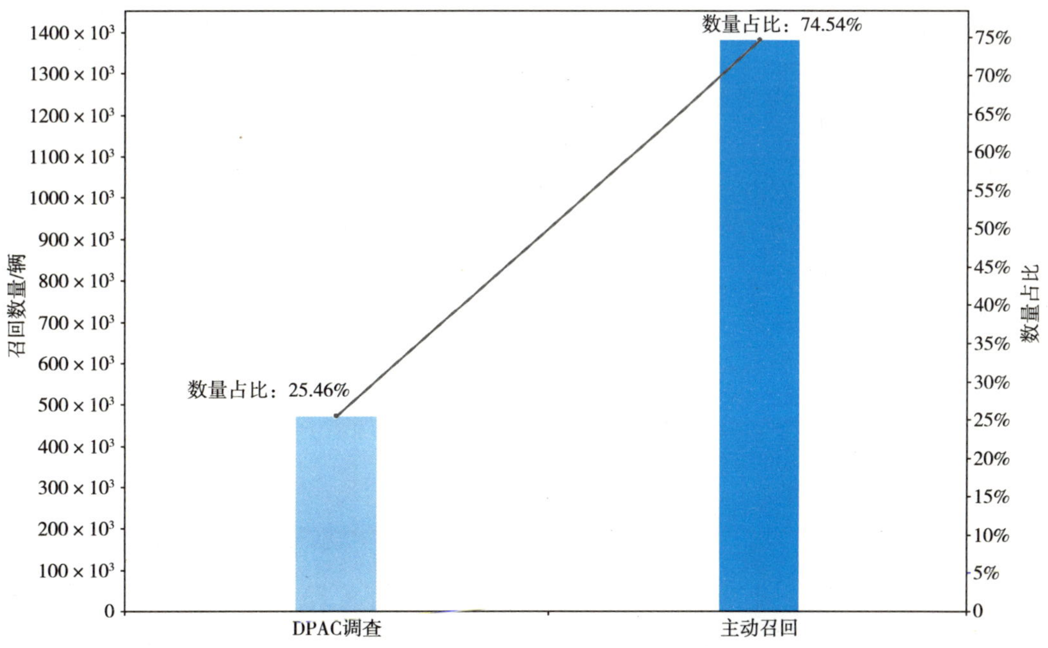

图 3–43　2016 年汽车产品进口商受 DPAC 调查召回数量分布

图 3-44 和图 3-45 是 2016 年不同来源地汽车品牌受 DPAC 调查影响进行缺陷汽车产品召回情况。

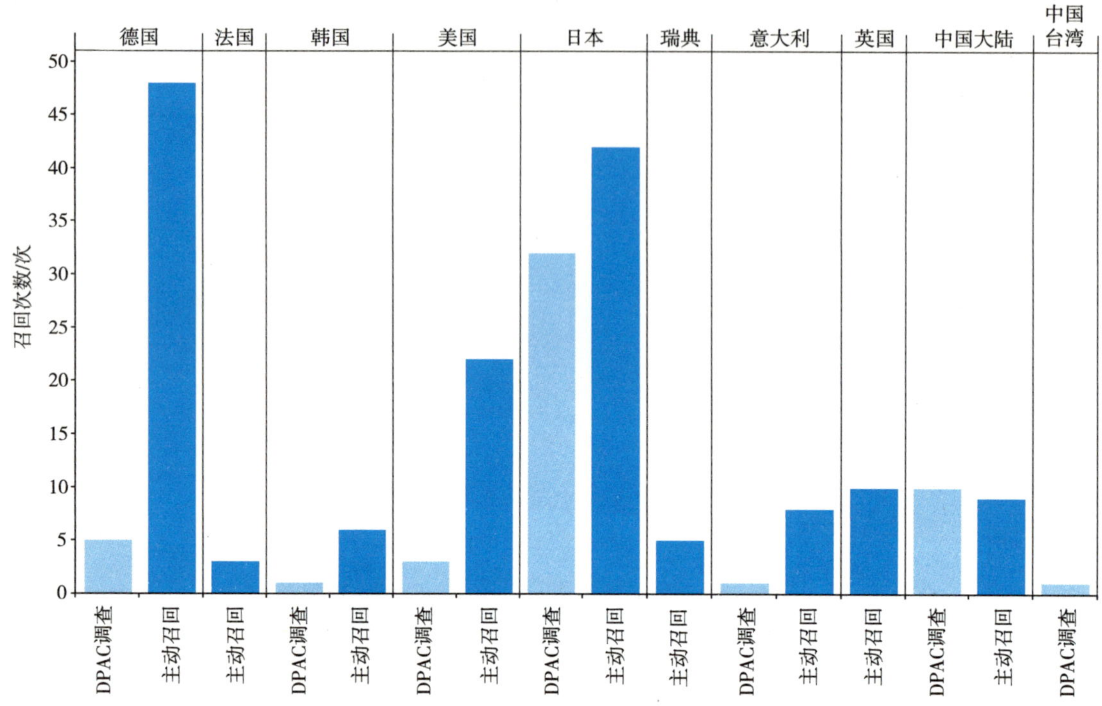

图 3-44　2016 年汽车产品进口商受 DPAC 调查召回数量分布

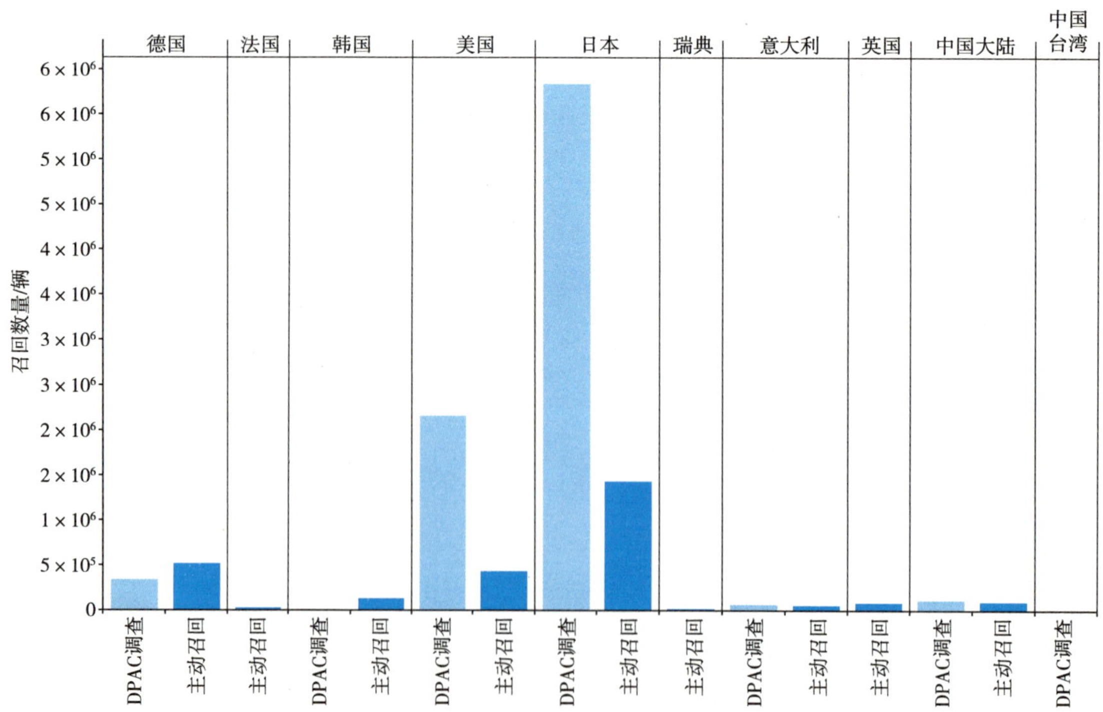

图 3-45　2016 年汽车产品进口商受 DPAC 调查召回数量分布

统计结果表明，2016年我国德系车主动召回次数最多，数量第二；日系车次数第二，数量第一；美系车次数第三，数量第三。日系车受DPAC调查影响召回次数最多，数量第一；国产车次数第二，数量第四；德系车辆第三，数量第三。可见，日系车主动召回的表现最差，国产车主动召回有待提升。

3.3　国内外缺陷汽车产品召回对比

3.3.1　中美缺陷汽车产品召回

（1）美国缺陷汽车产品召回情况

2016年，美国汽车产品召回按照类型分为整车、轮胎、儿童座椅和汽车零部件等设备，召回的缺陷汽车产品类型、数量及占比分布如图3-46所示。整车52 696 367辆，占比66.97%；轮胎335 777辆，占比0.43%；儿童安全作业194 441辆，占比0.25%；汽车零部件等设备25 455 794辆，占比32.35%。由此可见，美国缺陷汽车产品召回类型比较完善。

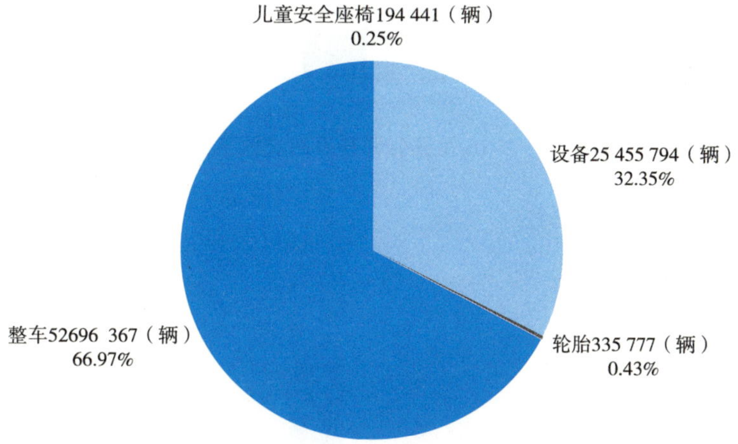

图3-46　2016年美国缺陷汽车产品类型

图3-47和图3-48是2016年美国受缺陷调查进行缺陷汽车产品召回情况。2016年受ODI和OVSC调查影响进行的缺陷汽车产品召回共91次，次数占比9.20%，涉及车辆30 492 014辆，数量占比57.91%；自主召回898次，次数占比90.80%，涉及车辆2 216 3521辆，数量占比42.09%。

（2）中美缺陷汽车产品召回对比

1）召回数量及汽车销量对比

2013—2016年中国和美国新车销量、缺陷汽车产品召回数量以及召回与销量比分布如图3-49、图3-50、图3-51所示。统计结果表明，2013—2016年中国汽车产品销量远超美国，但缺陷汽车产品召回数量仅占美国五分之一。自 2014 年以来美国缺陷汽车产品召回与新车销量比一致保持在 5.0 以上，缺陷汽车产品召回与新车销量比一直低于 0.5。

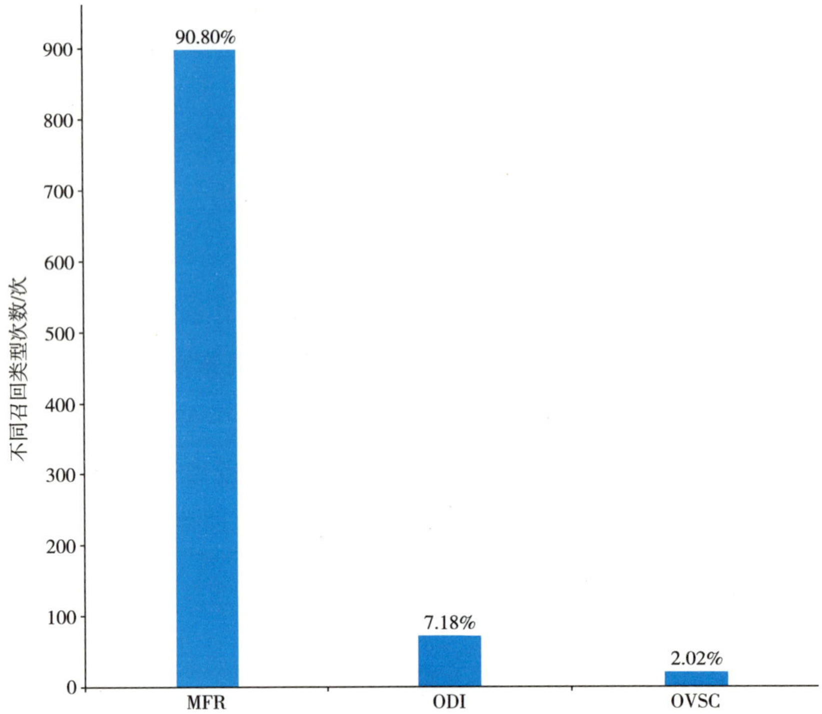

图 3–47　2016 美国受调查召回次数及比例分布

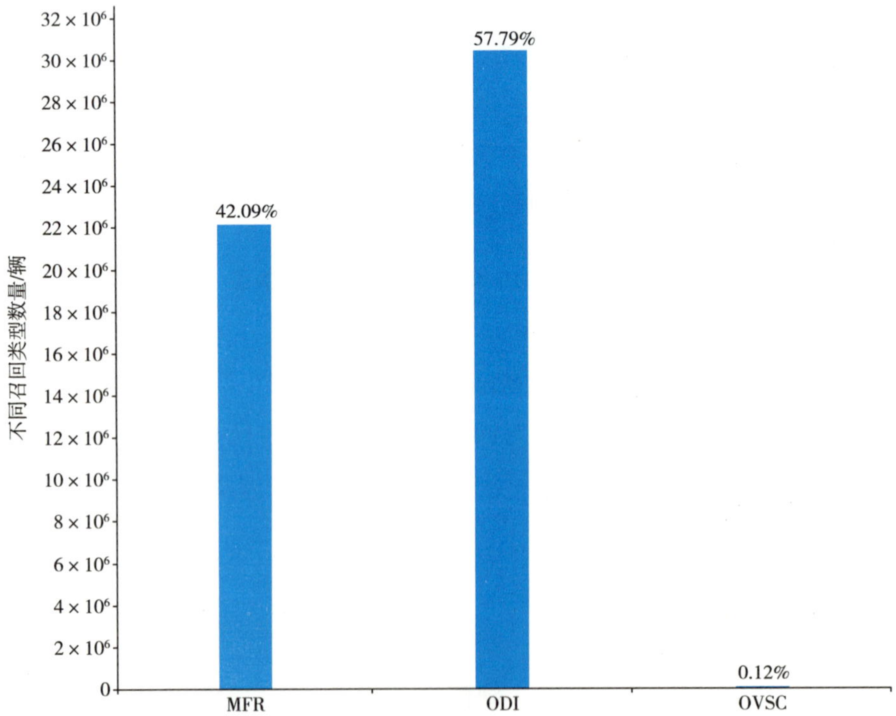

图 3–48　2016 美国受调查召回数量及比例分布

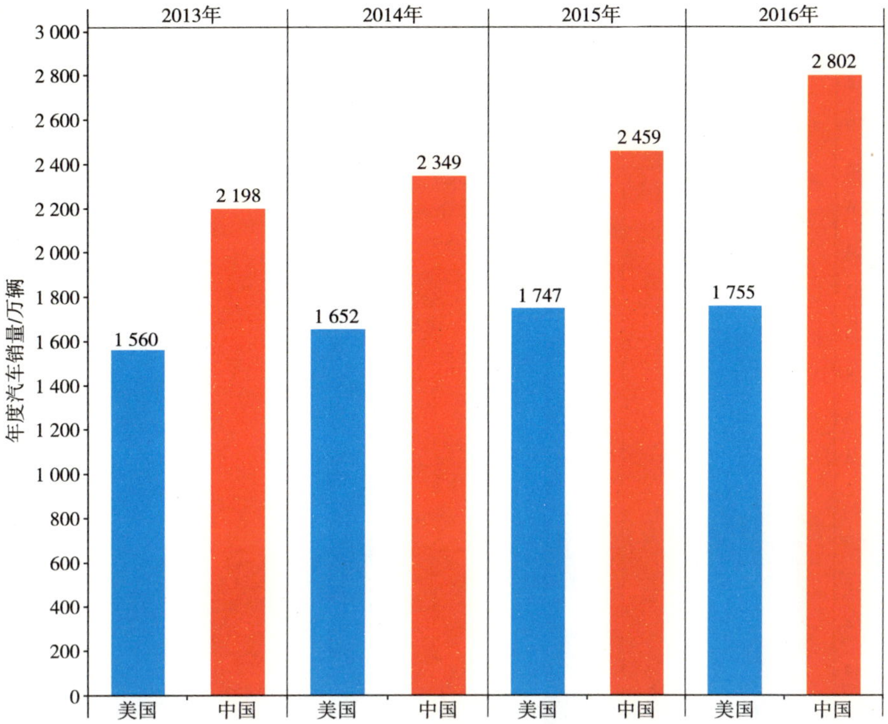

图 3-49　2013—2016 中美新车销量对比

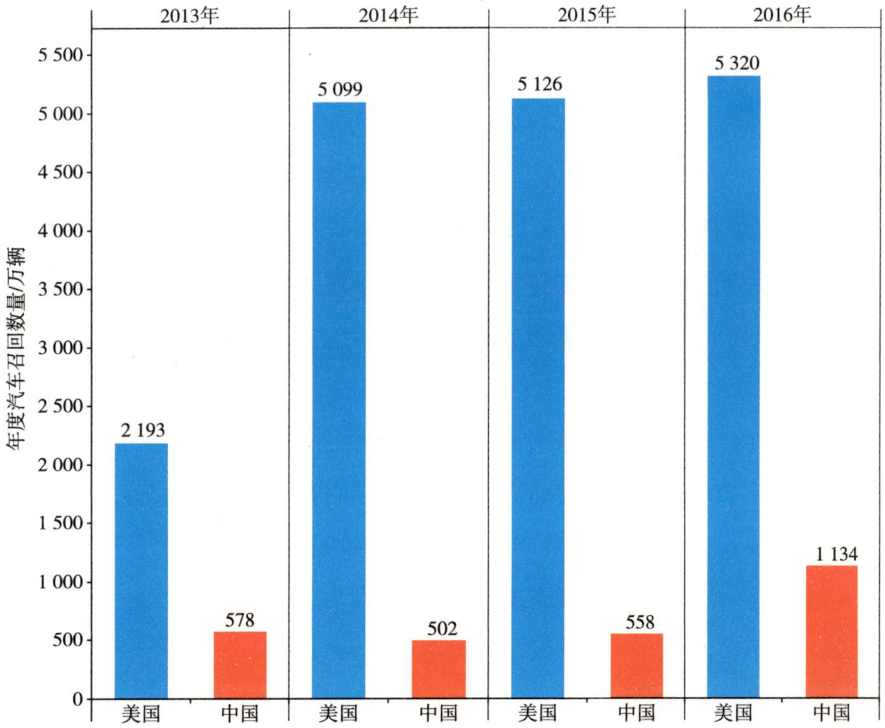

图 3-50　2013—2016 中美缺陷汽车产品召回数量对比

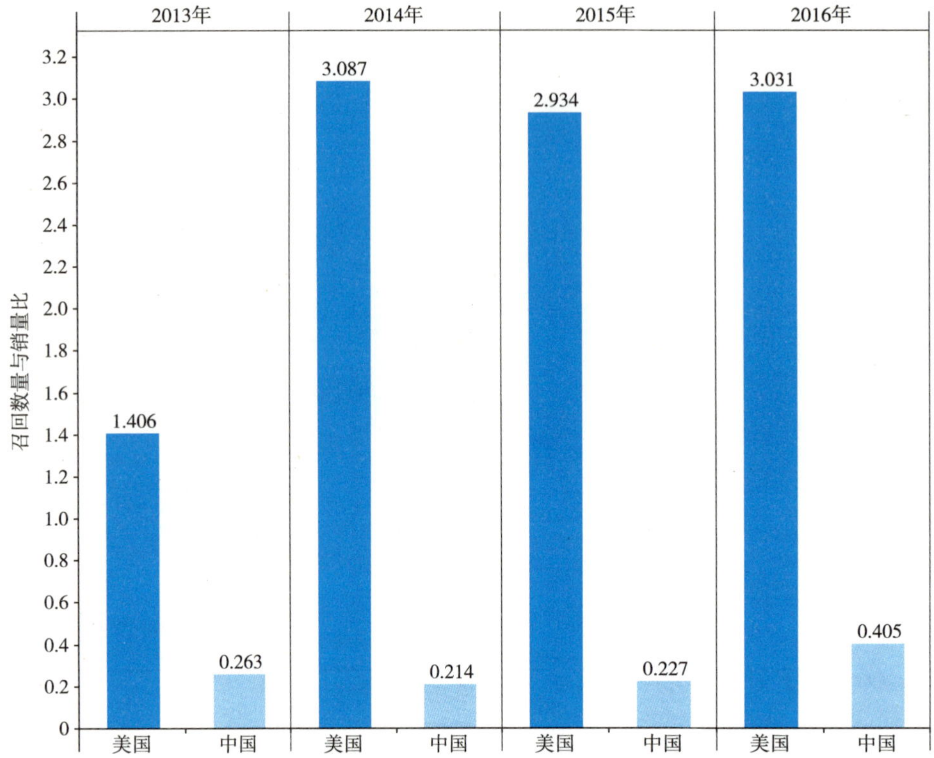

图 3-51　2013—2016 中美缺陷汽车产品召回数量与新车销量比

2）缺陷技术调查对召回影响对比

2016 年中国和美国缺陷汽车产品召回次数、主动召回次数占比分布如图 3-52 和图 3-53 所示。统计结果表明，2016 年美国主动召回次数是受调查影响召回次数的 10 倍，中国主动召回次数是受调查影响召回次数的 2.8 倍；美国缺陷汽车产品召回次数为中国 4.9 倍，主动召回次数为中国 6 倍，受缺陷调查影响召回次数为中国 1.7 倍。美国主动召回占总召回次数占比明显高于中国。可见，美国缺陷汽车产品生产者主动召回意识较中国汽车产品生产者更强。

2016 年中国和美国缺陷汽车产品召回数量、主动召回数量占比分布如图 3-54 和图 3-55 所示。统计结果表明，2016 年美国主动召回数量占总召回数量的 0.55%，中国主动召回数量占总召回数量的 0.25%；美国缺陷汽车产品主动召回数量为中国 10 倍，受缺陷调查影响召回数量为中国 5.8 倍。进一步印证美国缺陷汽车产品生产者主动召回意识较中国汽车产品生产者更强。

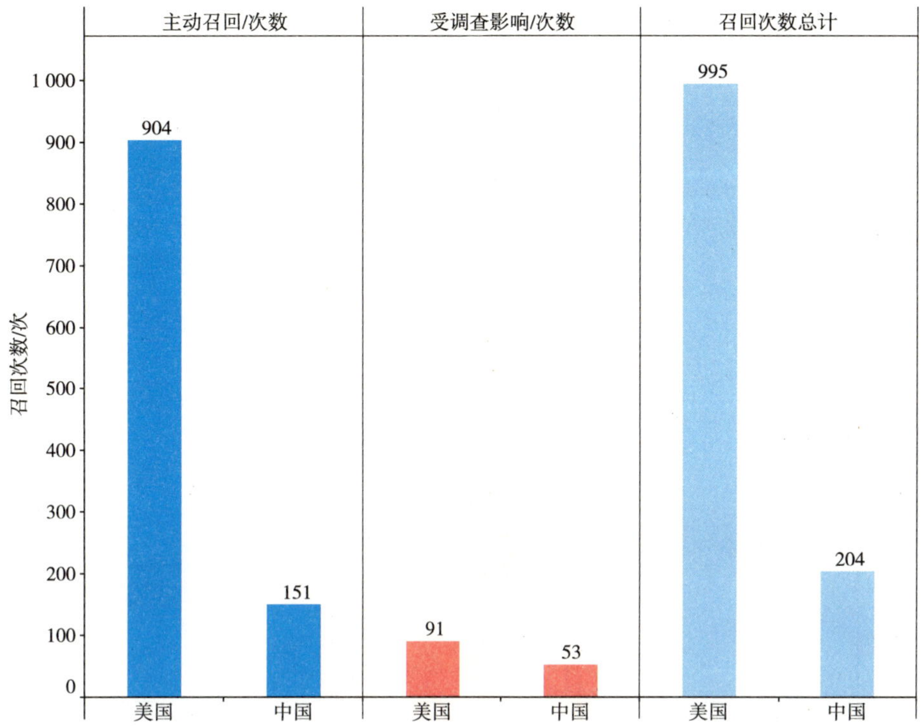

图 3-52　2016 年中美召回次数对比

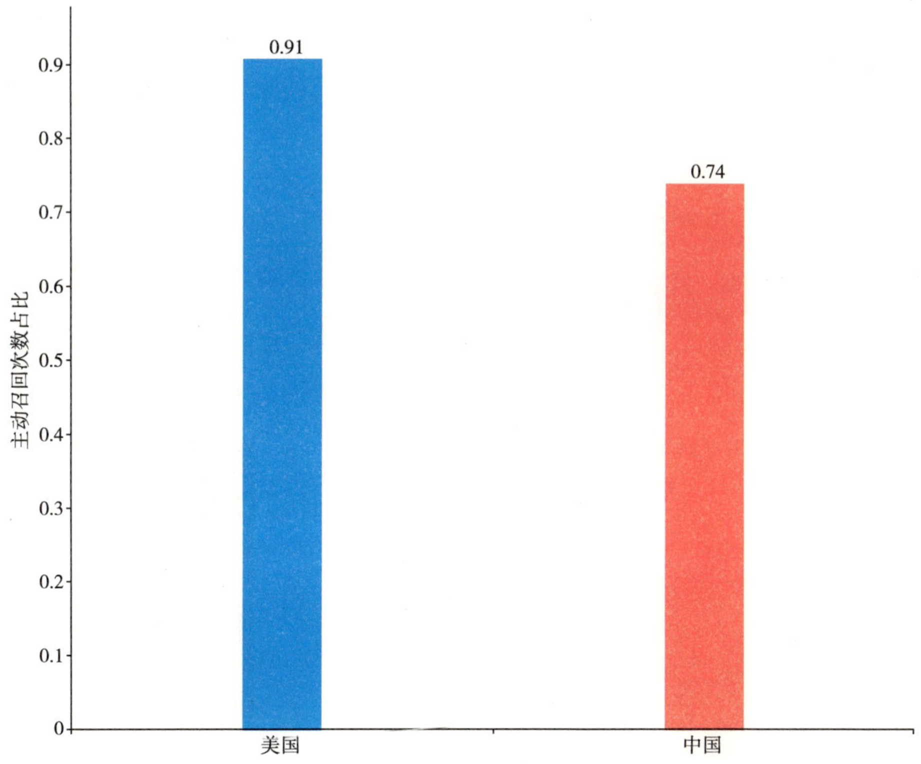

图 3-53　2016 年中美主动召回次数占比

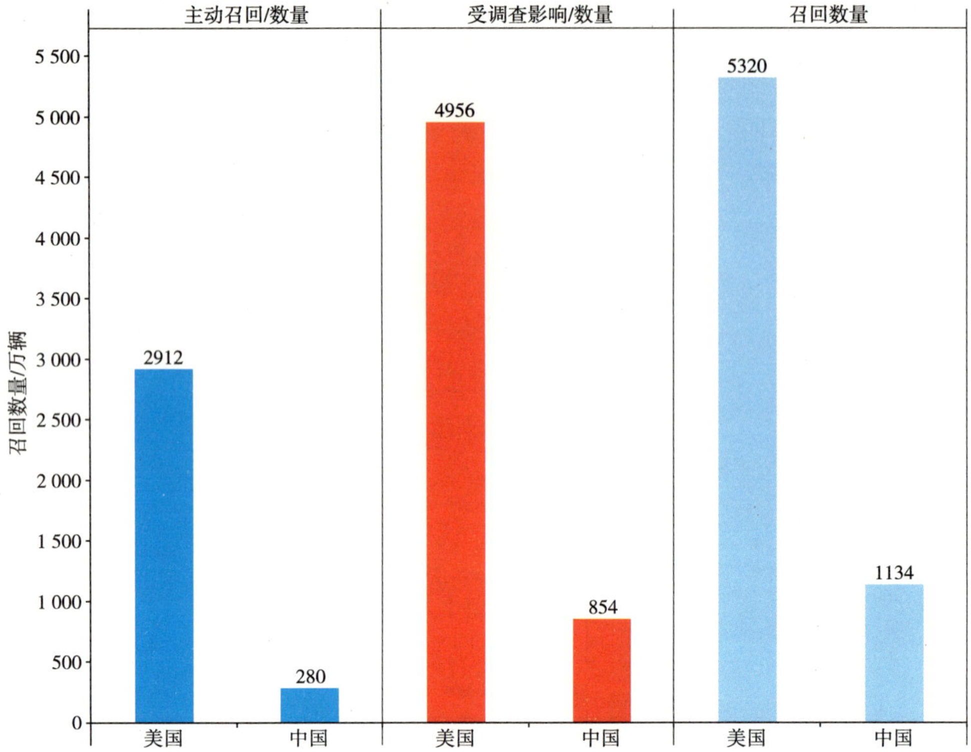

图 3-54　2016 年中美召回数量对比

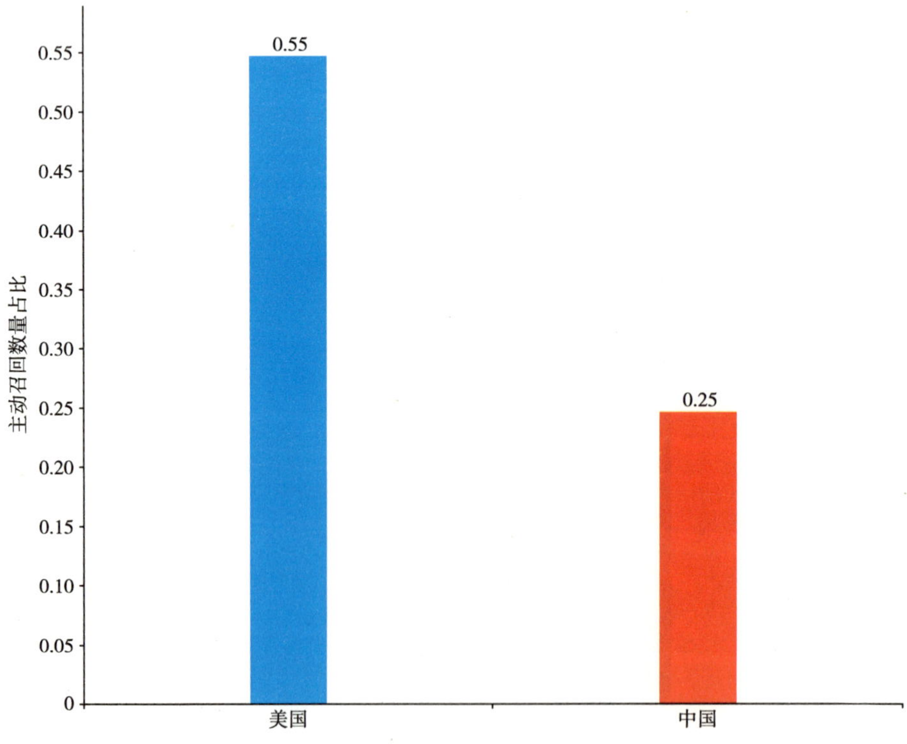

图 3-55　2016 年中美主动召回数量占比

3.3.2 中欧缺陷汽车产品召回

（1）欧盟缺陷汽车产品召回情况

2016 年，欧盟召回的汽车产品按缺陷总成分类的次数、数量占比如图 3–56 所示。召回次数排名前三：发动机 80 次，次数占比 19.37%；气囊和安全带 74 次，次数占比 17.92%；车身 58 次，次数占比 14.04%。这也与 2016 年中国召回的汽车产品的缺陷类型分布相一致。

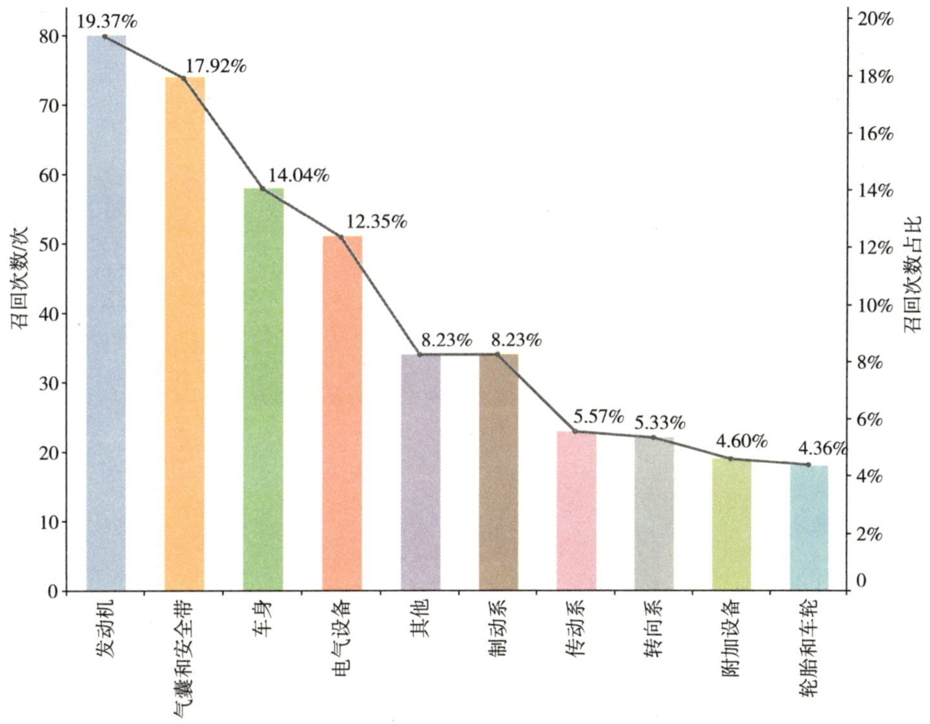

图 3–56　2016 欧盟按缺陷总成分类召回次数及比例分布

图 3–57 是 2016 年欧盟不同召回类型次数及占比情况。2016 年自愿召回 407 次，次数占比 98.55%；经销商采取措施：从市场上撤回产品 2 次，次数占比 0.48%；公共部门下命令采取的措施：从市场上撤回该产品 4 次，次数占比 0.97%。由此可见，欧盟缺陷汽车产品召回管理制度以汽车产品生产者自愿召回为主。

（2）中欧缺陷汽车产品召回对比

2016 年，中国和欧盟缺陷汽车产品召回次数对比如图 3–58 所示。统计结果表明，2016 年，中国缺陷汽车产品召回次数仅为欧盟的 50%。

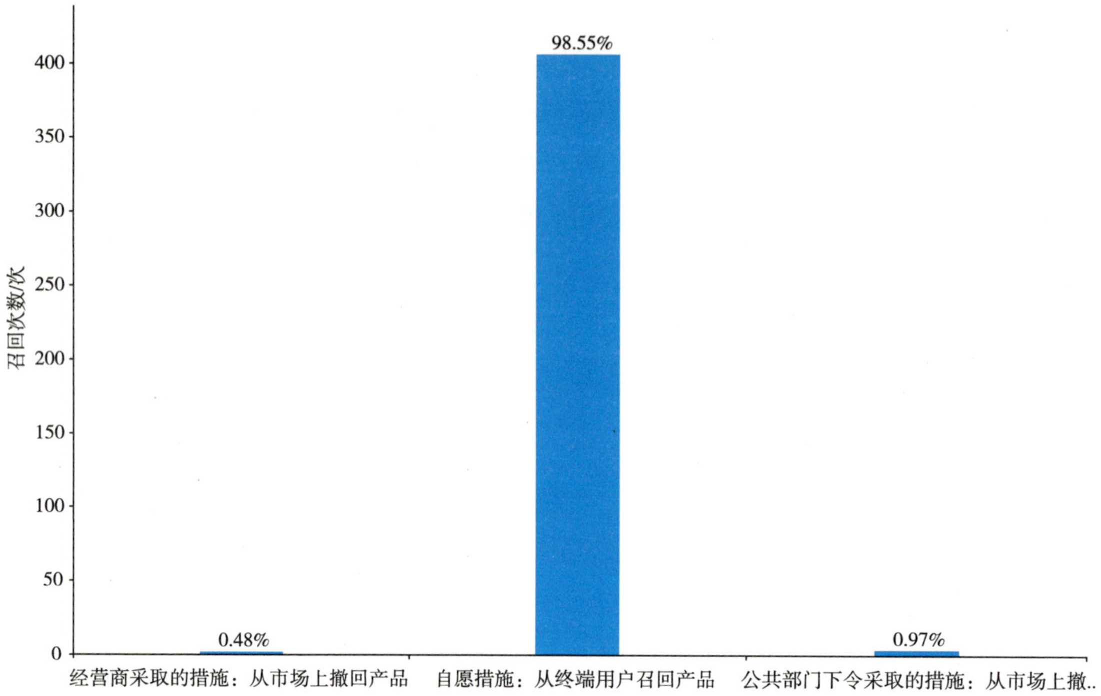

图 3-57　2016 欧盟召回类型次数及比例分布

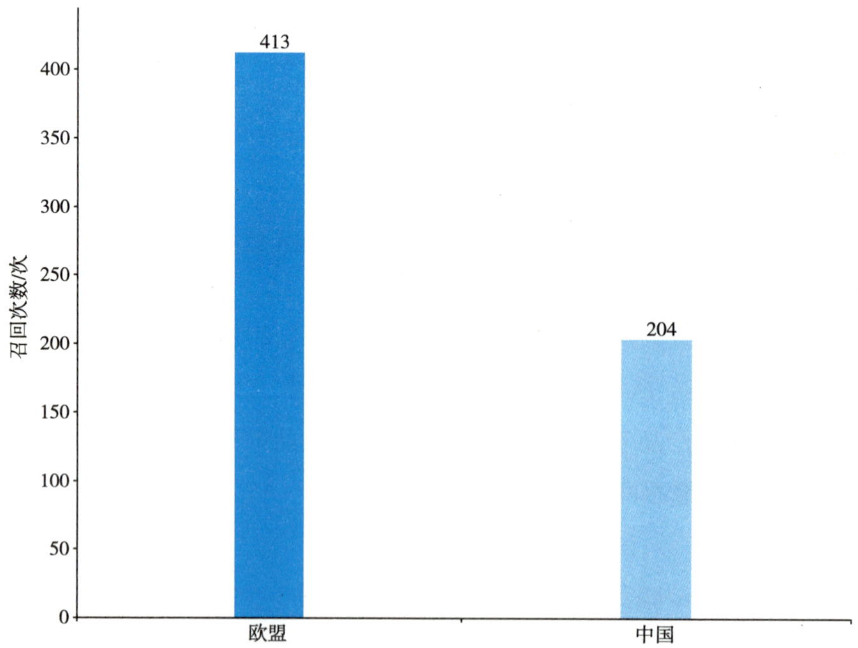

图 3-58　2016 年中欧召回次数对比

综上所述，通过对国内外缺陷汽车产品召回情况的对比分析，发现中国已连续多年超越美国成为全球第一大汽车产销国，但从召回数量和次数上看还远远低于美国、日本和欧盟等发达国家和地区，表明中国缺陷汽车产品召回仍有较大的提升空间；中国缺陷汽车产品召回类型与美国相比仍然相对单一，部分类型汽车产品召回管理工作刚刚起步，中国应尽快完善相关缺陷汽车产品召回管理制度；中国缺陷汽车产品召回受调查影响更为明显，表明中国汽车产品制造商主动召回意识与美国、日本和欧盟等发达国家和地区相比较弱，中国加强对消费者和汽车车产品生产者等利益相关方关于缺陷汽车产品主动召回的宣传教育，正确、客观的认识缺陷汽车产品召回。

3.3.3　中日缺陷汽车产品召回

（1）日本缺陷汽车产品召回情况

2016 年，日本缺陷汽车产品召回次数及数量分布如图 3–59 和图 3–60 所示，全年召回次数 337 次，涉及车辆 16 048 532 辆。

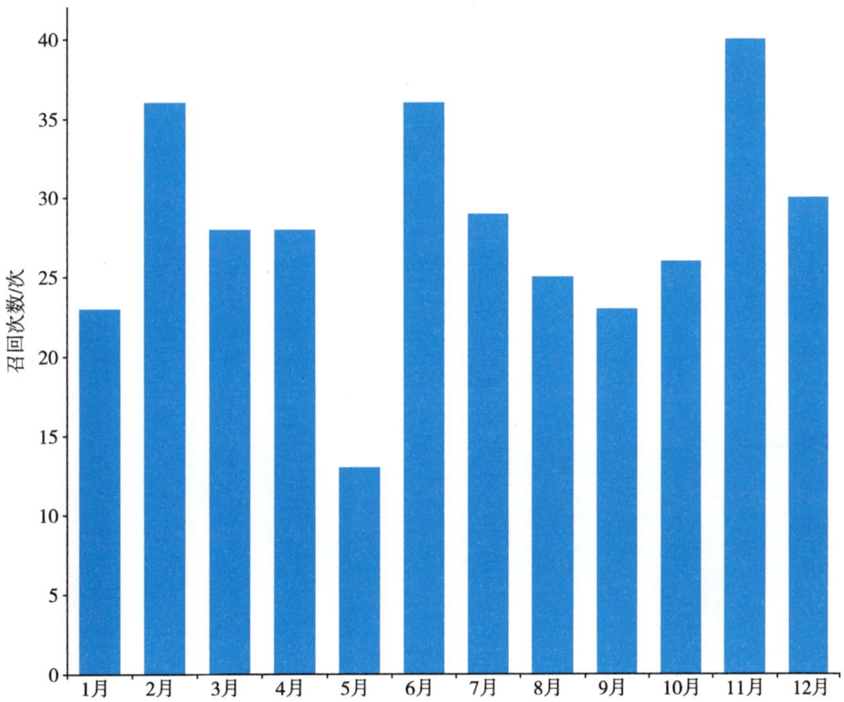

图 3–59　2016 年日本缺陷汽车召回次数

（2）中日缺陷汽车产品召回对比

2016 年，中国和日本缺陷汽车产品召回次数、新车销量、召回数量以及召回与销量比分布如图 3–61 至图 3–63 所示。统计结果表明，2016 年中国汽车产品销量为日本 5.6 倍，但缺陷汽车产品召回数量仅为日本的 70%；中国缺陷汽车产品召回次数仅为日本 60%；日本缺陷汽车产品召回与新车销量比超过 3.0，中国低于 0.5。

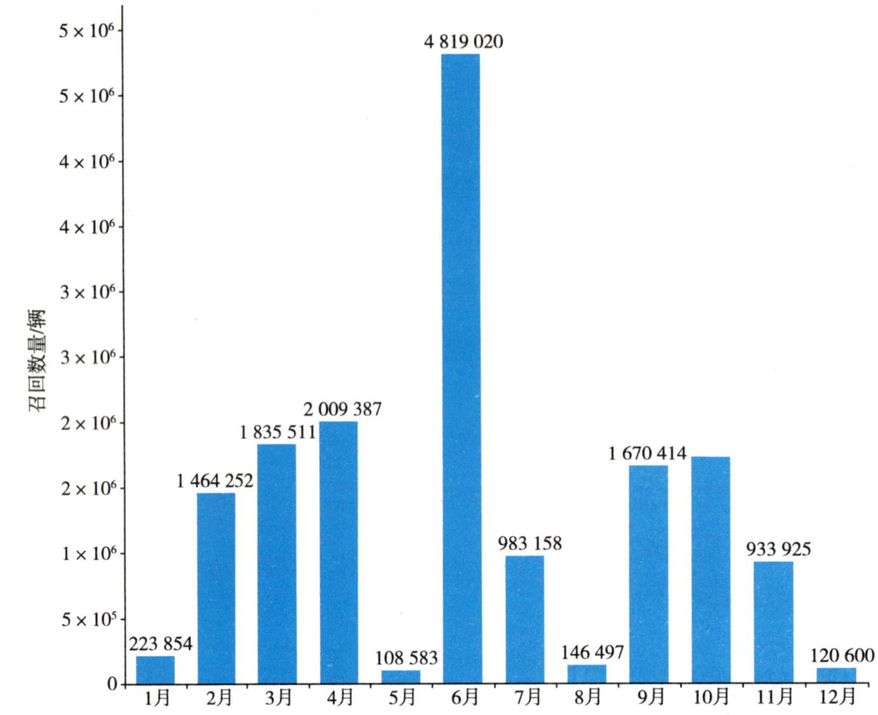

图 3-60　2016 年日本缺陷汽车召回数量

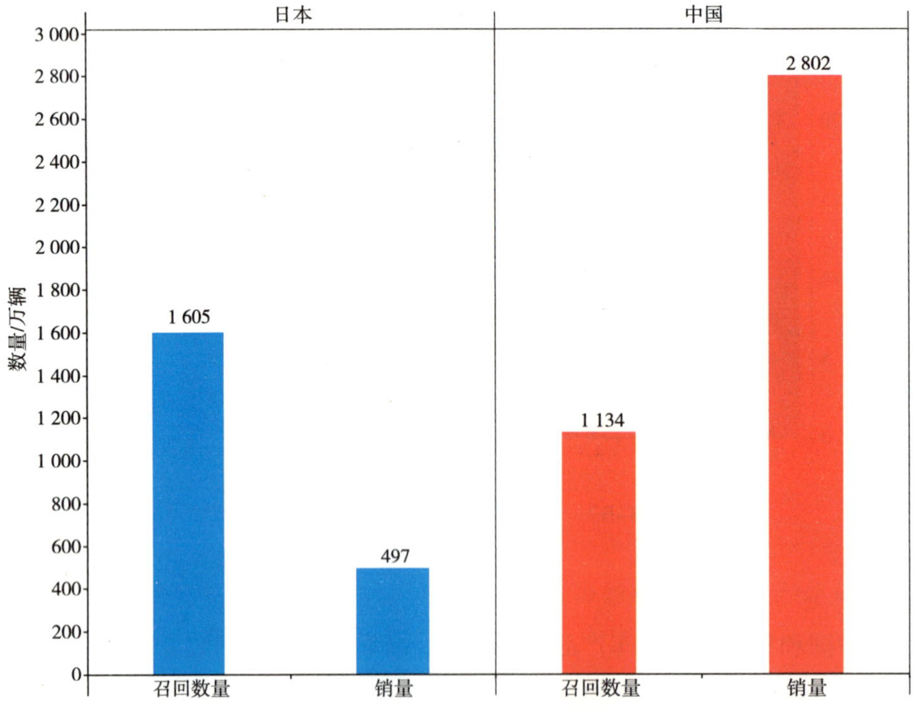

图 3-61　2016 年中日召回销量数量对比

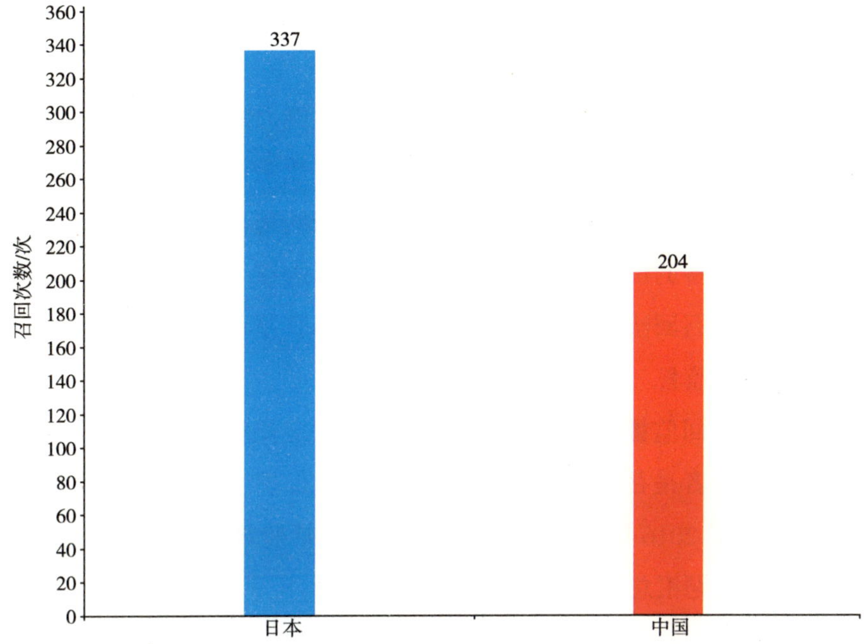

图3-62　2016年中日召回次数对比

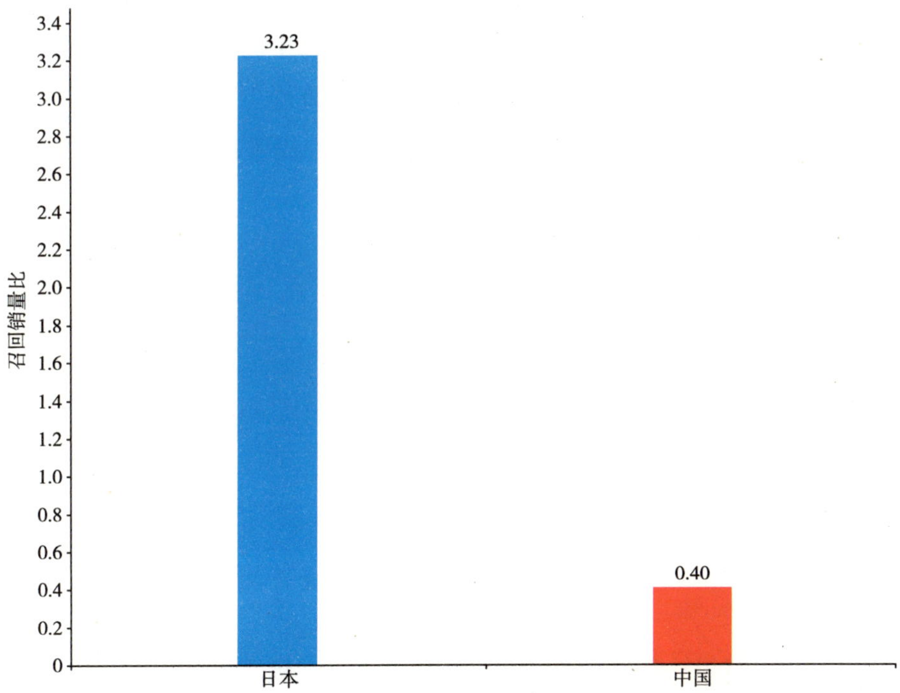

图3-63　2016年中日召回销量数量比

3.4 生产者召回实施过程监督

随着汽车产销量的增长、消费者维权意识和信息获取能力的增强，召回成为产品质量安全监管的新常态，召回数量逐年攀升。面对日益庞大的召回数量，如何利用有限的行政资源有效监督和评价生产者的召回实施情况成为监管部门面临的新问题。美国等发达国家利用高额的处罚、惩罚性赔偿制度和完备的机构设置对生产者形成无形的压力，监管部门无需耗费大量精力开展召回监督。我国产品召回法律体系和监管机构设置与其差距较大，召回立法明确监管部门应当对召回实施情况进行监督。

实施缺陷汽车产品召回监督的目的是督促生产者按法定要求实施召回。坚持依法、规范和突出重点原则，坚持生产者是召回实施的责任主体，注重保护生产者、经营者实施召回的积极性和主动性。本节介绍了 2016 年召回监督实施情况，包括监督工作模式介绍、典型召回监督活动选取、监督方式和问题汇总。

3.4.1 召回监督工作模式

《实施办法》第四条规定：质检总局负责全国缺陷汽车产品召回的监督管理工作。第五条规定：质检总局根据工作需要，可以委托省级质检部门，在本行政区域内负责召回监督管理的部分工作。召回技术机构按照质检总局的规定承担召回管理中的具体技术工作。因此，缺陷汽车产品的召回监督主体涉及质检总局、省级质检部门（地方局）和召回技术机构（管理中心）三方，由质检总局统一负责、可部分委托地方局、管理中心提供技术支撑，如图 3-64 所示。

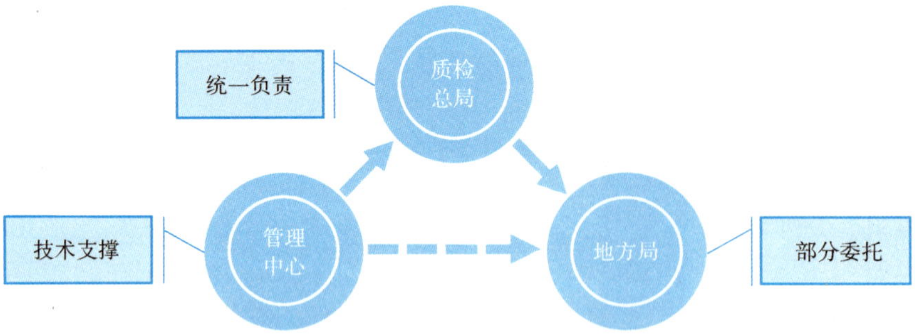

图 3-64 我国召回监督主体

质检总局统一负责组织缺陷汽车产品召回监督工作。省级质检部门按照质检总局要求，负责对本行政区域内的缺陷汽车产品召回实施情况进行监督，具体职责是：对本行政区域内生产者实施召回的情况进行监督；部署市、县局对本行政区域内经营者实施召回的情况进行监督；总结召回监督工作，并及时上报质检总局。管理中心承担缺陷汽车产品召回监督的具体技术工作，必要时按照质检总局要求开展召回监督。

3.4.2　2016 年重点监管活动

基于问题导向和风险导向的原则，在 2013—2015 年发布的召回公告中选择 13 起召回进行重点监督，具体见表 3-3。

表 3-3　2016 年开展重点监管召回活动清单

序号	召回活动名称	召回编号
1	东南 V3 菱悦手刹拉线卡滞缺陷召回	2013V0126
2	奇瑞 A3、东方之子、V5、QQ6 燃油泵法兰回油管支架开裂缺陷召回	2014V0154/2015V0130
3	东风雪铁龙 C4 燃油泵缺陷召回	2015V0003
4	华晨宝马 3 系、5 系发动机 VANOS 固定螺栓断裂缺陷召回	2014V0048
5	重庆长安欧力威蓄电池压板缺陷召回	2014V0074
6	一汽－大众新速腾后轴纵臂变形或断裂缺陷召回	2014V0136
7	上海通用英朗 GT 远光灯无法关闭缺陷召回	2014V0083
8	郑州日产帕拉丁高田气囊缺陷召回	2015V0118
9	广汽长丰帕杰罗高田气囊缺陷召回	2015V0180
10	天津一汽丰田威驰高田气囊缺陷召回	2014V0164
11	广汽本田雅阁汽车高田气囊缺陷召回	2014V0167
12	黄河牌校车 29 项缺陷召回	2015V0080–2015V0108
13	大力牌校车 26 项缺陷召回	2015V0187–2015V0212

据每起召回的实际情况，编制短信回访调查问卷，如图 3–65 所示。问卷主要设计了 6 个问题，每个问题环环相扣。随机抽样 95 889 名用户进行短信回访。统计用户短信回访数据，并将进行反馈的用户名单转交生产者进行再次核实。通过对比用户反馈信息和生产者核实信息，得出可能存在的问题，提出重点监管侧重点。

针对各召回活动生产者所在行政区域和反映存在问题，组织了 17 家地方局对召回活动进行了监督检查，检查范围覆盖了生产企业和召回实施场所。根据各地方局提交的总结报告，将发现问题汇总：

①部分经销商未收到生产者下发的召回通知；

②部分经销商收到生产者的召回通知后，未能及时通知车主，存在通知滞后现象；

③部分经销商的召回操作文件、配件与召回计划备案不一致；

④部分经销商召回维修配件供货不足，无中文标识和合格证；

⑤部分经销商召回维修与正常维修的维修记录没有区分，不能单独调取涉及召回的维修记录，导致现场监督检查时所需要的相关证明都无法当场提供；

⑥实际召回完成率偏低；

⑦部分销售商存在停业、破产、退网等事宜，但生产者未明确相关经销商所负责召回车辆的召回实施地点情况。

上述问题与通过问卷调查和短信回访发现的问题基本一致。针对发现的问题，各省地方局依法向企业及时通报，督促企业落实责任。

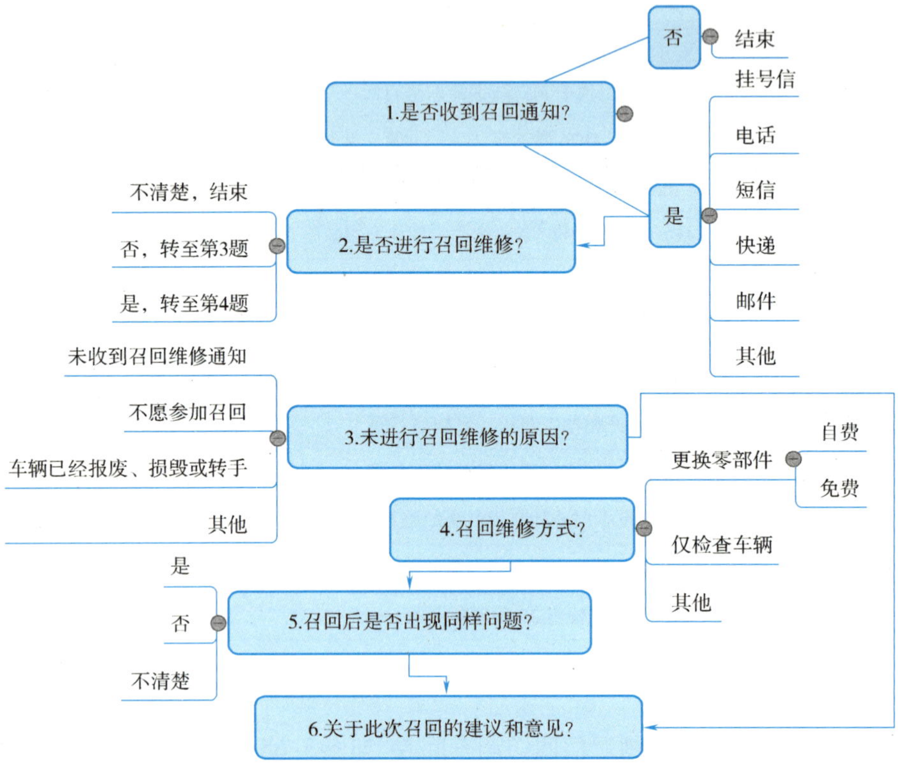

图 3-65　调查问卷的问题设计示意图

第 4 章　典型缺陷汽车产品召回案例评析

缺陷调查是促使生产者履行召回主体责任最有效、最直接的手段，也是主管部门履行监管职责的重要体现。2016 年，受调查影响召回缺陷车辆 851.84 万辆，占全部召回数量的 75.21%。本章选取上汽通用曲轴箱通风阀膜片问题、联合电子燃油泵法兰支架回油管开裂问题、校车标准符合性问题 3 起典型召回案例进行评析，从技术角度阐述缺陷分析、调查、评估、判定等过程。

案例一　上汽通用发动机曲轴箱通风阀膜片问题召回

案例基本情况

该案件是2016年前我国单次召回数量最大的案件，涉及配置有第三代1.6L及1.8L自然吸气发动机的别克英朗、科鲁兹、景程和爱唯欧四款车型的2160779辆汽车。

召回范围：2009年7月21日~2015年8月28日生产的部分2010—2015年款别克英朗，数量为833 922辆。

2009年2月14日~2016年4月27日生产的部分2009—2016年款雪佛兰科鲁兹，数量为1 149 655辆。

2009年7月1日~2014年12月24日生产的部分2010—2015年款雪佛兰景程，数量为158 965辆。

2011年3月2日~2015年3月2日生产的部分2012—2015年款雪佛兰爱唯欧汽车，数量为18 237辆。

缺陷描述：本次召回范围内部分车辆发动机曲轴箱通风阀膜片耐腐蚀性不足，在长期使用后膜片可能被腐蚀，极端情况下会导致发动机损坏，存在安全隐患。上汽通用汽车有限公司为召回范围内的车辆免费更换曲轴箱通风阀，以消除安全隐患。

缺陷调查

一段时间以来，管理中心收到大量用户有关上述问题的投诉，在质检总局部署下开展了缺陷调查。管理中心于2015年5月通知生产者开展调查分析，并于同年11月经缺陷技术会商后，由生产者开展调查分析升级为缺陷调查。在整个调查工作中，电话回访用户200余通，对1 400余条投诉、维修、索赔信息进行了数据分析，开展了7次现场调查，现场勘察了5个故障车辆，组织10余人次专家进行缺陷技术分析，并与生产者进行了3次技术交流，调查过程中调阅和分析了近百份技术资料。2016年3月管理中心组织相关专家对曲轴箱通风阀膜片问题进行了缺陷技术评估。最终受调查影响，生产者实施了召回。

投诉、索赔、维修信息分析

自2009年起，大量用户反映上汽通用部分汽车存在发动机损坏问题：在车辆使用中出现了机油消耗量大、排气管冒烟、发动机顶缸、熄火等故障，经对故障车辆检查发现发动机曲轴箱通风阀膜片损坏，进气歧管存有大量机油，以及发动机顶缸造成活塞碎裂、连杆弯曲的情况，部分用户反映故障是在上坡转弯或过路口频繁制动时发生的。管理中心对部分用户做了电话回访，初步确认存在曲轴箱通风阀膜片损坏和发动机顶缸导致熄火的情况。以下是根据生产者提交的部分索赔、维修信息进行的数据分析。

在涉及曲轴箱通风阀膜片损坏的 331 个案例中，有 29 个案例出现活塞碎裂、连杆弯曲的情况，占比 8%，如图 4–1 所示。

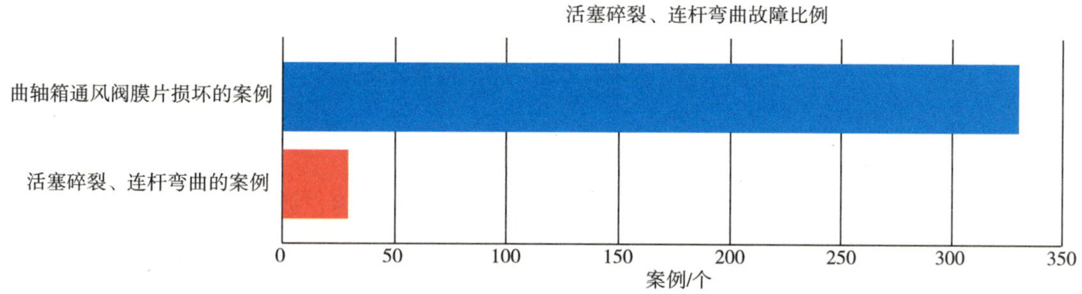

图 4–1　案例情况

曲轴箱通风阀膜片损坏车辆的故障里程主要集中在 2 万 ~10 万 km，索赔、维修受理日期主要集中在 2014—2015 年，如图 4–2 所示。

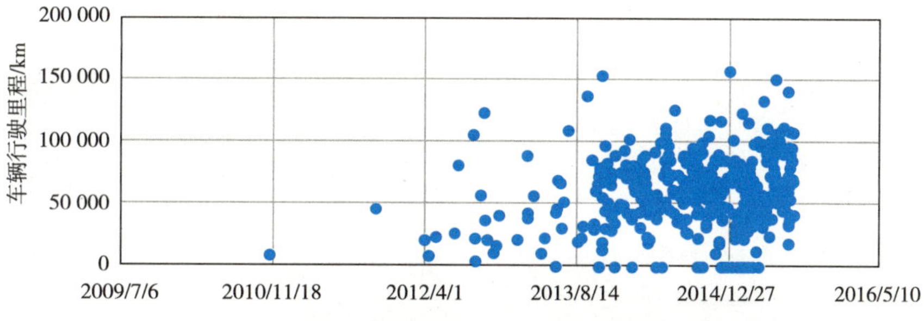

图 4–2　曲轴箱通风阀膜片损坏受理日期与故障里程分布

活塞碎裂、连杆弯曲故障车辆的总行驶里程集中在 5 万 ~8 万 km（图 4–3），且全国大部分地区均有索赔、维修案例，如图 4–4 所示。

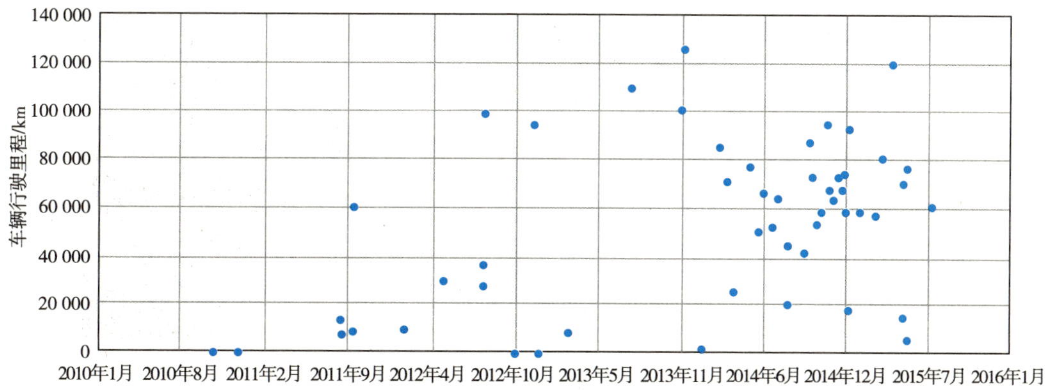

图 4–3　活塞碎裂、连杆弯曲故障受理日期与总里程分布

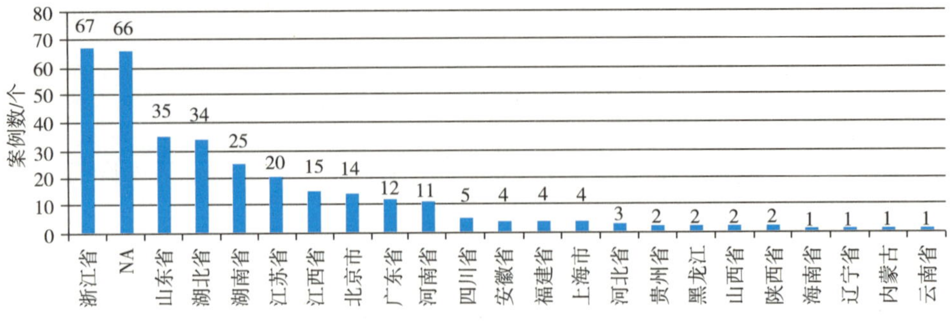

图 4–4　各地区索赔、维修数量分布图

典型故障分析

为了进一步核实用户反映的问题，准确判断故障发生的原因，管理中心多次组织专家和缺陷调查人员对故障车辆进行技术分析，以下是其中 1 起雪佛兰科鲁兹顶缸案例的技术分析。该车辆用户在驾驶车辆转弯上坡正常行驶时，突然听到较大异响，同时发动机熄火。用户反映车辆事前没有涉水、也没做过进气道免拆清洗，车辆一直是按照厂家保养手册要求保养汽车，车辆使用状态始终保持良好，无任何异常征兆，车辆购买日期为 2009 年 12 月去 5 日，总行驶里程 116 800 千米。该车辆的故障分析情况如下：

（1）经过放机油、拆油底壳检查机油状况，未发现机油乳化的情况，如图 4–5 所示。

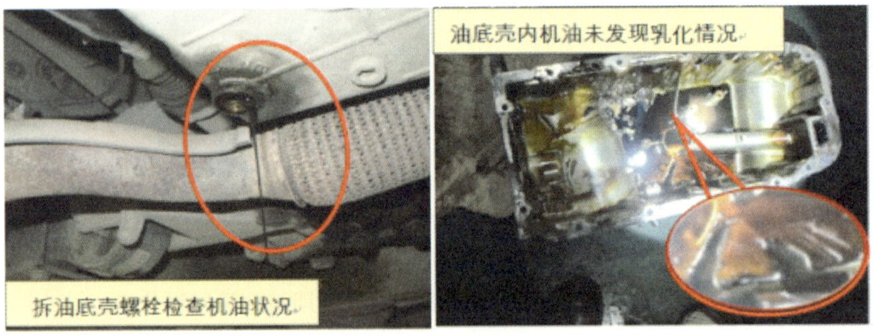

图 4–5　机油情况

（2）经对缸体总成拆解检查，发现第 3 缸、第 4 缸连杆弯曲和第 4 缸活塞碎裂，如图 4–6 所示。

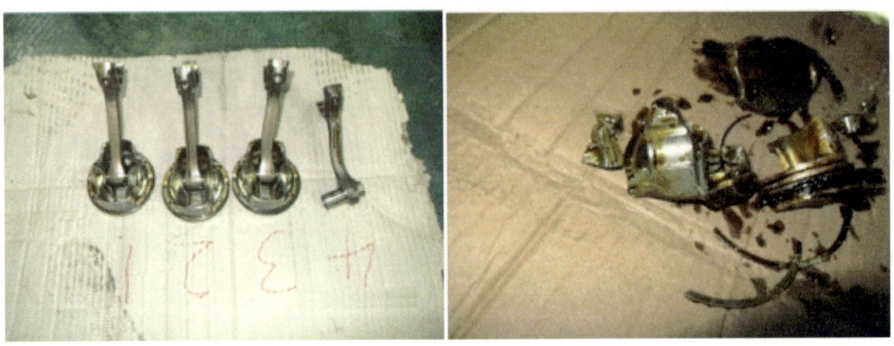

图 4–6　活塞碎裂情况

（3）经检查发动机气缸垫，没有发现气缸垫损坏的情况，如图 4–7 所示。

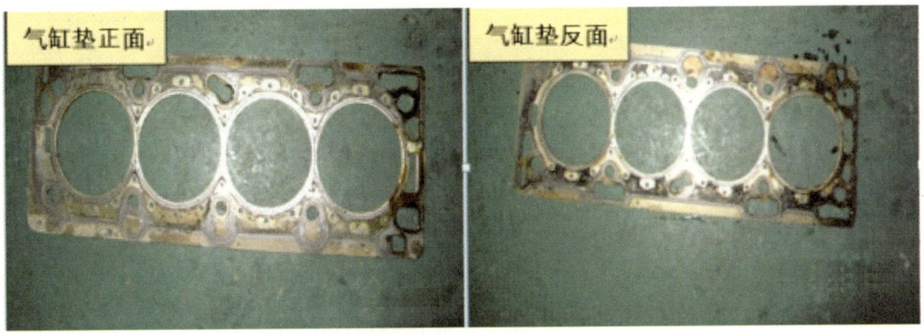

图 4–7　气垫情况

（4）经检查发动机大、小瓦表面磨损正常，没有拉伤或烧蚀的情况，如图 4–8 所示。

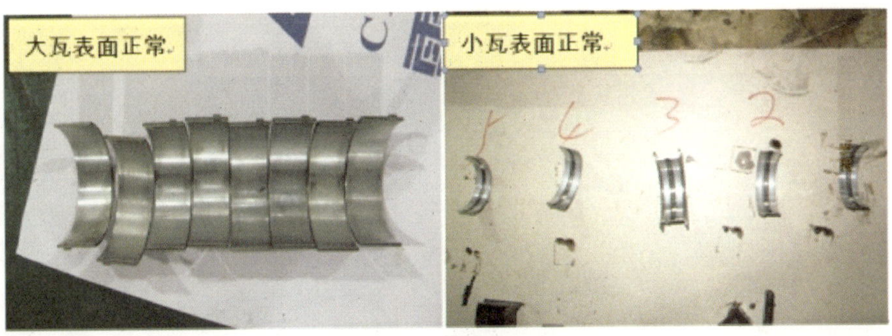

图 4–8　大小瓦情况

（5）经检查四个火花塞均没有损坏的情况，说明连杆弯曲、活塞碎裂非火花塞损坏引起，但可见由机油造成的火花塞积碳情况比较严重，如图 4–9 所示。

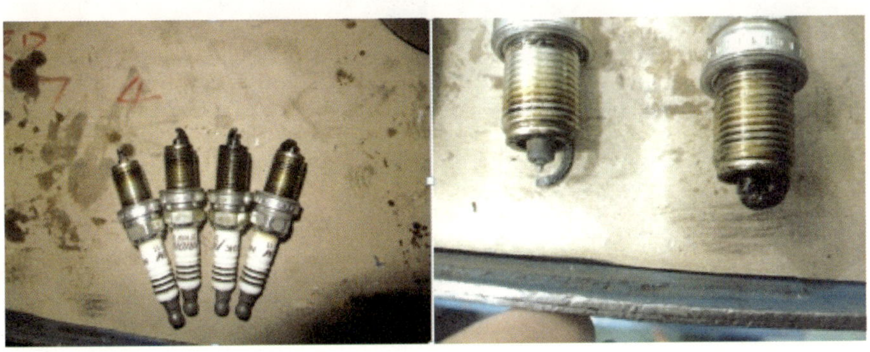

图 4–9　火花塞情况

（6）经从缸盖上拆下排气歧管和观察排气尾管的连接处，发现排气歧管内和排气尾管连接处有较多的机油残留，如图 4–10 所示。

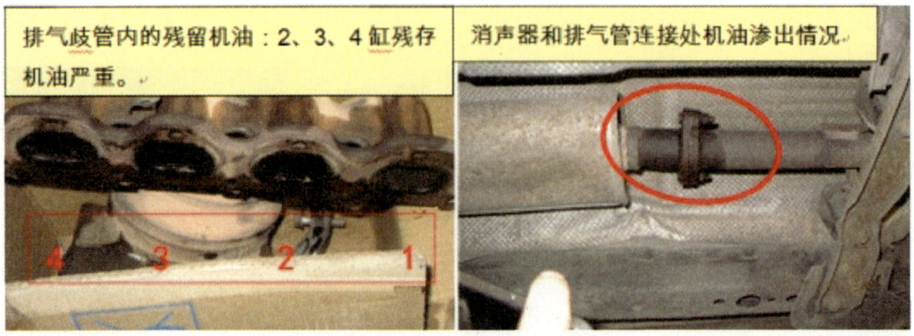

图 4-10　机油残存情况

（7）经检查空气滤清器壳体内部、空气滤清器滤芯和进气波纹软管内部，未发现有类似水或进气道免拆清洗剂等液体进入的痕迹，如图 4-11 所示。

图 4-11　空气滤清器情况

（8）经检查缸套壁上的积碳痕迹，并测量各缸活塞上止点位置下降情况和环岸线位置，可以看到各缸活塞到达上止点的位置相同且痕迹清晰，说明在故障发生前没有连杆预弯曲和缸内进水的情况，如图 4-12 所示。

（9）经对 4 个喷油头做滴漏测试，未发现汽油有滴漏现象，说明该活塞、连杆损坏非喷油头滴漏引起，如图 4-13 所示。

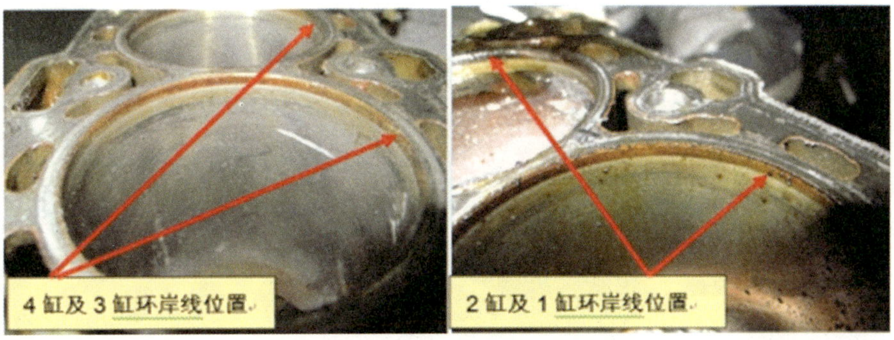

图 4-12　缸套壁积碳情况

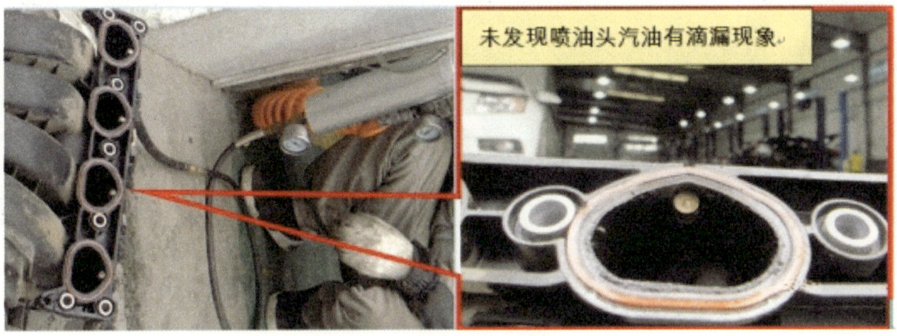

图 4-13　喷油头滴漏

（10）经对曲轴箱通风阀膜片采用烟雾的方法检查，可见曲轴箱通风阀的大气平衡孔有烟雾排出，确认曲轴箱通风阀膜片已经损坏，如图 4-14 所示。

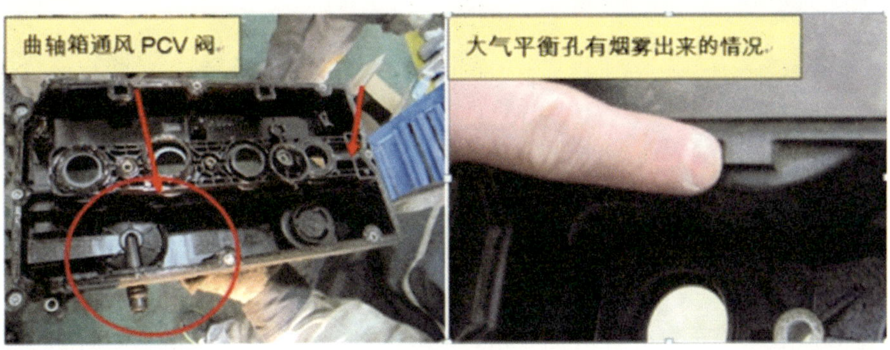

图 4-14　烟雾测试

（11）经拆解进气歧管总成，发现进气歧管“稳压腔”内和各缸管道内残留有大量机油，如图 4-15 所示。

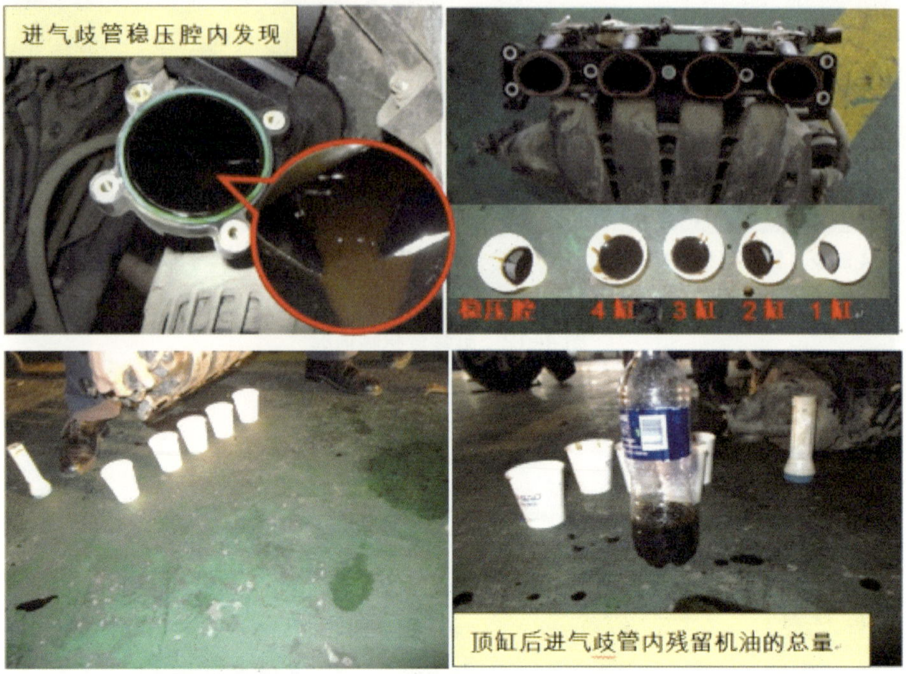

图 4-15 拆解进气歧管

（12）经拆解缸盖总成检查，发现缸盖第 1、3、4 缸进气道内进气门上方有明显的机油油迹，同时缸盖第 2 缸进气道内、进气门上方存有大量机油油液，如图 4-16 所示。

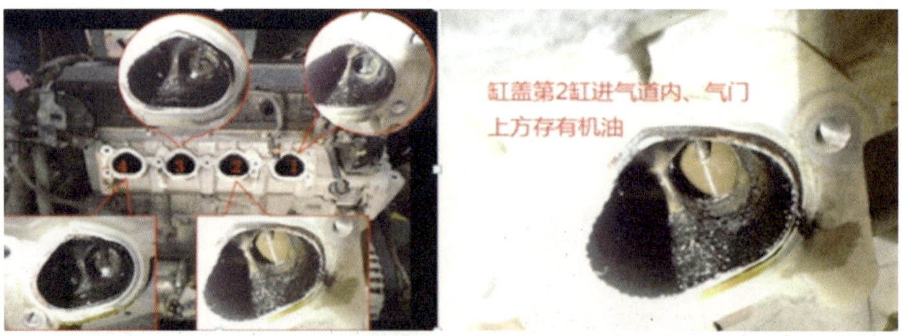

图 4-16 拆解缸盖总成

根据上述对顶缸故障车辆拆解情况分析，未发现水或免拆清洗剂进入气缸的痕迹，排除了水或进气道免拆清洗剂进入气缸造成顶缸的情况，也排除了由于喷油头滴漏或火花塞头部脱落造成顶缸的情况。同时，发现发动机曲轴箱通风阀膜片损坏及进气歧管内部“稳压腔”（注：该“稳压腔”与通入燃烧室的长短气道入口相通）和进气歧管 4 个管道内存有大量机油油液的现象。随着车辆行驶时间和里程的增加，进气歧管“稳压腔”内部的机油油液会不断增多，在特定工况下，最终会导致机油油液吸入发动机气缸燃烧室内部，造成顶缸。

缺陷技术分析

（1）曲轴箱通风阀膜片的作用

发动机工作时，燃烧室内的混合气体会通过活塞和气缸壁的间隙窜入曲轴箱内，造成曲轴箱内压力升高，机油变稀，零件受到腐蚀。为了避免和减轻这种状况的发生，现代发动机一般装有强制式曲轴箱通风系统。

该自然吸气式发动机采用强制内平衡式曲轴箱通风系统和长短可变进气歧管结构，曲轴箱通风阀和油气分离器集成在发动机凸轮轴罩盖内，如图 4–17 所示。

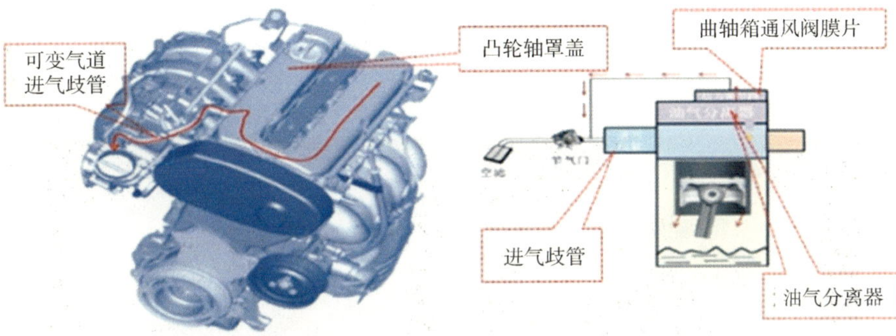

图 4–17　曲轴箱通风系统示意图

通过集成在发动机凸轮轴罩盖内的曲轴箱通风阀进行混合气流量调节，曲轴箱内的混合气通过曲轴箱气体输送软管，进入进气歧管后被吸入燃烧室燃烧。部分未充分燃烧的混合气体被再次利用，而不是排到大气中，这样既提高了燃油经济性，防止机油变质，也减少了废气的排放，改善了环保性能。

曲轴箱通风阀中的橡胶膜片是曲轴箱通风系统中的关键部件，当发动机工况不同时，曲轴箱通风阀在曲轴箱通风阀膜片的作用下可以有效的调节通过的混合气体流量。一般情况下，曲轴箱通风阀的开度在发动机中等功率下达到最大，而发动机怠速和大负荷情况下，曲轴箱通风阀的开度较小。

（2）发动机顶缸的原因分析

如果集成在发动机凸轮轴罩盖内的曲轴箱通风阀橡胶膜片发生破裂，见图 4–18，流量调节的功能失效，曲轴箱通风阀无法完全关闭，进气歧管负压直接与曲轴箱接通，导致曲轴箱通风量过大。由于此时油气分离器的分离作用有限，过多的机油蒸气会被吸入进气歧管内。

机油蒸气在螺旋进气离心力的作用下，会有较多的机油液体积存在进气歧管稳压腔内和长进气道的下部，见图 4–19。

随着车辆行驶时间和里程的增加，进气歧管稳压腔和长气道内积存的机油量会不断增多（图 4–19 中蓝色部分），在特定工况下瞬间会导致大量不可压缩的液态机油吸入发动机燃烧室内，而造成发动机顶缸。

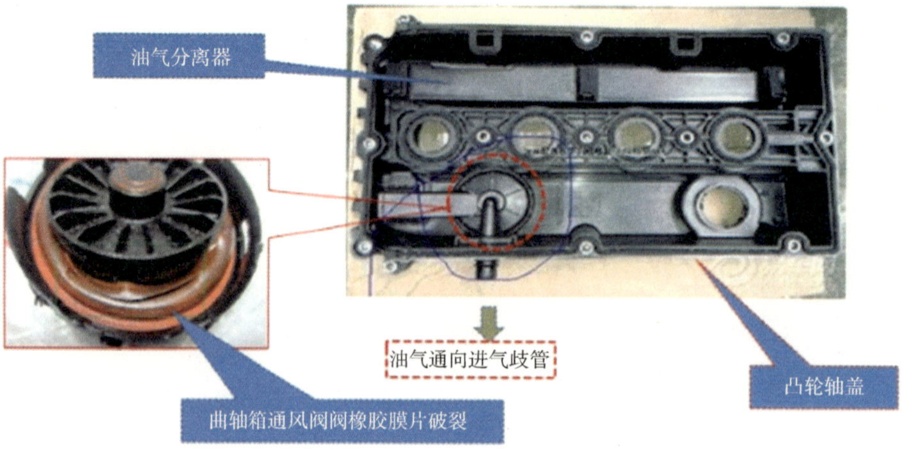

图 4–18　发动机凸轮轴罩盖内曲轴箱通风阀和膜片照片

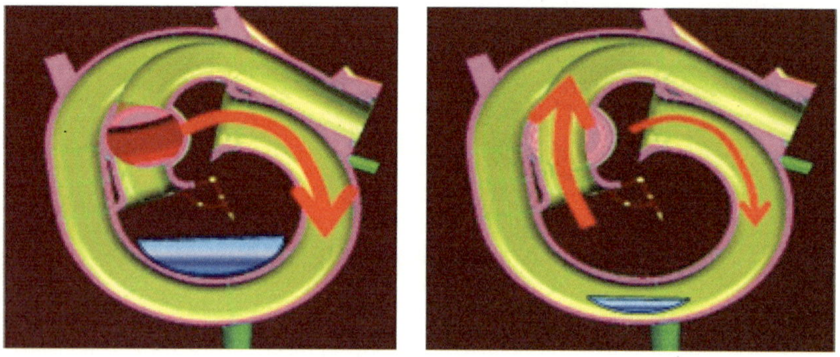

图 4–19　在进气歧管稳压腔内和长进气道内积存机油的示意图

（3）曲轴箱通风阀膜片的技术变更

为了提升曲轴箱通风阀膜片耐用性和抗腐蚀性，零部件供应商对曲轴箱通风阀膜片做了技术上的改进，其橡胶材料成分已变更，性能亦得之改善。图 4–20 和图 4–21 是曲轴箱通风阀膜片改进前后的样品照片和管理中心委托相关机构对改进前后橡胶材料成分进行检验的结果。

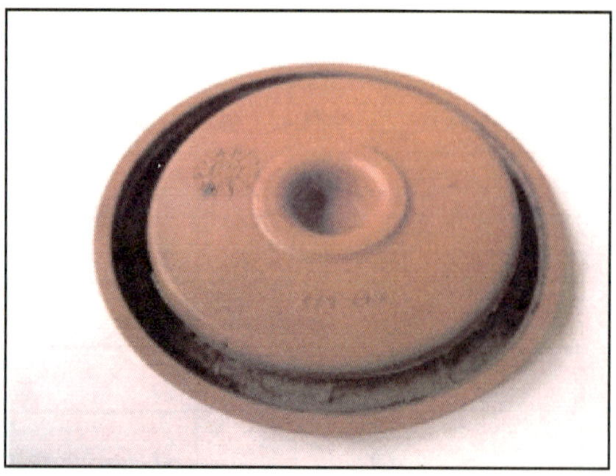

样品名称：橡胶制品–红色（MB）		
序号	检验项目名称及单位	检验结果
1	橡胶聚合物定	氟硅橡胶
2	橡胶总烃含量　[illegible]	66.79
3	灰分.　%	32.95
4	二氧化硅含量　%	37.35
5	铁含量　%	0.44
6	锌含量　%	0.007
7	铅含量　%	0.008
8	镁含量　%	0.011
9	钙含量　%	0.50

图 4–20　曲轴箱通风阀膜片改进前样品照片和检验结果

样品名称：橡胶制品-黑色（EK）		
序号	检验项目名称及单位	检验结果
1	橡胶聚合物定性	氟橡胶
2	橡胶总烃含量.　%	70.50
3	炭黑含量.　%	25.34
4	灰分.　%	[illegible]
5	铁含量.　%	[illegible]
6	锌含量.　%	2.86
7	铅含量.　%	0.004
8	镁含量.　%	0.082
9	钙含量.　%	0.0084

图 4-21　曲轴箱通风阀膜片改进后样品照片和检验结果

案件小结

该案件是 2016 年以前我国单次召回数量最大的案件，涉及上汽通用四款车型的 216 万辆汽车。本次召回范围内部分车辆发动机曲轴箱通风阀膜片耐腐蚀性不足，在长期使用后膜片可能被腐蚀，极端情况下会导致发动机损坏，存在安全隐患。与整个汽车相比，集成在发动机凸轮轴罩盖内的曲轴箱通风阀橡胶膜片是一个很小的零部件，在产品开发和测试过程中易被忽视，一旦橡胶膜片破裂就会造成发动机严重损坏，甚至危及人身、财产安全。该案件对发动机研发过程中的可靠性和耐久性问题提供了一个参考，尤其是在产品研发过程中需要考虑汽车产品在不同区域环境下的适用性和耐用性问题。

案例二 联合电子燃油泵法兰支架回油管开裂问题召回

案例基本情况

2013 年 12 月至 2015 年 7 月，先后有 14 家企业因上海联合汽车电子有限公司（简称联合电子）生产的燃油泵缺陷在质检总局备案召回计划，召回 32 款车型共计 2 911 876 辆车。该缺陷产生的原因是，联合电子生产的燃油泵法兰回油管支架在车辆使用过程中可能会出现开裂，导致燃油泄露，存在安全隐患。

2013 年 12 月 29 日，上海通用汽车有限公司（现更名为上汽通用汽车有限公司，简称上汽通用）主动向质检总局备案召回计划，召回 1 461 460 辆别克凯越和雪佛兰新赛欧汽车。缺陷描述为：召回范围内的车辆安装了上海联合汽车电子有限公司生产的燃油泵，燃油泵法兰支架回油管接头处可能出现裂纹，极端情况下可能导致燃油泄漏，存在安全隐患。

缺陷调查

2014 年 3 月，管理中心收到部分用户关于部分车型车内有汽油味、车辆燃油泵漏油问题的投诉，用户投诉故障现象与上汽通用召回缺陷车辆所呈现的故障现象类似。随后，通过召回过程监管工作发现召回的燃油泵与其他投诉所涉及的燃油泵同为联合电子生产，且结构类似。2014 年 7 月，管理中心组织专家对相关问题进行深入分析研究，认为联合电子燃油泵法兰支架回油管接头处开裂问题可能涉及多家整车生产企业。随即启动现场调查，共获取技术图纸、操作指导书、工艺卡、法兰供货单、模具维修单、检验规范、生产检验记录、法兰清单表、模具在生产履历卡等技术材料 460 余份。

2014 年 7 月至 2015 年 5 月，管理中心先后与联合电子公司和相关整车生产者进行技术交流十余次，受调查影响，相关整车生产者召回 1 450 416 辆存在缺陷的汽车，在消除缺陷保障消费者行车安全的同时，也为消费者挽救了大量的潜在经济损失。具体召回情况见表 4–1。

表 4–1 受燃油泵问题影响召回情况

召回日期	生产者名称	车型	召回数量 / 辆
2013/12/29	上海通用汽车有限公司	凯越、新赛欧	1461460
2014/8/19	上海汽车集团股份有限公司乘用车分公司	荣威 550	58477
2014/11/17	华晨汽车集团控股有限公司	尊驰、骏捷、酷宝	238024
2014/11/17	奇瑞汽车股份有限公司	A3、东方之子、V5、QQ6	289773
2014/11/17	长城汽车股份有限公司	V80、精灵	32085

续表

召回日期	生产者名称	车型	召回数量 / 辆
2014/12/31	天津一汽夏利汽车股份有限公司	威乐、威姿	49493
2014/12/31	浙江豪情汽车制造有限公司	英伦	59062
2014/12/31	浙江吉利汽车有限公司	美日 EC7	56727
2014/12/31	重庆长安汽车股份有限公司	CX30、志翔、杰勋	20828
2014/12/31	北汽福田汽车股份有限公司	迷迪	19075
2014/12/31	一汽海马汽车有限公司	骑士、新骑士	99750
2015/7/23	奇瑞汽车股份有限公司	A5、瑞虎、G5、G6	297476
2015/7/23	安徽江淮汽车股份有限公司	宾悦、同悦、瑞鹰、和悦	207964
2015/7/23	广汽长丰汽车股份有限公司（乘用车）	骐菱	1170
2015/7/23	东风柳州汽车有限公司	景逸	20512

故障发生机理

汽车的正常行驶需要燃油泵将燃油从油箱泵送至发动机，一般车辆上仅安装低压燃油泵。为了保证燃油量的充足，整个燃油供应管路需要保持一定的压力，因此，一般燃油泵含有两个功能，即：燃油泵送和压力调节。如图 4–22 所示，燃油泵顶部有两个接口，分别是出油口和回油口，其中，出油口下方与油泵电机相连，回油口下方与燃油压力调节装置相连。

受调查的燃油泵在结构上将燃油压力调节装置与燃油泵法兰整合，如图 4–23 所示为了保证燃油泵的压力调节功能，在燃油泵回油通道中通过过盈配合布置一个钢珠，以此改变回流燃油的流向，使燃油进入压力调节装置中。

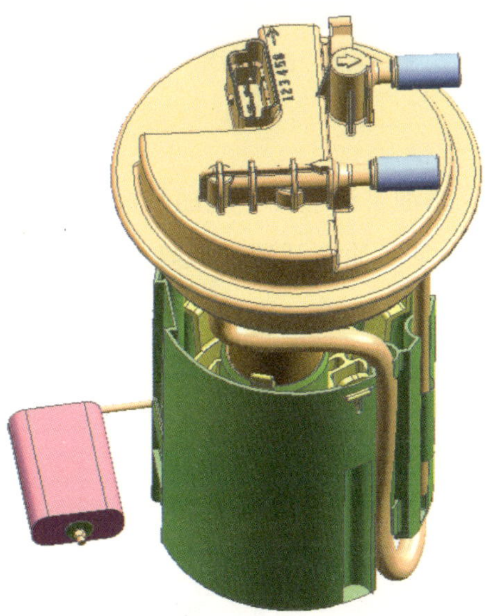

图 4–22　燃油泵结构图

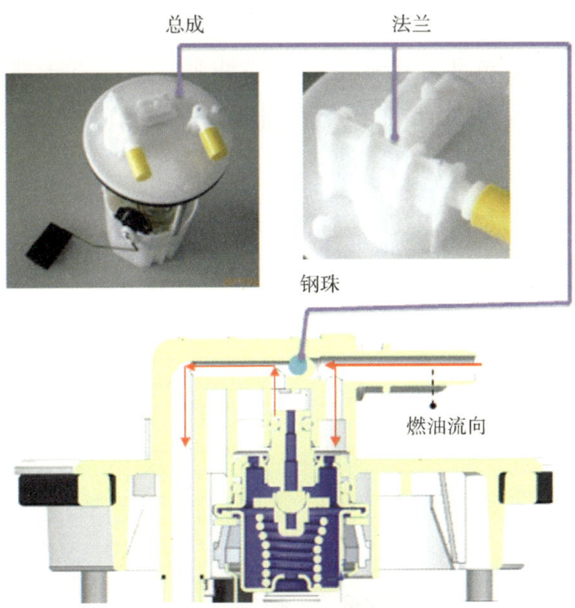

图 4–23　燃油泵回油路线图

由于燃油泵法兰是注塑整体成型，由于法兰回油管壁厚的设计及注塑加工控制不合理，尤其是压入钢珠位置的壁厚控制不合理，在燃油泵工作过程中燃油压力交变与压力钢珠预应力的影响下，回油管材质将发生蠕变，最终造成回油管开裂，导致燃油泄漏甚至喷射（如图 4–24 所示）。部分燃油泵由于注塑过程中使用模具不同，在钢球安装位置壁厚、加强筋位置和车辆安装使用条件等因素的影响下，故障发生率存在一定差异。若燃油泵回油管出现开裂，且燃油出现泄漏的情况，车主在车内和车外周边会闻到燃油味，若泄露的燃油遇到明火将引发起火，存在严重安全隐患。

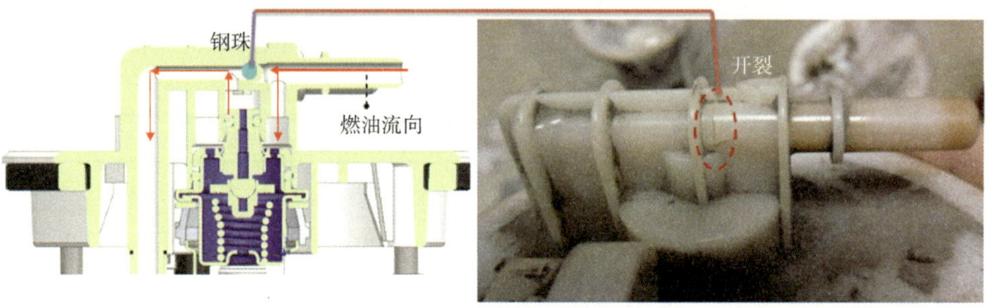

图 4–24　燃油泵回油管开裂示例

缺陷燃油泵改进措施

根据生产者提供资料以及现场调查获取图纸，车辆燃油泵主要的变更方案有两种，一是增加安装钢球位置的壁厚，二是改变燃油泵结构，将燃油压力调节功能从燃油泵法兰中移除，无需安装钢球改变燃油回路。

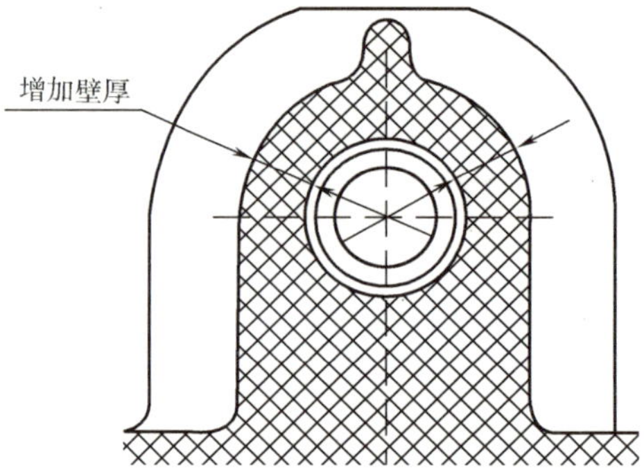

图 4–25　改进方案 – 增加壁厚

针对部分仍在生产的燃油泵，生产者采取增加壁厚的方式，以降低燃油泵回油管开裂的风险（如图 4–25 所示）。

针对新开发的产品，调整燃油泵整体结构，将调压阀从燃油泵法兰移至燃油泵桶内，从而无需在法兰中安装钢球来改变燃油回路，以此彻底消除燃油泵回油管开裂的风险（如图 4–26 所示）。

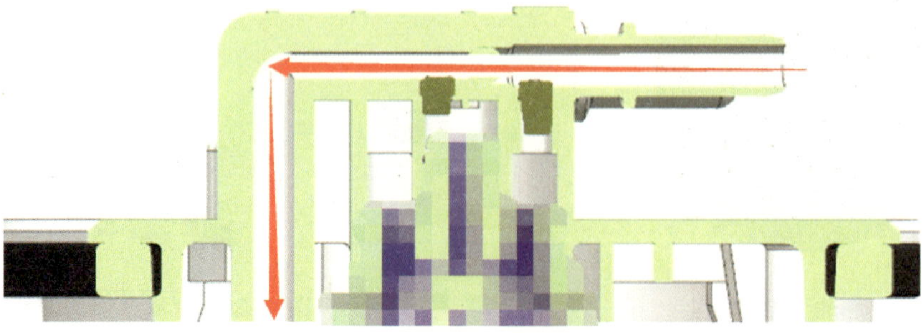

图 4–26　改进方案 – 调整调压阀位置

案件小结

联合电子燃油泵问题是典型的由零部件问题导致国内多家整车企业实施召回的案例。近年来，在召回管理工作中出现多次单一零部件生产者的单一零部件导致多家整车生产者实施召回的情况，甚至涉及到全球召回。例如，昭和尾门支撑杆问题，在国内共涉及 6 家整车生产者，召回共计 35.4 万辆车；高田气囊传感器问题，在国内共涉及 5 家整车生产者，召回共计 1.12 万辆车。

目前，汽车整车生产工艺多数只涉及冲压、焊接、喷涂和总装四大工艺，大多数零部件（特别是标准件和安全件）进行外部采购，整车设计与组装出现缺陷的概率与外购零部件出现缺陷的概率相当。汽车零部件生产者，为了提高生产效率，降低设计及生产成本，采取模块化设计与大批量生产模式，将同一类型零部件甚至同一型号零部件供给多个整车生产者使用，一旦出现质量问题，涉及数量及批次较大。

鉴于零部件生产者在缺陷汽车产品召回中发挥着十分重要的作用，我国召回法规体系也在逐渐加强对零部件企业的监管。于 2016 年 1 月 1 日正式实施的《缺陷汽车产品召回管理条例实施办法》中明确规定了零部件企业的责任和义务："与汽车产品缺陷相关的零部件生产者应当配合缺陷调查，提供调查需要的有关资料"，同时提出了明确的罚则："零部件生产者违反本办法规定不配合缺陷调查的，责令限期改正；逾期未改正的，处以 1 万元以上 3 万元以下罚款"。

在此，希望零部件生产企业在追求效率和利益的同时，一定要注意产品质量的控制。同时，在发现产品质量出现问题的时候，及时向质检总局和整车生产企业进行报告，支持整车生产企业的召回活动，积极采取措施消除车辆安全隐患，切实履行产品质量安全责任。与此同时，整车生产企业应当加强对零部件的质量管控，建立切实有效的零部件追溯体系，并及时对索赔及维修零部件的失效原因进行分析和研究，及早发现问题，及早消除隐患，将缺陷零部件可能影响的整车范围降到最低。

案例三 校车标准符合性问题召回

案例基本情况

校车又称专用校车，是指设计和制造上专门用于运送幼儿或学生的校车，是汽车产品的重要组成部分。专用校车包括幼儿专用校车、小学生专用校车和中小学生专用校车。2012 年 4 月 10 日，国家质量监督检验检疫总局、国家标准化管理委员会批准发布 GB 24407—2012《专用校车安全技术条件》和 GB 24406—2012《专用校车学生座椅系统及其车辆固定件的强度》两项强制性国家标准（以下简称“专用校车安全国家标准”），两项标准于 2012 年 5 月 1 日正式实施。校车不仅需要符合普通客车的标准，还需要符合《专用校车安全技术条件》《专用校车学生座椅系统及其车辆固定件的强度》《校车标识》等校车专用标准。校车专用标准对校车的防火措施、安全带、照管人员座位、车窗、出口、车内布置、车内照明等内容作出了明确的规定。因此校车的召回和缺陷调查有其特殊性。

我国自 2004 年实施汽车召回制度以来，曾多次对校车产品开展缺陷调查。2015 年 1 月 25 日，质检总局发布召回公告，河南少林汽车股份有限公司按照《缺陷汽车召回管理条例》的要求，向质检总局递交了召回报告，决定自 2013 年 1 月 25 日起，召回 2010 年 4 月 3 日至 2012 年 3 月 6 日生产的部分少林牌校车，共计 91 辆。这是自《缺陷汽车召回管理条例》正式颁布实施以来的首例校车召回，也是国内的首例校车召回。2015 年 6 月 1 日，质检总局发布公告，济南豪沃客车有限公司决定自 2015 年 5 月 29 日起，召回 2013 年 4 月至 2015 年 4 月生产的全部 12 种车型黄河牌校车，共计 561 辆。2015 年 11 月 9 日，湖北大力客车股份有限公司根据《缺陷汽车产品召回管理条例》的要求，向质检总局备案了召回计划，决定自即日起，召回 2013 年至 2014 年生产的部分大力牌校车，共计 246 辆。上述召回，共计召回 898 辆校车，涉及 60 项缺陷。

调查中发现校车存在的主要问题

1. 济南豪沃客车有限公司召回黄河牌校车

2015 年 5 月，管理中心组织机动车检测机构的客车和校车专家赴湖南省开展现场调查。现场查看校车 40 余辆，组织与校车司机及车主进行交流，听取意见和反馈，与校车司机及车主一起对照投诉的问题逐车进行检查，逐件落实。同时，组织校车专家对此前检测机构反映的标准符合性问题进行了现场测量和调查。用户和检测机构的问题大部分在实车上得到确认。随后，管理中心组织专家前往中国重汽集团济南豪沃客车有限公司开展调查，对生产图纸等技术文件和售后维修记录等进行调查，再次发现大量质量问题和产品缺陷，最终判定存在 29 项缺陷，并对缺陷产生的原因和缺陷可能导致的后果与生产者进行了技术交流。

缺陷 1 描述： 座椅前方约束隔板下部与地板间距不符合标准（见图 4–27）；缺陷产生的原因：目前所用约束隔板小学生校车与幼儿校车为通用状态，该状态下缘离地高度 160mm，不符合幼儿校车约束隔板应紧贴地板之标准要求；缺陷可能导致的后果：不符合 GB 24407—2012《专用校车安全技术条件》5.10.5.2“幼儿专用校车紧贴地板”标准要求；幼儿乘坐在约束隔板后排座椅时在极端条件下可能造成脚卡在护栏下。

图 4–27　座椅前方约束隔板下部与地板间距

缺陷 2 描述： 部分车辆个别座椅间距超差 10~20mm，不符合标准要求（见图 4–28）；缺陷产生的原因：技术工艺要求座间距 514mm，满足法规标准要求，反馈所提车辆座椅间距不符合法规 500mm，属生产控制不严所致。缺陷可能导致的后果或涉及的标准：不符合 GB 24407—2012 5.10.5.1.4.1“幼儿校车座椅间距应不小于 500mm”标准要求；超差 10~20mm 会降低儿童乘坐座椅空间，影响舒适感。

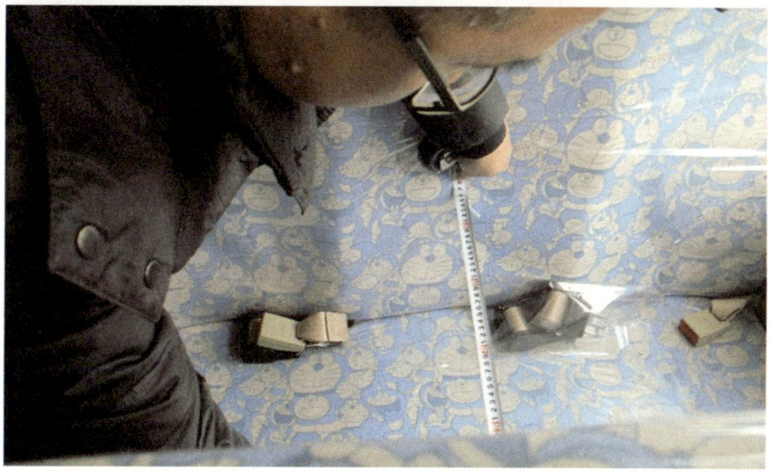

图 4–28　座椅间距

缺陷3描述：通道宽度和应急门引道不符合标准（见图4–29）；缺陷产生的原因：该项产生原因为座椅布置不合理，后排座椅布置2+2排布，造成后排应急门引道宽度仅有275mm，不符合标准不小于300mm规定。缺陷可能导致的后果或涉及的标准：不符合GB 24407—2012 5.10.4.3.2“允许标准装置自由通过”标准要求；在发生紧急状况时后应急门逃生通道作用降低。

图4–29　通道宽度和应急门引道

缺陷4描述：传动轴保护装置缺失；缺陷产生的原因（见图4–30）：经查询校核检验记录及技术文件显示有保护托架，物料信息为“AZ 87221200007”传动轴保护架，为在更换传动轴过程中拆卸后忘记安装；缺陷可能导致的后果或涉及的标准：不符合GB 24407—2012第5.6.2条应有防止传动轴脱离和断裂等故障而引起的危险的防护装置标准规定；发生传动轴脱离和断裂等故障时无防护装置致使传动轴直接掉落出现二次故障。

图4–30　传动轴保护装置缺失

缺陷 5 描述：车身两侧高度差 40mm 左右，符合标准要求但不符合出厂检验要求；缺陷产生的原因（见图 4–31）：车身合车时偏差过大，属焊装施工误差问题，法规要求车身左右偏差不大于 40mm，生产者的工艺检验标准要求为车身左右偏差不大于 25mm，符合标准要求但不符合出厂检验要求。缺陷可能导致的后果或涉及的标准：车体重心左右偏离容易造成转向时对驾驶员操作不便，影响车辆稳定性。

图 4–31　车身两侧高度差

缺陷 6 描述：保险杠与车体链接强度不足；缺陷产生的原因（见图 4–32）：设计结构为前保险杠与前围左右翼子板下段弯梁连接，满足“保险杠应连接到车架或车身骨架上”法规要求。但存在设计强度不足现象。缺陷可能导致的后果或涉及的标准：因强度设计不足可能造成颠簸路面保险杠支架撕裂而导致保险杠脱落。

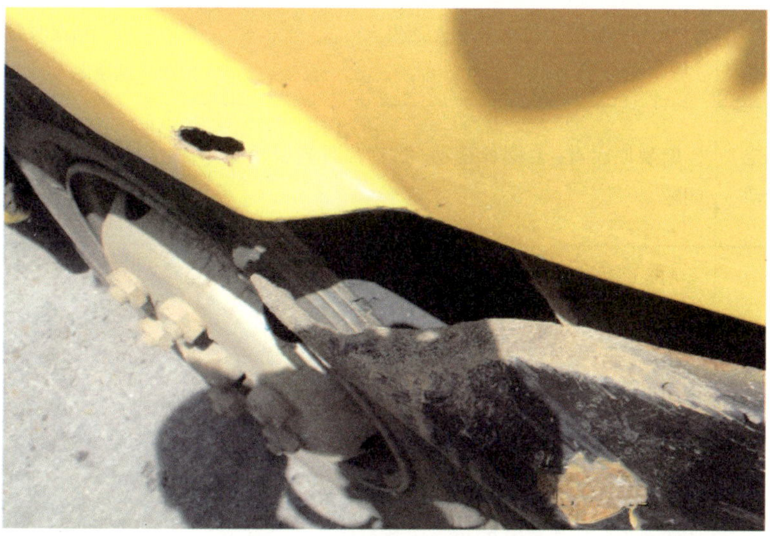

图 4–32　保险杠与车体链接强度

缺陷 7 描述：水箱支架锈蚀、断裂；缺陷产生的原因（见图 4–33）：此项问题是水箱上部前机盖上横梁右侧焊缝断裂，四道焊缝因施工空间不足仅焊接三面，焊接后没有除油除锈，腐蚀后强度不够导致断裂。缺陷可能导致的后果：可导致前围骨架震动和异响。

图 4–33　水箱支架锈蚀、断裂

表 4–2　缺陷 8–29 描述

缺陷序号	缺陷描述	缺陷产生的原因	缺陷可能导致的后果
8	应急开关设计不符合标准	该 4DW93—84E3F 发动机为国三 EGR 路线发动机，应急开关仅能实现全车断电、打开应急灯，发动机熄火需操作手动熄火拉线，按照法规要求应能实现启动应急开关后发动机迅速熄火	不符合“GB 24407—2012 5.12.2.4：驾驶员座椅附近安装有安全应急开关，将操作方法清晰表示在应急开关处…，启动应急开关后，发动机应能迅速熄火”标准规定；在发生极端情况时启动应急开关无法实现发动机迅速熄火
9	钢板弹簧固定支架螺栓松动	断裂原因有：1. 螺栓松动；2. 产品件自身质量问题	可能造成钢板弹簧支架断裂、钢板弹簧弹销孔及钢板销径向以及横向间隙过大，极端条件下可造成钢板弹簧脱落隐患
10	轮速传感器松旷，连接线路断裂导致 ABS 失效	ABS 因传感器端没有预留够 50mm 余量导致传感器线束扯断，并导致轮速传感器从安装孔中向外发生位移，使传感器与齿圈间隙大于 2mm，信号失效，产生报警。服务站将 ABS 功能屏蔽，并且没有及时将信息反馈我公司	可能导致 ABS 失效
11	驾驶员座椅高度调整到极限后视野处于雨刷工作范围之上	当前状态：驾驶员底盒高度为 200，驾驶员座椅上下可调，调整范围 0~40mm；当驾驶员座椅调整到最低点时视野仍高于雨刮工作范围之上，现已对此项优化更改为底盒高度 150 mm，使座椅装配高度降低 50 mm	雨雪天气驾驶员视野受阻

续表

缺陷序号	缺陷描述	缺陷产生的原因	缺陷可能导致的后果
12	方向机固定螺栓松动	转向器支架安装于车架上紧固螺栓（M12×1.5）紧固力矩 120N·m，转向器装于支架时，紧固螺栓（M12×1.5）的紧固力矩为 120N·m 并按 N05125 涂防松胶。施工时未严格按照工艺要求执行，导致方向机松动	可能导致方向机脱落
13	前减震器上支架断裂，后减震器上固定横梁断裂	因前减震器上支架强度不够，断裂；后减震器上支架断裂现象，且该车为事故车，对后减震器上支架横梁进行疲劳分析后在行判定原因	可能导致减震器脱落
14	停车指示牌在车速超过 5km/h 时，停车指示牌不能自动收起	设计技术要求“若车辆起步时停车指示牌未收起，当车速超过 5km/h 时，停车指示牌应能自动收起”，分析产生故障有两方面原因：1. 电源线路短路导致停车指示牌不能正常工作 2. 停车指示牌质量原因，导致无法正常开启关闭	停车牌在开启状态行驶造成交通隐患
15	后轮胎与轮罩动态干涉	轮罩与轮胎设计预留间隙小于悬架动行程	轮胎早期磨损，极端条件下可能导致爆胎
16	副驾驶继电盒固定装置断落、松动	本批次校车附带在仪表台上的继电盒固定支架强度弱，抖动中导致支架断裂	可能导致继电盒脱落
17	前轮与制动软管干涉	因制动气室采用直通接头导致制动软管走向不合理而干涉，使车辆静态下制动软管状态完好，在行驶中轮胎转向及轮胎上跳情况下制动软管与轮胎发生干涉	可能导致制动软管磨破，造成前轮制动力不足
18	过桥正时齿轮损坏	此问题为锡柴发动机传动齿轮非正常磨损，造成齿轮卡住，发动机瞬间熄火	可导致发动机熄火
19	方向盘布置影响驾驶员观察仪表	因驾驶员座椅装配后位置过高，驾驶员眼点通过方向盘视野不易观察仪表，目前驾驶员底盒高度为 200mm，现已对此项优化更改为底盒高度 150mm，使座椅装配高度降低 50mm，满足驾驶员眼点通过方向盘观察仪表的视野要求	影响驾驶员观察仪表视野
20	转向管柱花键连接失效	因产品件加工精度问题，使花键配合间隙过大，使花键损坏导致转向失灵	可导致转向管柱脱落
21	制动气室固定螺栓脱落，制动气室撕裂	后桥制动分泵为桥厂安装，安装螺栓紧固力矩不够，长期行驶抖松使螺栓脱落	可导致制动分泵脱落

续表

缺陷序号	缺陷描述	缺陷产生的原因	缺陷可能导致的后果
22	左后标志灯不能正常工作	经我方人员现场调研，安装位置高出车顶蒙皮上表面 150mm, 符合法规要求不大于 200mm 要求；该车标志灯灯泡损坏，属产品件质量问题，检验记录显示出厂时标志灯工作正常	左后标志灯不能正常工作
23	照管人员和驾驶员座椅附近只有一只重为 2kg 的灭火器	出厂时驾驶员座椅左侧及照管座椅左侧均加装有 2kg 重的 ABC 型干粉灭火器，且接车人员已经接收。应属市场运行丢失	出现极端情况下影响灭火效果。
24	悬挂系统连接件板簧及其吊耳固定螺栓断裂	原螺栓为细牙普通螺母，震动造成螺栓松动，导致螺栓受剪力断裂。	极端条件下造成钢板弹簧吊耳脱落
25	无自动灭火装置	经查询校核检验记录及技术文件显示所有出厂校车均加装有自动灭火器，型号为 FZBA1-C/GW，零件号 AZ26379800170	出现发动机舱火灾隐情无法及时实现灭火
26	传动轴上的螺栓断裂，传动轴严重变形	车上传动轴实际装的是 8.8 级螺栓，标准应该装配 10.9 级螺栓，属装配失误造成	极端条件下可导致传动轴断落
27	应急门不能开启	长时间运行后日常保养不到位造成	出现紧急情况下后应急门无法正常开启
28	只有蜂鸣提示，无语音功能	设计产品无语音功能	无法实现倒车时语音提示功能
29	转向助力油杯渗油	转向助力油杯因材质问题出现耐久性不合格现象	可导致转向助力油杯渗油

2. 大力校车调查情况

本次调查共发现 26 项缺陷，其中 4 项为不符合客车标准，5 项为不符合专用校车标准，其余 17 项为设计、制造、标识等原因导致的不合理风险。例如：

缺陷 1 描述：座椅前方约束隔板上部未软包；缺陷产生的原因（见图 4-34）：对校车强制性标准执行不精准所致；缺陷可能造成的后果或涉及的标准：座椅前方约束隔板上部未软包，不符合 GB 24407—2012 中 5.10.5.2.1“约束隔板应使用外敷厚度不小于 20mm 且邵氏硬度不大于 50 的软化材料”要求。

图 4–34　座椅前方约束隔板上部未软包

缺陷 2 描述：车门应急开关缺少醒目的标志；缺陷产生的原因（见图 4–35）：少数车辆出现黏贴不精准或漏贴；缺陷可能造成的后果或涉及的标准：车门应急开关缺少醒目的标志和使用方法，不符合 GB 7258—2012《机动车运行安全技术条件》中 11.5.5“客车采用动力开启的乘客门，在有故障或意外的情况下，仍应能通过车门应急控制器简便地从车内打开；车门应急控制器应能让临近车门的乘客容易看见并清楚识别，并应有醒目的标志和使用方法”的要求；应急门在车外打开的控制器，未标注相关的符号或字样，不符合 GB 7258—2012 中 12.4.4.2“乘客门和应急出口的应急控制器（包括用于击碎应急窗车窗玻璃的工具）应在其附近标有清晰的符号或字样，并注明其操作方法，字体高度应大于等于 10mm”的要求。

图 4–35　车门应急开关缺少醒目的标志

缺陷 3 描述：车底部部分电器线路存在飞线问题；缺陷产生的原因（见图 4–36）：由于个别扎线扎子松动导致线束没有得到规范定位所致。缺陷可能造成的后果或涉及的标准：车辆底部部分电器线路存在飞线问题，缺少固定，不符合 GB 7258—2012 中 8.6.2 “所有电器导线均应捆扎成束、布置整齐、固定卡紧、接头牢固并在接头处装设绝缘套，在导线穿越孔洞时应装设阻燃耐磨绝缘套管。”的要求。

图 4–36　车底部部分电器线路存在飞线问题

缺陷 4 描述：座椅前方约束隔板宽度不足；缺陷产生的原因（见图 4–37）：对校车强制性标准执行不精准所致；缺陷可能造成的后果或涉及的标准：座椅前方约束隔板宽度不足，不符合 GB 24407—2012 中 5.10.5.2.2 “约束隔板上缘距地板高度应不小于其后座椅高度，宽度应不小于前排此类座椅靠背对应的宽度”要求。

图 4–37　座椅前方约束隔板宽度不足

缺陷 5 描述：车窗逃生玻璃敲击点标识位置不合理；缺陷产生的原因（见图 4–38）：对校车强制性标准执行不精准所致；缺陷可能造成的后果或涉及的标准：影响紧急情况下乘员逃生。

图 4–38　车窗逃生玻璃敲击点标识位置

表 4–3　缺陷 6–26 描述

缺陷序号	缺陷描述	缺陷产生的原因	缺陷可能导致的后果或涉及的标准
6	车辆刹车有时疲软、回位过慢	气管接头连接处密封不严实	影响制动效果
7	手刹车快放阀漏气	由于气管接头密封不严实	影响制动效果
8	雨刷器开关没有间歇档，雨刮电机烧坏	由于雨刮器角度有的没有调整好，造成雨刮片与前挡风玻璃过紧，导致电机超负荷所致	雨刮器电机与继电器不匹配，造成雨刮器失灵，不符合 GB 7258—2012《机动车运行安全技术条件》中 12.3.2“刮水器应能正常工作”的要求
9	儿童座椅固定螺栓松动	部分座椅螺栓松动是由于车间工人在禁锢螺栓的时候没有按要求使用自锁螺栓	座椅稳定性不强
10	巡视报警开关不灵	巡视开关不灵是开关连接接头在车辆抖动时接触不良造成的	司机容易忘记巡视车内
11	发动机故障灯常亮	发动机故障灯常亮和仪表工作不良是因为车辆较长时间驾驶抖动出现导线插头松动导致接触不良	在发动机发生问题时，影响正确识别
12	监控显示屏间隙性工作不正常	线路接触不良	影响监控车内情况
13	车身侧窗渗水	车身侧窗漏水是有的车侧窗挂钩损坏密封不严，遇强风大雨时渗透所致	漏水

续表

缺陷序号	缺陷描述	缺陷产生的原因	缺陷可能导致的后果或涉及的标准
14	车身侧窗挂钩损坏	车侧窗挂钩损坏主要是在使用的过程中有的螺丝松动	可能造成物品脱落
15	后视镜有盲区	部分车辆出现盲区是由于运行震动没有及时调整	影响驾驶员视野
16	天窗渗水	天窗的紧固螺丝没有做好防水措施导致	造成乘员淋水
17	组合仪表工作不良	线路接触不良	影响驾驶员的驾驶
18	停车牌自动打开	由于车辆在长期的行驶过程中会伴有颠簸等各种情况，致使停车牌有松动现象，在下雨天或洗车的时候容易进水，导致停车牌电板短路，自动打开等情况	可能造成剐蹭
19	应急门防撞垫损坏	此问题主要出现在空调车上，由于空调车的内饰有通风道，螺栓没有禁锢到位	可能造成乘员逃生时产生磕碰
20	储气筒漏气	密封不良	制动管路接头漏气，不符合 GB 7258—2012《机动车运行安全技术条件》中 7.7.1“采用气压制动的机动车，在气压升至 600kPa 且不使用制动的情况下，停止空气压缩机工作 3min 后，其气压的降低值应小于等于 10kPa。在气压为 600kPa 的情况下，停止空气压缩机工作，将制动踏板踩到底，待气压稳定后观察 3min，气压降低值对汽车应小于等于 20kPa”的要求
21	方向机重	液压油渗漏	影响车辆操控
22	除霜器工作效果不佳	除霜器工作效果不佳，由于冬天区域气候的原因，有的车辆没有装配大功率的除霜器影响了使用效果	影响驾驶员视野
23	大灯灯泡烧坏	电压不稳所致	影响驾驶员视野
24	车门防夹功能间隙不规范	车门防夹功能是车辆使用过程中出现了调节螺栓松动而间隙过大未及时紧固到位	车门的防夹功能不完善，车内车门应急开关位置布置不合理且没有保护罩。不符合 GB 24407—2012《专用校车安全技术条件》中 5.10.4.1.3.5“出口的其他技术要求，对轻型专用校车应符合 GB 18986 的相关规定，对大中型专用校车应符合 GB 13094 的相关规定”的要求。GB 18986 中 4.4.5.3“动力控制乘客门启闭时，其结构和控制系统应做到乘客不会被门伤害或夹住。”GB 13094—2007 中 4.5.4.6“每扇动力控制乘客门的结构和控制系统应使乘客在关门时，不被车门伤害或夹住”

续表

缺陷序号	缺陷描述	缺陷产生的原因	缺陷可能导致的后果或涉及的标准
25	反光标识效果不佳	主要是车辆长期在外风吹雨淋并伴有附着物、反光标示退色等影响反光效果	校车标识非反光标识，不符合 GB 24315—2009《校车标识》中 6.4.2.1 “校车标志采用柔韧性反光膜粘贴”的要求
26	幼儿座椅座垫底板的出现断裂	强度不足	影响乘员安全

案件小结

校车安全问题关乎着广大青少年儿童的行车安全，一直是管理中心缺陷调查的重点。近年来的校车召回案件反映出了少部分校车存在较多问题，需要校车生产企业引起更多的重视。经对近年来校车召回案例进行分析，校车的缺陷具有如下特点：

1）标准符合性问题较多，尤其是校车专用标准的符合性问题较多。例如：校车标识不具备反光功能、座椅前方约束隔板宽度不足、座椅前方约束隔板上部未软包、座椅间距超差、通道宽度和应急门引道不符合标准等。

2）缺陷故障的范围广、数量多。在上述召回中，一个品牌的校车最多涉及到 29 项缺陷，最少的也有 5 项缺陷。而且每一辆校车都存在多项缺陷，甚至多达十几项缺陷。这些缺陷既有发动机的问题，也有车辆底盘和车身的问题；既有存在“不符合保障人身、财产安全的国家标准”的情况，也有存在“其他危及人身、财产安全的不合理危险”的情况；既有不符合国家客车标准的情况，也有违反国家专用校车标准的情况。除了上述影响人身和财产安全的缺陷问题，校车还存在大量影响车辆功能性和舒适性方面的质量问题。

3）缺陷造成危险的严重性高。缺陷可能造成的后果包括：制动失灵、转向失灵、车身强度低、车身倾斜、座椅固定强度不足、车门防夹功能不符合标准等严重问题，而且这些车辆主要在城镇和农村地区使用，道路使用条件较差，如果不及时消除缺陷，可能导致学生受伤，甚至造成群死群伤的严重后果。

4）缺陷车辆分布范围广、社会影响大。缺陷校车销售范围涵盖全国，全部用于中小学校和幼儿园，由学校、幼儿园和校车运营企业每天接送学生，使用频次较高，校车的安全关系到千家万户，社会影响大。

5）缺陷校车的生产时间段集中。调查结果显示，缺陷校车的生产时间主要分布在 2012 年新的校车标准实施以后，2013 年生产的校车问题较为突出，2014 年以后生产校车的缺陷呈现逐步减少的趋势，但仍然存在较多问题。

6）校车的保养和使用不规范。现场调查结果表明，部分校车用户和驾驶员的安全意识薄弱，不能严格按照车辆使用规范，对车辆进行定期检查和保养，造成车况恶化。

建议校车生产企业加强对校车标准的学习、理解和执行。认真落实国家专用校车安全技术标准和机动车安全技术标准，加强企业产品质量责任主体意识。强化售后服务工作，对用户集中反映的产品质量问题进行分析和处理，对属于产品缺陷的，必须依法实施召回，及时消除安全隐患。

第 5 章　基于事故深度调查的车辆安全性分析

为了从事故中获取车辆安全性信息，管理中心于 2011 年 10 月联合全国五家高校及科研机构联合成立国家车辆事故深度调查体系（National Automobile Accident In-depth Investigation System，简称 NAIS）。本章介绍了 NAIS 的建设情况、案例采集情况、从事故深度调查看车辆典型被动安全装置效能、车辆安全性分析。

5.1　NAIS 建设情况

截至目前，国家车辆事故深度调查体系在全国共有 8 个工作站，包括：同济大学、上海工程技术大学、西华大学、山东交通学院、云通司法鉴定中心、公安部天津消防研究所、东北林业大学和华南理工大学。NAIS 合作采集工作站包括高等院校、事故鉴定机构以及政府科研单位，地理位置涵盖东北高寒地区、华南高温高湿地区、西南山区和高原地区、华北平原地区、华东沿海地区等。采集事故类型包括车辆交通事故和车辆火灾事故。

5.2　案例整体情况分析

截至 2017 年 1 月（如图 5–1 所示），车辆事故深度调查累计采集事故数据 2496 例，其中车辆交通事故深度调查数据 2 291 例，车辆火灾事故深度调查数据 205 例。为了严格控制数据质量，其中一部分采集数据经审核未予以通过。目前通过终审事故数据 1 552 例，其中事故深度调查数据 1 377 例，车辆火灾事故数据 175 例。

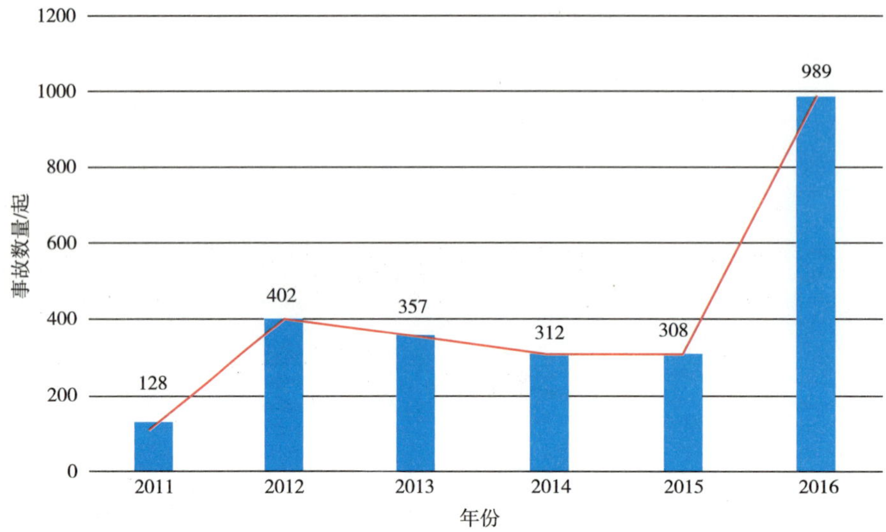

图 5-1　现行车辆事故深度调查数据库各年度采集事故数量统计

下面分别从事故引发原因和结果特征等方面对车辆交通事故数据进行分析，同时对车辆火灾事故数据和新能源车辆事故数据进行分析。

5.2.1　事故参与方相关因素

（1）事故参与人性别分布

统计结果表明（如图 5-2 所示），车辆事故深度调查采集事故参与者中男性占比为 73%，远远超过女性的 23%。

统计发现二轮车人员和行人中男性数量约是女性的 2 倍，涉及事故的汽车驾驶员中男性约是女性的 11 倍，汽车乘员中男性约是女性的 1.4 倍。

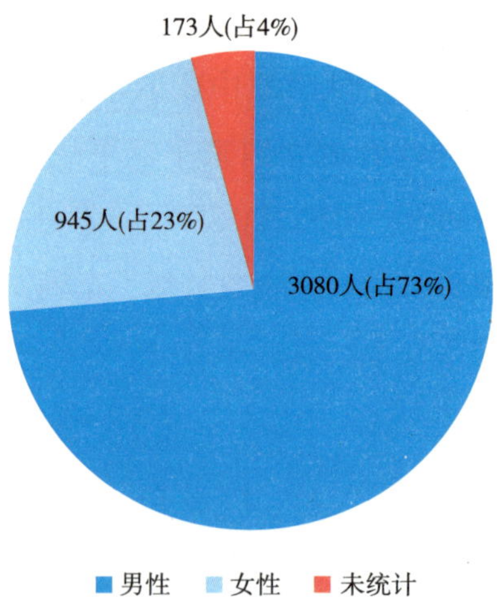

图 5-2　事故参与人员性别分布

表 5-1　事故参与人员性别分布表

人员分类	男性	女性	未统计
汽车驾驶员	1 856	169	12
汽车乘员	822	590	156
二轮车人员	248	104	3
行人	154	82	0
总数	3 080	945	173

（2）事故参与人驾龄分布

通过驾驶证能确定的机动车驾驶员驾龄的一共有 1 314 人，驾龄为 1 年及以下人数最多，为 168 人；驾龄 20 年以上的参与人数最少，仅 39 人。驾龄十年及以下中，驾龄 10 年人数最少。统计可以看出（如图 5–3 所示），驾龄一年及以下的涉事驾驶员最多，说明新手司机发生事故的风险高。另外，近年来汽车保有量增长很快，驾龄较短的驾驶员比例较大，涉及事故驾龄较短的司机所占比例与汽车保有量增加的趋势相一致。

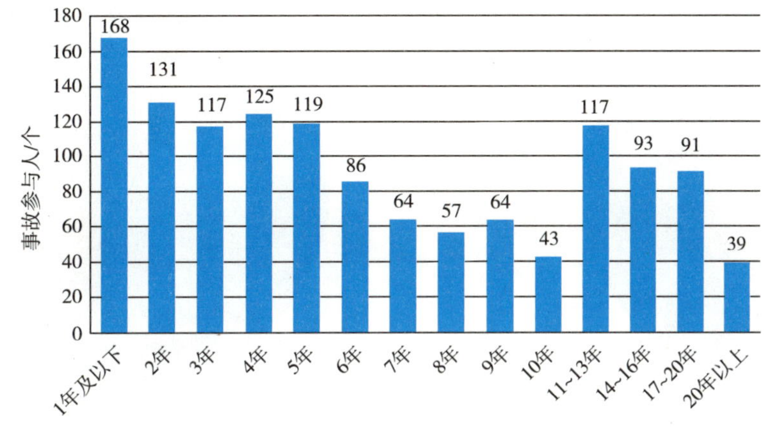

图 5–3　事故参与人员驾龄分布情况

（3）事故参与人年龄分布

所有年龄能确定的事故参与人员共有 3 697 人，其中 21~30 岁和 31~40 岁人最多，分别为 1 038 人和 1 041 人；70 岁及以上参与人员最少，为 85 人，事故参与人员主要集中在 21~50 岁，如图 5–4 所示。

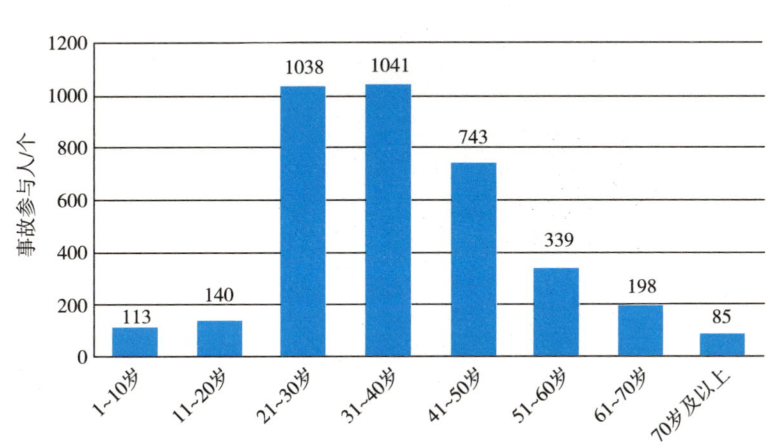

图 5–4　事故参与人员年龄分布

（4）事故参与方交通方式

在 2 554 个参与方中，参与方交通方式中，机动车是最主要的参与主体，占全部参与方的 79.7%，如图 5-5 所示。

类型为机动车的 2035 个参与方中，乘用车占 77%，载货车其次，占 18%，因为现行车辆事故深度调查数据库事故采集对象主要是以涉及普通乘用车为主（如图 5-6 所示）。

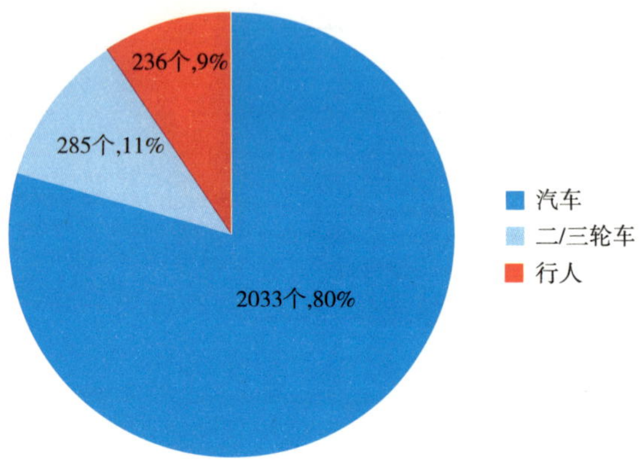

图 5-5　参与方交通方式

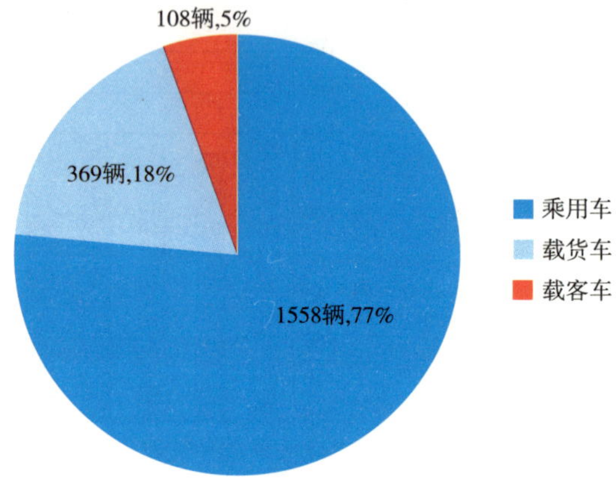

图 5-6　机动车类型分布情况

（5）事故参与方车辆使用性质

在全部 2 033 辆机动车中，私用车辆数量最多，为 1 453 辆，占 72.0%，一般货运车次之，为 308 辆，占 15%，数据研究主要针对乘用车，故本数据库私用车量占整体比例最高，如图 5-7 所示。

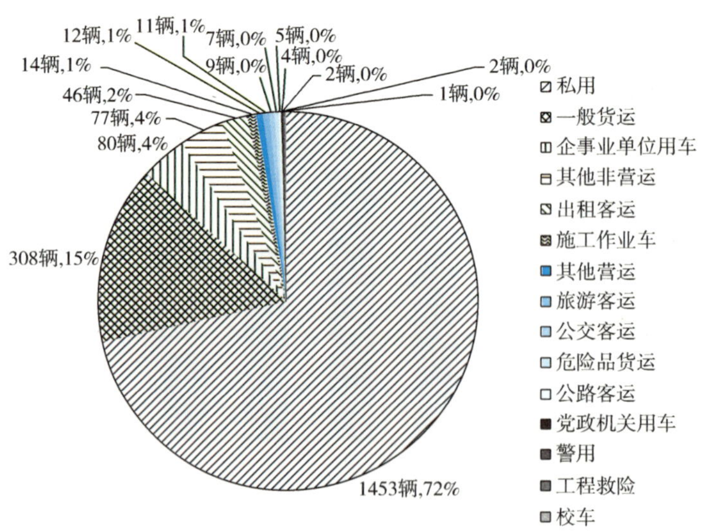

图 5-7　车辆使用性质

5.2.2　事故客观环境相关因素

（1）事故地点道路类型

在全部 1377 个已知道路类型事故中，普通路段发生事故起数 641 起，占总事故起数 46.6%，十字路口发生事故起数为 383 起，占总事故起数的 27.8%，如图 5-8 所示。

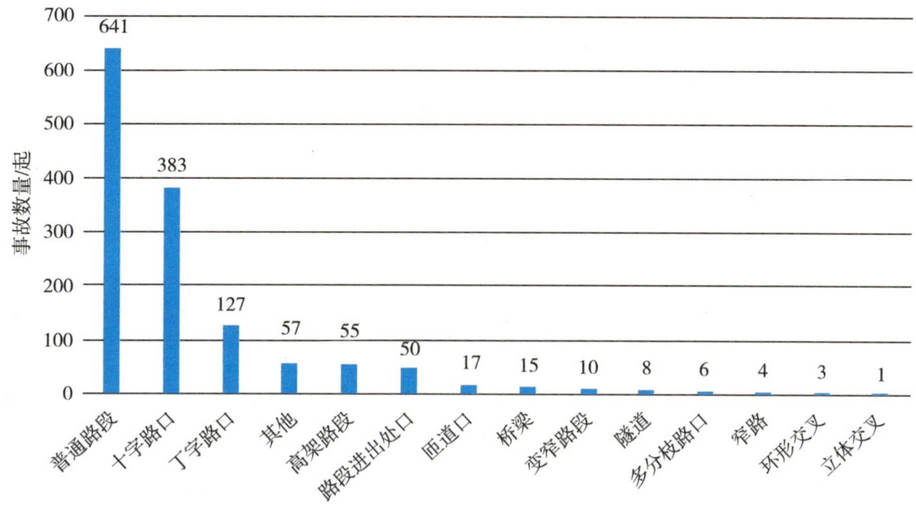

图 5-8　不同路口 / 路段事故起数

（2）事故天气情况

由统计可见，如图 5-9 所示，在已知天气情况的 1377 个案例中，多数事故仍然发生在晴天，有 923 例占 67.0%；其次为阴天，有 202 例占 14.7%；排第三的是雨天，有 170 例占 12.3%。

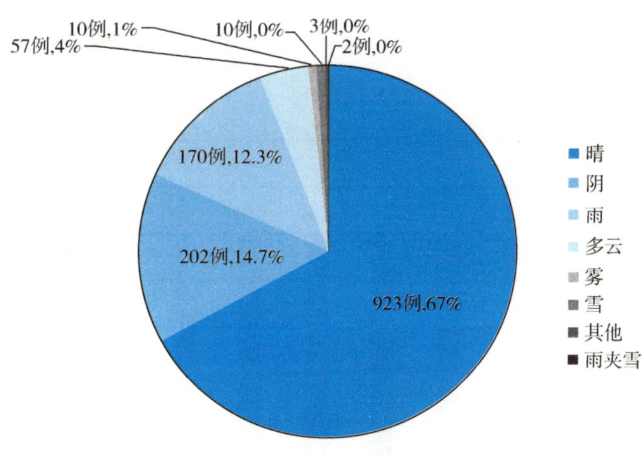

图 5-9　不同天气情况事故起数占事故总数百分比

（3）事故碰撞形态

按事故形态分类，侧面碰撞事故起数最多，有 302 起，占 22%；单车事故和机动车撞行人事故分列第 2、3 位，各有 278 起和 199 起，分别占 20% 和 14%，如图 5-10 所示。

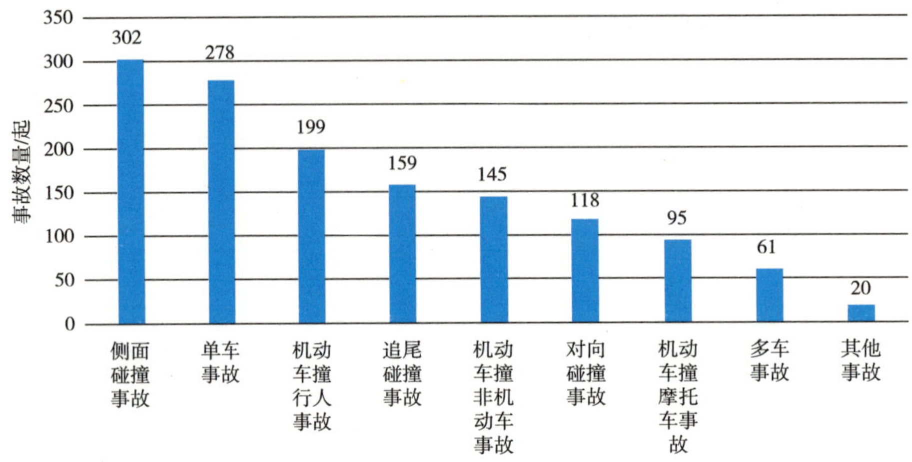

图 5-10　事故形态分布

（4）事故时间分布

在已开放的 1 377 起案例中，日间事故 645 起（47%），夜间事故 607 起（44%），晨昏事故 125 起（9%），如图 5-11 所示。

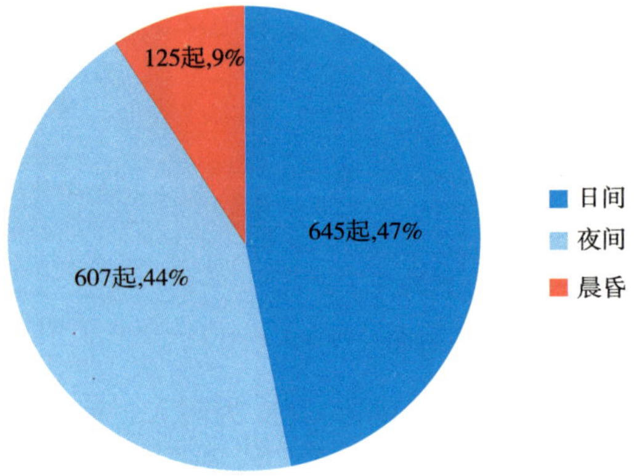

图 5-11　事故时间分布图

在已开放的 1 377 起案例中，一月至十二月均有事故分布，没有特别明显的事故多发月或事故少发月。其中三月最多，有 153 起，占总数的 11.1%；九月最少，有 85 起，占总数的 6.2%，如图 5-12 所示。

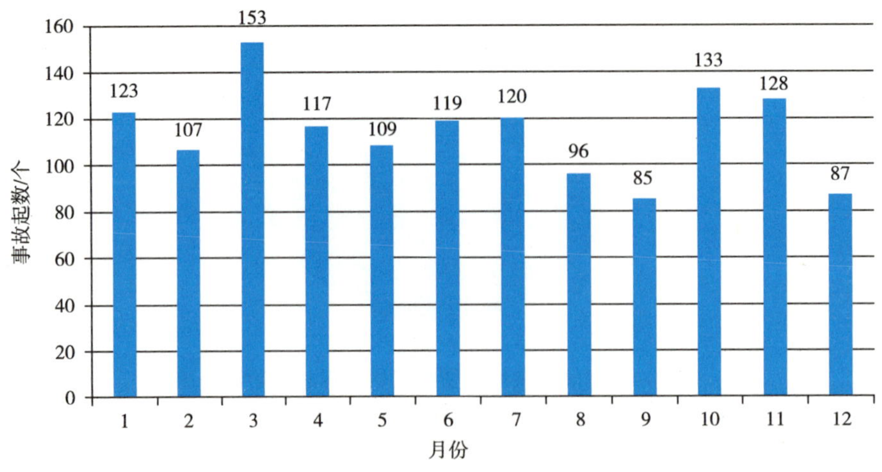

图 5-12　事故月份分布图

在已开放的 1 377 起案例中，20: 00–21: 00 事故发生的数量较为突出，达到了 97 起，占全天事故的 7.0%。排在第二、第三的时段依次是 21: 00–22: 00 和 11: 00–12: 00，分别是 81 起，占 5.9% 和 70 起，占 5.1%。凌晨 4: 00–5: 00 的事故发生率最低（24 起），占全天事故数的 1.7%，如图 5–13 所示。

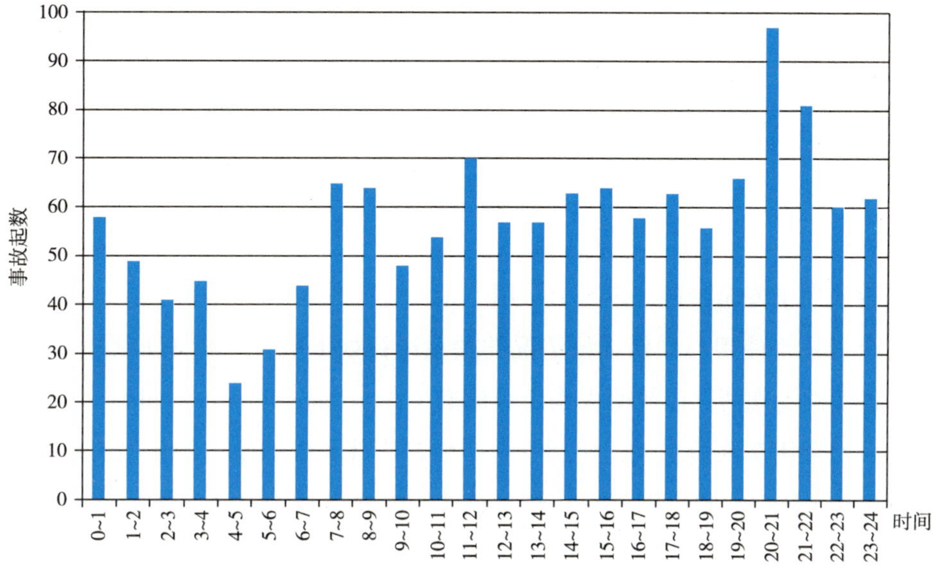

图 5–13　24 小时事故分布图

5.3　基于 NAIS 的典型被动安全装置防护功能分析

基于车辆事故深度调查案例分析，提出车辆安全性设计需要考虑的部分方向，包括：车辆安全带、车辆气囊、车辆车身强度、行人保护方向以及车辆防火设计等。下面重点介绍车辆安全带、气囊的防护功能分析。

5.3.1　安全带防护功能分析

事故调查表明，汽车安全带在减少交通事故中乘员伤亡和减轻乘员伤害程度两方面有显著效果。具体来看，汽车安全带具有两个作用：一是在汽车发生碰撞时避免乘员与车内方向盘及仪表等发生二次碰撞；二是避免在事故中被抛出车外导致死亡。但是，汽车安全带发挥作用的前提是正确使用安全带。

（1）安全带重要性与安全设计分析

正确使用座椅安全带，在交通事故中能有效对驾乘人员提供安全保障，能够减轻乘员受到的伤害或避免死亡。目前汽车座椅安全带使用状况并不乐观，不使用安全带已经成为道路交通死亡事故的第三大原因，仅次于超速行驶和酒后驾驶。

表 5-2 车辆内座椅安全带使用情况统计

使用情况	驾驶座椅	副驾驶座椅	后排座椅
使用	492	94	16
未使用	540	283	203
未知	312	88	96
使用率	36.6%	20.2%	5.1%

表 5-2 统计数据表明，座椅安全带的使用率总体较低，其中驾驶员座椅安全带使用率相对较高达到 36.6%，而后排座椅安全带使用率极低，仅为 5.1%。

通过事故深度调查发现，安全带在为车内乘员提供安全保护的同时，也可能给车内乘员造成一定的伤害。

在已知是否使用了安全带的 1 345 个乘用车乘员中，能够确定是否受伤的有 411 人，下面对 411 人的安全带是否使用与受伤部位情况的关系进行如下统计分析（如图 5-14~ 图 5-17 所示）。其中，各部位受伤情况以简明损伤定级标准（abbreviated injured scale，AIS）划分。

统计发现，对乘用车乘员来说，使用安全带后，头部和面部受伤的比例有所降低，但是效果不太明显（AIS 评分为 0 的比例基本一致）；使用安全带后，对于缓解由于头部和面部造成人员死亡的效果很明显（AIS 评分为 6 的比例相差较大）。值得注意的是，当使用安全带时，胸腹部的受伤比例反而有所增加（使用安全带后 AIS 评分为 0 的比例较低），其中轻度和中度受伤的比例增长较大。分析认为可能是部分安全带限力装置设置，可能导致车内乘员胸腹部受到安全带勒伤。可通过调整限力装置或者采用气囊式安全带，设法减低安全带可能导致的胸腹部伤害。总体来说，安全带的使用可以降低车内乘员在事故中的死亡率，但是，在非严重碰撞情况下，反而增加了车内乘员的受伤率。

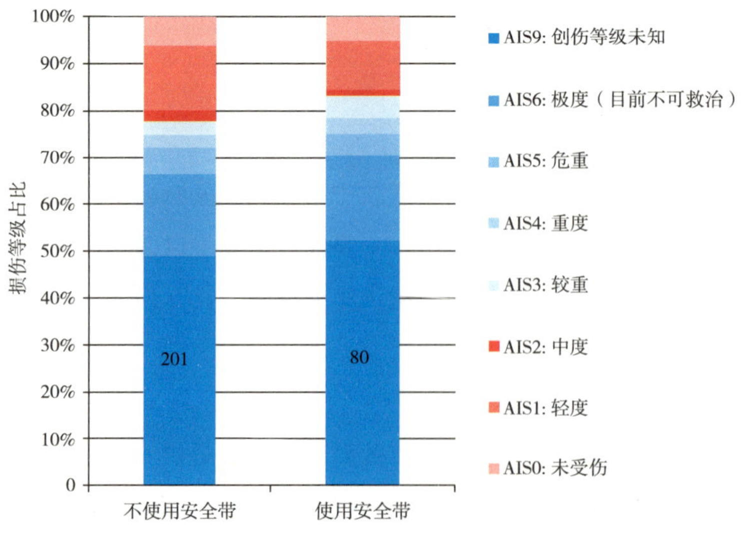

图 5-14 头部受伤情况与是否使用安全带的关系

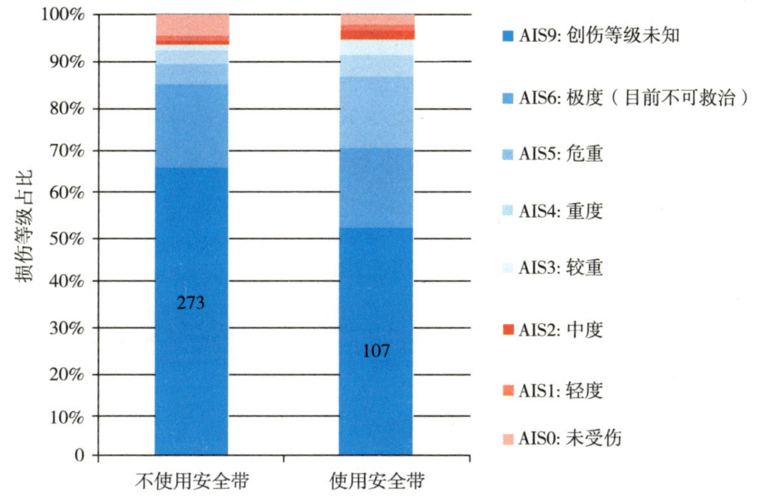

图 5-15　面部受伤情况与是否使用安全带的关系

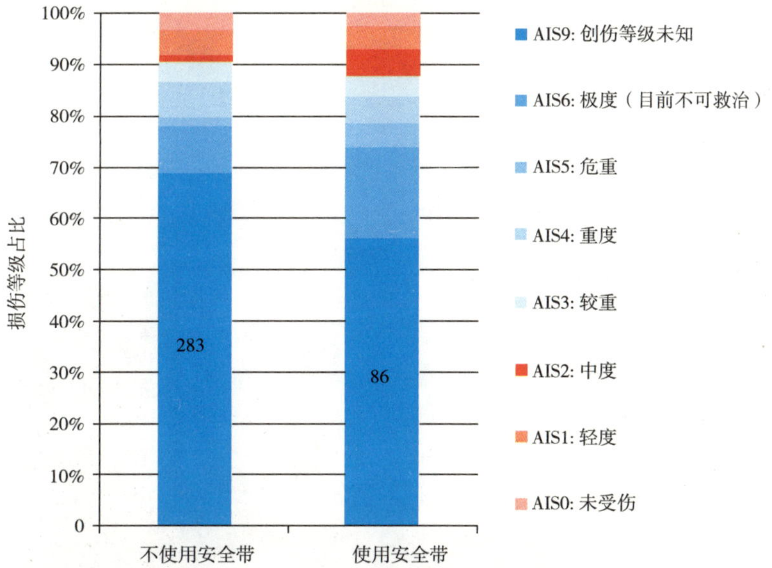

图 5-16　胸部受伤情况与是否使用安全带的关系

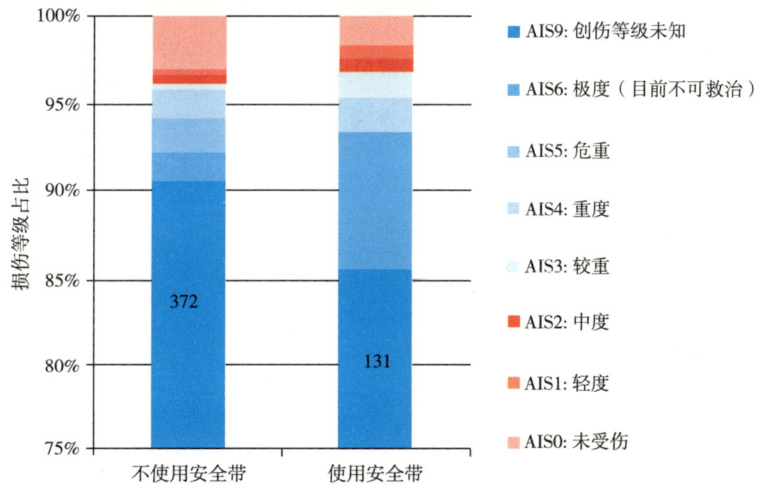

图 5-17　腹部受伤情况与是否使用安全带的关系

不使用安全带案例分析（越野车单车翻滚事故）

事故概况信息： 2015 年 2 月，某越野车在京昆高速失控发生翻滚事故（图 5-18），导致车身严重损坏，车身左侧、右侧及顶部见明显擦划痕，车顶压塌变形等。

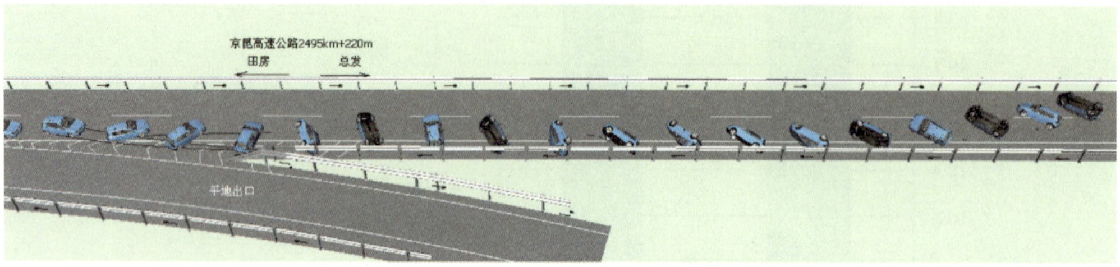

图 5-18　事故过程示意图

事故后果： 车上驾乘人员共 5 人，驾驶员当场死亡，后排座 2 名乘员被抛出车外死亡，副驾驶座乘员轻伤（图 5-19）。

图 5-19　轿车翻滚，乘员抛出

事故原因分析： 经过调查，副驾驶座乘员在事故中使用了安全带，而后排座乘员均未使用安全带。在车辆失控翻滚过程中，由于车内后排座左、右两侧乘员未使用安全带而被抛出车外致死，而副驾驶座乘员由于使用了安全带，在事故过程中仅受轻伤，后排座中间座位的乘员也由于未被抛出车外而受轻伤。可见，正确使用座椅安全带能有效地预防事故中车内人员被抛出车外，减少事故发生时乘员伤害。

(2) 不使用汽车座椅安全带的原因分析

经统计(如图 5–20 所示),在已开放的 897 起案例中,在夏季使用汽车座椅安全带比率为 22.2%;在其他季节使用安全带的比率为 29.3%。总体表现出在夏季座椅安全带的使用率较其他季节低。根据相关统计资料,影响汽车座椅安全带使用的因素很多,主要因素有安全意识、舒适性、天气(如炎热)等,已有的调查表明舒适性是不使用安全带的主要因素之一。

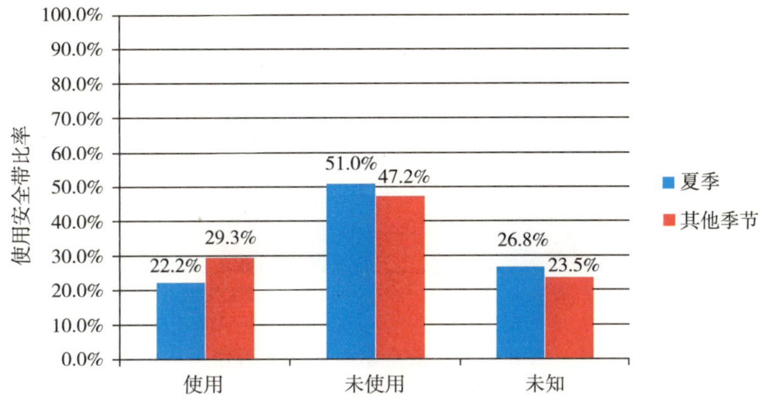

图 5–20　座椅安全带使用情况

(3) 提高汽车座椅安全带使用率的措施

提高使用座椅安全带时人员的舒适性,有助于提高乘员佩戴安全带的比率。安全带提醒装置也能够有效增加安全带的使用率,目前多数轿车前排座椅安全带均设置有使用提醒装置,而后排座椅安全带基本未设置提醒装置。同时,后排座椅安全带的佩戴舒适性及便利性相对前排座椅较差,因此多种因素导致后排座乘员不愿主动佩戴安全带。可通过在后排座椅安全带设置提醒装置以提高后排座椅安全带的使用率。

5.3.2　气囊的防护功能分析

(1) 气囊概述

汽车气囊系统(简称 SRS)是车辆重要的辅助安全系统,它通常是作为安全带的辅助安全装置出现。安全带与气囊是配套使用,没有安全带,气囊的安全效果将要大打折扣。在配合安全带使用的前提下,气囊对减少交通事故中人员伤亡起到了非常重要的作用。据国外大量模拟试验和统计研究,在所有可能致命的车祸中,如果正确使用安全带,可以挽救约 45% 的生命;如果同时使用安全带和气囊,这一比例上升到约 60%;但如果只使用气囊,这一比例将不会超过 5%。

(2) 气囊重要性分析

气囊作为安全带的辅助性约束系统,在事故发生时对能够有效保护乘员。下面将通过数据分析说明气囊在保护乘员安全上的重要作用。

对乘用车驾驶员位置是否使用安全带以及气囊是否激活进行分析。在乘用车事故中，驾驶员系安全带时，伤亡率总数变化不大，此时气囊激活会明显降低死亡率（如图 5-21 所示）。

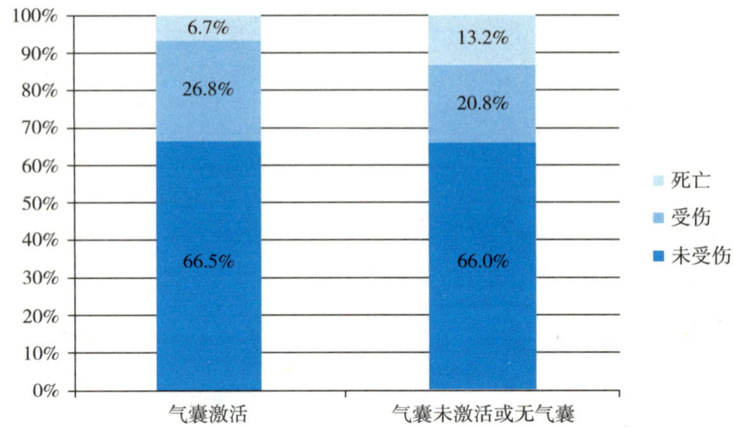

图 5-21　驾驶员使用安全带时气囊是否作用与伤亡

5.4　NAIS 中发现的典型事故安全隐患

在开展车辆事故深度调查过程中，发现了多起事故中暴露出了车辆可能存在安全隐患，包括安全带问题、气囊问题、座椅问题、内饰件的问题、后下部防护装置问题以及车辆火灾隐患等，下面予以汇总分析。

5.4.1　安全带隐患

安全带是汽车乘员约束系统重要总成之一，在汽车发生碰撞事故时，安全带可将乘员约束在座椅上，防止乘员身体冲出与转向盘、仪表板发生二次碰撞，并且将乘员的胸部加速度和胸部压缩量控制到最低限值。同时，为避免在剧烈撞击中安全带可能对乘员造成的严重伤害，还需设置负载限制器放宽极端状况下安全带对乘员的束缚。近年来，随着技术的不断发展进步，主动式安全带系统逐渐出现，甚至成为车辆的标准配置。

在事故中，碰撞过程的复杂性和不可预知性对安全带预紧系统提出了挑战，安全带预紧机构和负载限制器的正常工作都对成员的安全有着重要影响。在采集到的交通事故案例中，汽车座椅安全带系统异常情况有多种表现形式：主动式安全带的预紧装置工作异常、安全带上固定点支架损坏等。以下通过案例介绍汽车座椅安全带异常工作情况。

典型案例介绍（轿车 A 与轿车 B 的正面碰撞事故）

事故概况信息： 轿车 A 前部与另一辆轿车 B 前部碰撞，导致轿车 A 前部变形、损坏严重，轿车 A 前排正面气囊均点爆。事故发生时，轿车 A 上只有驾驶员一人，未受伤。

图 5-22　轿车 A 前部损坏情况

图 5-23　轿车 A 前排正面气囊点爆情况

安全带工作异常情况分析： 驾驶员座椅安全带带面见明显擦痕，可推测事故发生时，驾驶员使用了安全带，但是驾驶座椅安全带卷收功能正常，锁紧功能正常，安全带的预紧装置疑似未起作用。副驾驶座安全带处于绷紧状态（事故时无人员使用），说明安全带预紧装置起到了预紧作用。经查询，该车无更换气囊及安全带的维修记录。事故调查小组认为，若该车主副驾驶座的安全带配置情况一致，则分析认为在事故发生时该车驾驶座安全带预紧装置也应该起到预紧作用。

图 5-24　轿车 A 副驾驶座安全带绷紧

图 5-25　轿车 A 驾驶座安全带卷收、锁紧正常

5.4.2　气囊隐患

气囊作为辅助安全系统，在交通事故中配合安全带使用可以大大提高保护效果，随着各国

车辆安全标准的制定，气囊的装备率越来越高（驾驶员气囊 Driver Airbag，DAB，乘员侧气囊 Passenger Airbag，PAB）。在交通事故深入调查工作中，调查组发现了很多有关气囊问题的，案例的主要内容主要包括气囊漏点爆问题、气囊异常点爆问题以及气袋撕裂问题。

（1）气囊漏点爆和误点爆问题

①气囊漏点爆案例介绍

2013 年 11 月 14 日，在沪宁高速外圈 135km 处，收费站出口位置，一辆轿车由于操作失误，撞上公路右侧护栏，轿车碰撞后顺时针旋转 90 度后停止，轿车保险杠变形，车上前排气囊都没有点爆，轿车上仅有驾驶员 1 人，未受伤。

图 5-26　正面撞护栏 EES 计算的到 25.4km/h

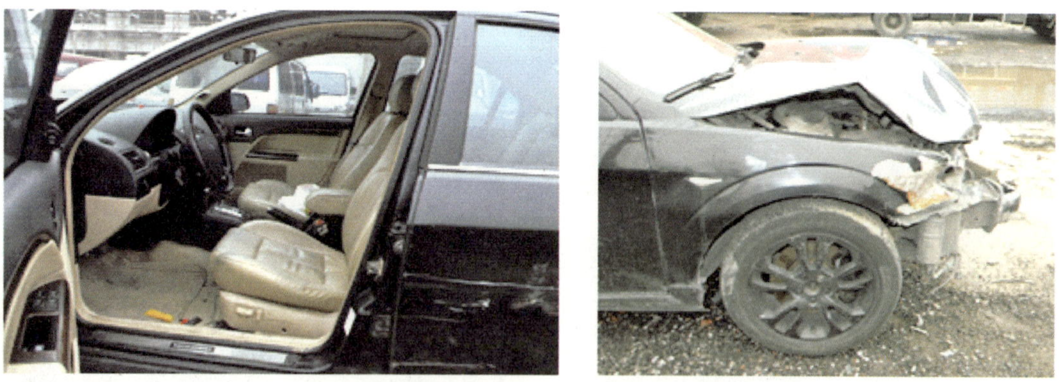

图 5-27　变形量达到约 15cmPAB 和 DAB 都未作用

②气囊误点爆案例介绍

在 2015 年 2 月 7 日，在嘉罗公路与盛辛路路口，北向南行驶的一辆 SUV 撞上一辆东向西行驶的电动自行车，电动自行车上有 2 人，1 人死亡 1 人轻伤。SUV 的 DAB 和 PAB 点爆，车上只有驾驶员 1 人，未受伤。

事故概况图

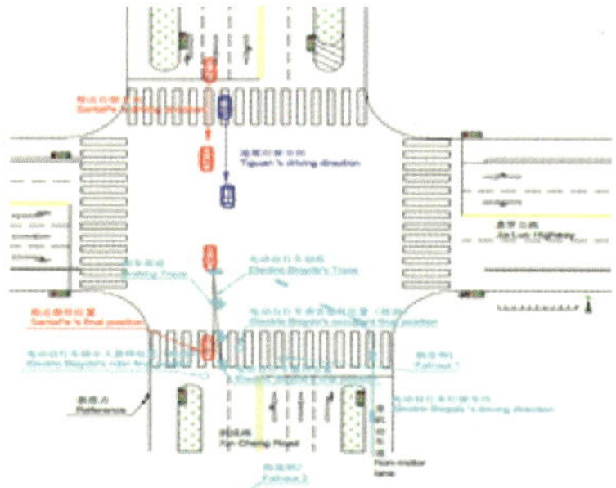

事故过程图

图 5-28　SUV 撞电动自行车案例

SUV

电动自行车

图 5-29　SUV 损坏轻微电动自行车为轻型车

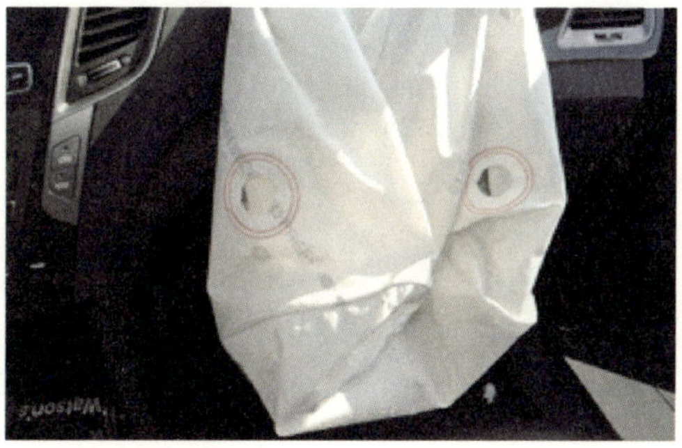

图 5-30　SUV 在非必要情况下启动了气囊

（2）气囊异常点爆问题

异常点爆问题较为少见，一种是正面气囊只有一个展开的问题，另外一种比较典型的问题是侧面气囊在侧碰中无法弹出的问题。

①正面气囊只展开一个的案例介绍

2014 年 11 月 14 日，天气晴，一辆轿车沿上海市嘉松路南向北行驶，汽车驾驶员操作失误，车头右侧装上中央隔离栏，车上只有驾驶员一人，未受伤。经调查，事故中车辆副驾驶气囊点爆，但是驾驶员气囊未点爆。该车气囊是否为汽车原装未知。事故调查小组认为，该事故车辆气囊疑似存在问题。

主副气囊点爆情况

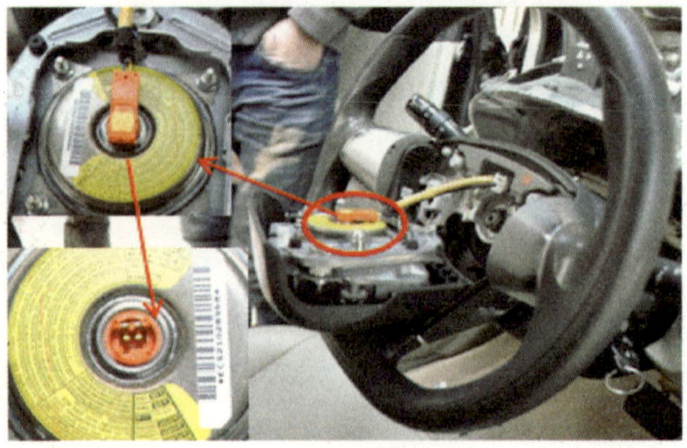

主气囊线路情况

图 5-31　PAB 展开但是 DAB 没有展开

②侧气囊侧碰中无法弹出案例介绍

2014 年 4 月 16 日，12：27，晴，在曹安公路星华路路口，北向南行驶的轿车被东向西行驶的 SUV 从左侧碰撞，轿车车上只有驾驶员 1 人，未受伤。事故造成轿车侧气帘点爆，后排左侧座椅侧气囊点爆，但是前排左侧侧气囊未点爆。该车气囊是否为汽车原装未知。事故调查小组认为，该事故车辆气囊疑似存在问题。

左后侧气囊、侧气帘燃爆情况

驾驶员侧气囊燃爆情况

图 5-32　驾驶员一侧座椅侧气囊没有展开

（3）气袋异常破损问题

气袋破损问题是经常出现的问题，主要问题集中在 DAB 和 PAB 上，大部分破损问题为气袋正面出现小孔，主要原因疑似是气袋展开时与周围部件干涉，形成织物刮伤，后被高温气体冲击炙烤形成孔洞；少部分会发生大面积织物破损，极少部分会有气体发生器解体导致气袋破损。其中不乏是因为假气囊造成破损问题。

气袋孔洞案例介绍

2015 年 6 月 24 日天气晴，上海市嘉定区众百南路与方园路路口，在轿车与面包车均沿众百南路由南向北直行，由于面包车停车等红灯而轿车驾驶员未谨慎驾驶，轿车车头与面包车车尾相撞，计算得到轿车事故时车速约为 52km/h，面包车是停车状态。碰撞后面包车车头又与路旁树木发生刮擦及碰撞。事故造成轿车头部轻微损坏，两正面气囊均展开。面包车车头一般损坏，车尾轻微损坏，无气囊。事发时两车都只有驾驶员一人，面包车驾驶员受轻伤。

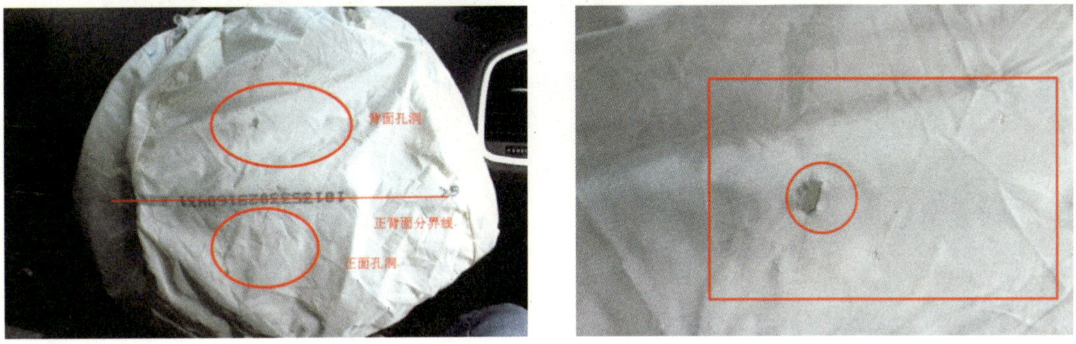

图 5–33　PAB 正面和背面都出现了孔洞直径大约 3mm

5.4.3　座椅问题

（1）概述

在车辆深度调查过程中发现部分车辆座椅疑似存在安全隐患，如：轿车前排座椅靠背与座垫的连接强度不足，事故中受后排人员冲击后损坏；轿车后排座椅靠背连接强度不足，事故中受后备箱物品冲击后开裂；客车座椅与车身连接处的强度不足，事故中受人员冲击后失效等。典型案例如下：

（2）典型案例介绍

①轿车 A 与轿车 B 的正碰事故

事故概况：2015 年 2 月 25 日，在成都市天府新区新兴镇货运大道子滩村路口处，轿车 A（车内 1 名男性驾驶员）前部与轿车 B（车内 1 名男性驾驶员，两名女性乘客，行李箱放置有两箱规格为 250mL × 24 牛奶）右侧前部发生碰撞。事故造成轿车 A、轿车 B 严重损坏。事故中轿车 A 驾驶位正面气囊弹出，副驾驶座位气囊弹出，侧气囊未弹出，轿车 B 驾驶位正面气囊弹出，副驾驶座位气囊弹出。轿车 B 内驾驶员受轻伤，两名女性乘员重伤，轿车 A 驾驶员受轻伤。

图 5–34　事故现场

座椅异常安全分析：

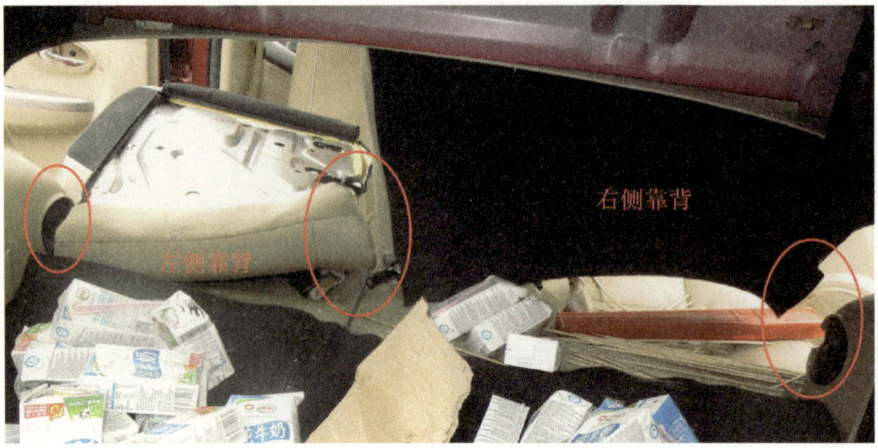

图 5-35　轿车后排座椅靠背损坏情况

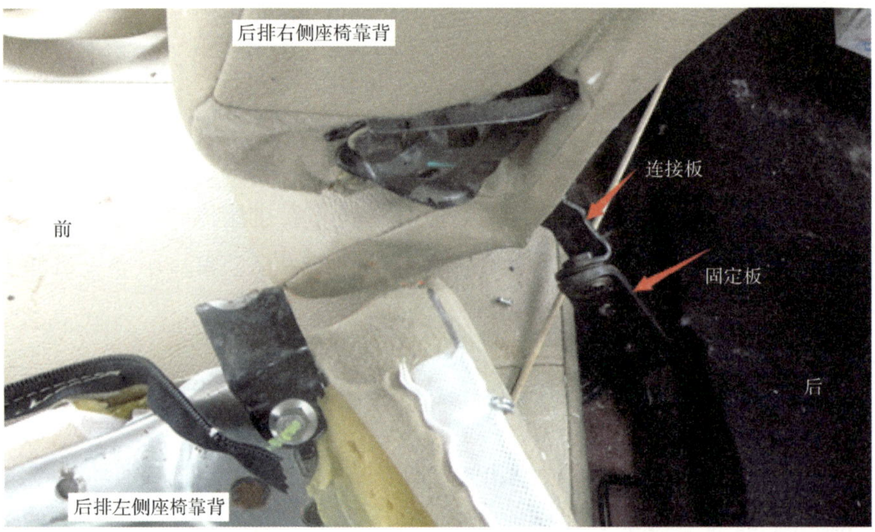

图 5-36　轿车 B 靠背连接板变形情况

此案中轿车 B 后排座椅靠背连接板强度不足，连接板与固定板销轴连接不牢固，所以造成轿车 B 后排座椅靠背变形，靠背下部连接板脱出固定板销轴，连接板共用的固定板变形失效。该车座椅是否为汽车原装未知。事故调查小组认为，该事故车辆座椅头枕疑似存在问题。

②中型客车单车事故

事故概况：2015 年 7 月 29 日，中型客车（核载 19 人，实载驾乘人员共 19 人，乘客均使用了安全带）沿临清线由耿马往孟定方向从东向西行驶，当其行驶至临清线 K187+900m 处时，由于超速行驶、道路湿滑、操作不当，中型客车驶离路面，与道路北侧山体相撞，造成驾乘人员 2 人重伤其余人员受轻伤或轻微伤，车辆受损一般。

图 5–37　事故现场及车辆外观受损情况

座椅异常安全分析：

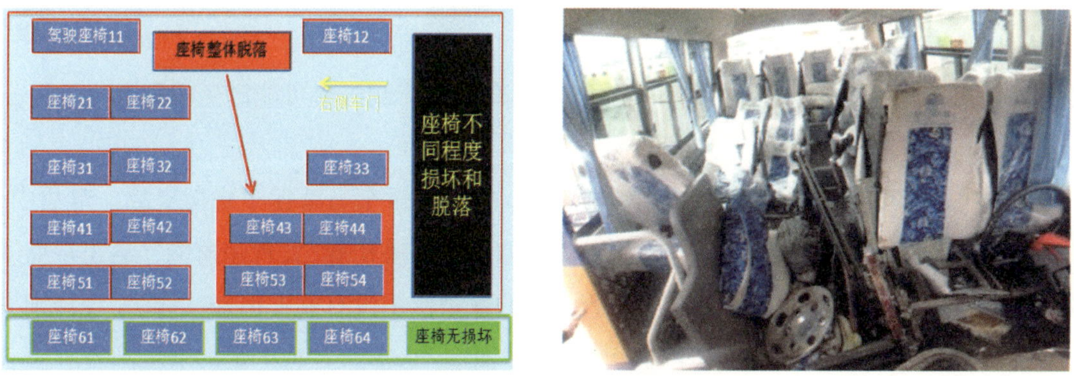

图 5–38　座椅布置及损坏情况

此案中，车辆除最后一排座椅外，所有座椅变形、右侧倒数第二和第三排座椅整体脱落飞出，造成大量人员受伤。座椅强度、座椅固定件强度疑似存在问题。

5.4.4　内饰件问题

（1）汽车座椅套影响座椅侧气囊展开

目前很多购车者对车辆有加装内饰的需求，其中最常见的就是加装汽车座椅套，汽车座椅套能够改善车内环境，保护车内的卫生。但是，很少有人会注意到汽车座椅套可能会对车辆座椅侧气囊的安全保护性产生影响。

座椅侧气囊是一项重要的汽车被动安全装置，一般位于前排和后排座椅外侧的靠背内。当发生碰撞时，座椅侧气囊瞬间展开，并在车门与乘员之间形成一道屏障，从而缓和乘员受到的冲击并吸收碰撞能量，减轻乘员受到的伤害程度。

根据 NAIS 案例分析，多起事故存在因座椅套设计不合理，造成座椅侧气囊的展开形态、展开时间以及排气孔朝向异常，从而导致座椅侧气囊在碰撞过程中无法达到应有的保护效果，甚至带来其他安全隐患。（座椅侧气囊如图 5–39 所示）

图 5–39 座椅侧气囊

下面通过几起 NAIS 事故案例，分析汽车座椅套对座椅侧气囊可能产生的影响。

①轿车与摩托车碰撞事故

2009 年 5 月 11 日，上海市松江区彭丰路发生的一起轿车与摩托车碰撞事故。事故中，某轿车的座椅完全被汽车座椅套包裹(如图 5–40a),取下汽车座椅套,发现座椅侧气囊正常点爆(如图 5–40b)，但是由于座椅套的束缚，座椅侧气囊的保护作用没有发挥出来。同时，经详细勘察，侧气囊点爆产生的高温气体将汽车座椅套烧蚀（如图 5–40c），存在一定的安全隐患。

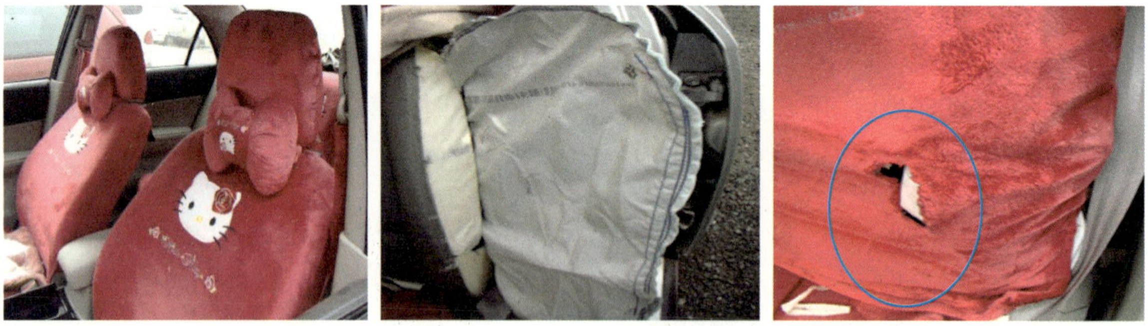

(a) (b) (c)

图 5–40 座椅侧气囊被全部遮盖

②两车侧碰事故

2013 年 6 月 7 日，上海市嘉定区塔城东路、新城路路口发生一起两车碰撞事故。事故中，某轿车的座椅侧气囊点爆，但是由于汽车座椅套侧面拉带的束缚，侧气囊没有完全展开，座椅侧气囊的保护作用没能充分发挥出来。

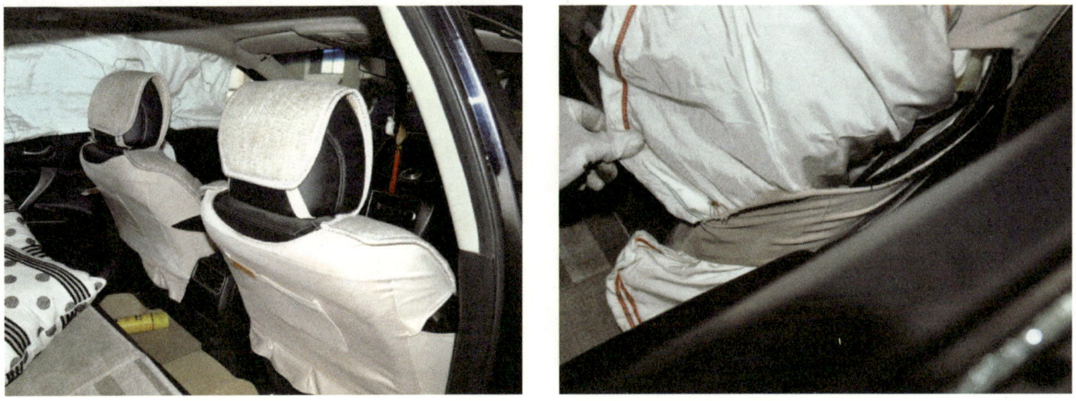

图 5-41　座椅侧气囊未全部展开

那么只要车辆配置座椅侧气囊，汽车座椅套就不能安装吗？其实不然，我们再来看 NAIS 所采集到的几起事故案例。

（2）方向盘徽标飞出事故

方向盘徽标是指各种汽车品牌的标志，方向盘上的徽标是汽车品牌的体现。在发生事故且驾驶员正面气囊点爆时，若方向盘徽标飞出，极高的速度可能会让徽标瞬间脱离方向盘，对车内驾驶员带来伤害。

2012 年 5 月 21 日，在上海市松江区叶新公路发生的一起轿车与行道树碰撞事故。轿车沿叶新公路右转车道由西向东行驶，行至叶新公路近叶旺路西约 80 米处，由于轿车方向失控（推测爆胎所致），致使轿车正面右侧四分之一宽处与人行道右侧行道树相撞。轿车正面右侧四分之一宽轻微损坏。

轿车方向盘上徽标在气囊点爆时飞出。根据现场勘查，徽标固定方式是通过机器热压徽标安装柱末端与方向盘上安装孔连接。

图 5-42　方向盘上徽标脱落

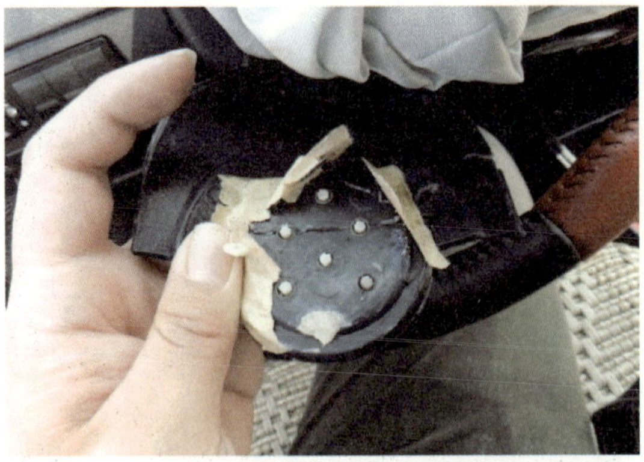
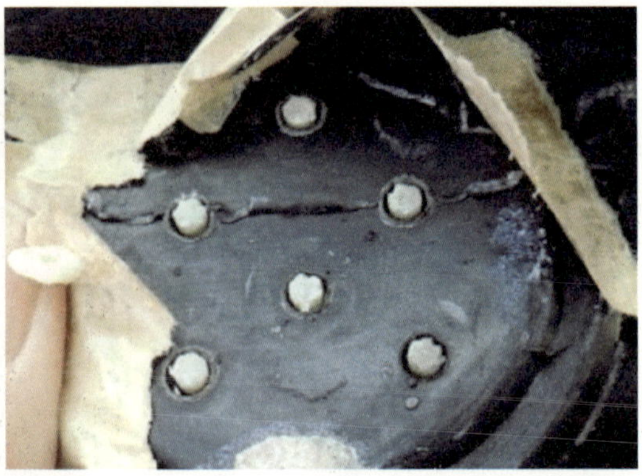

图 5-43　方向盘上徽标安装情况

5.4.5　载货车后下部防护装置问题

我国 2001 年出台标准 GB 11567.2—2001《汽车和挂车后下部防护要求》，对载货车后下部防护装置的强度及安装要求做了明确的规定。但是由于载货车后市场的混乱情况，导致标准在实际中难以执行，道路上仍然有大量未安装后下部防护装置或虽安装却形同虚设的载货车在道路特别是高速公路上行驶，这些没有安装或者安装不符合标准要求的后下部防护装置的载货车，给行车带来了严重的安全隐患。若载货车未安装合格的后下部防护装置，发生追尾碰撞时，极易发生后车钻入碰撞，不可避免的造成后车乘员的伤亡。反而言之，合格的后下部防护装置，能够缓和冲击和防止钻入碰撞，从而保护后车驾乘人员的生命安全。

下面介绍几起典型的轿车追尾载货车的事故案例，由于载货车后下部防护装置的问题造成了严重的人员伤亡。

2014 年 12 月 19 日 8 时 45 分在沪蓉高速城南段南充前往成都方向，因路段突现团雾，能见度降低，轿车未能与货车保持足够的安全距离，致使轿车以 65km/h 的速度与货车发生追尾事故，事故造成轿车严重受损，货车尾部一般受损。事故发生时，轿车共有驾乘人员 5 人，其中 2 人死亡，3 人严重受伤。

车辆损坏情况如图 5-44、图 5-45 所示。

图 5-44　轿车损坏情况

图 5-45 货车损坏情况

货车后下部防护装置情况如图 5-46 所示。货车后下部防护尺寸如图 5-47 所示。

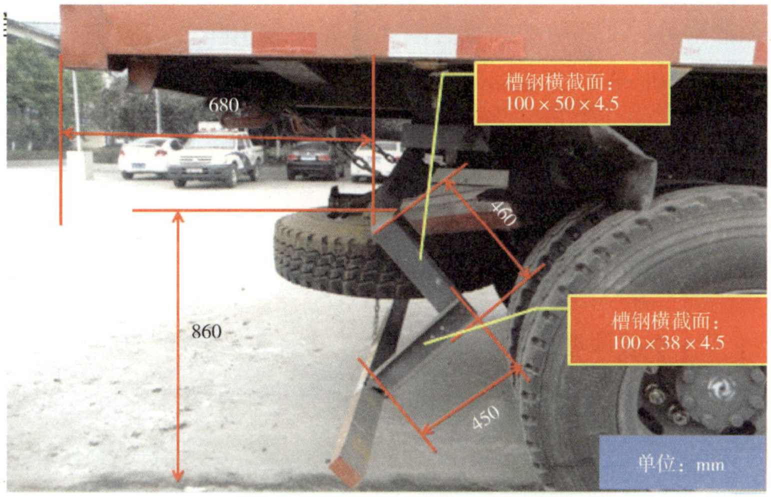

图 5-46　货车后下部防护尺寸

图 5-47　货车后下部防护尺寸

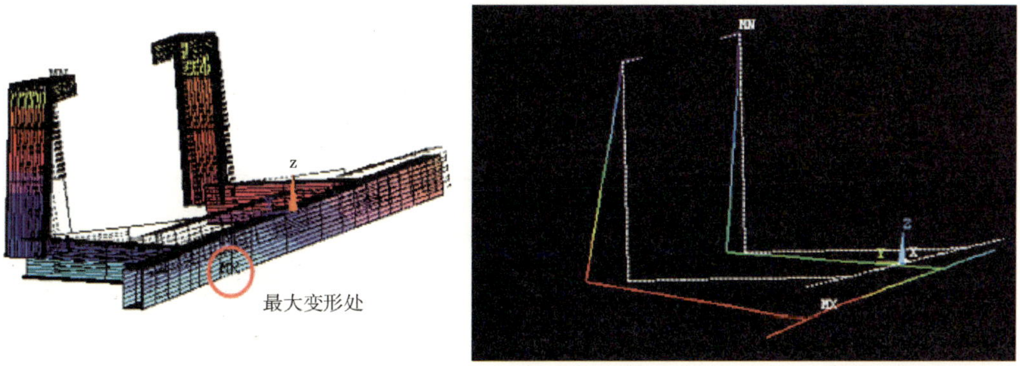

图 5-48　有限元分析情况

货车后下部防护装置几何尺寸及安装尺寸符合 GB 11567.2—2001《汽车和挂车后下部防护要求》相关条款要求。根据测量尺寸参数，事故车辆后下部防护装置后部至车辆最后端纵向水平距离为 280mm；根据对后下部防护装置有限元模型加载 100kN 的静态加载分析结果，装置沿车辆纵向方向朝前最大变形量为 250mm。即车辆的后下部防护装置在承受 100kN 静态载荷时，其后部至车辆最后端纵向水平距离约为 530mm，根据仿真结果，事故车后下部防护装置不符合国家标准 GB 11567.2—2001《汽车和挂车后下部防护要求》第 4.3 条要求。

5.4.6 汽车火灾问题

截至 2017 年 1 月，事故深度调查数据库已收录火灾事故案例 175 起，其中 2016 年度采集案例 76 起。现对车辆火灾案例进行数据分析，全面分析车辆发生故障并起火的共性特征，查找车辆自身存在的缺陷故障问题。

（1）基于火灾燃烧规律信息统计分析

车辆火灾事故深度调查，首先应当准确查明起火原因。在此基础上，根据火灾燃烧规律对起火部位、起火原因等要素进行数据统计，并结合车辆的构造特点，细致分析、归纳并总结车辆存在的火灾隐患。

图 5-49 为车辆起火部位统计图。统计数据显示，车辆发动机舱为火灾发生最多的部位，共 114 起，占事故总量的 65.1%；仪表板及底盘也为火灾高发部位，分别发生 41 起和 9 起、占事故总量的 23.4% 和 5.1%。除此之外，后备箱、驾驶室座椅，以及车头车尾之间部位也有火灾发生。

图 5-50 为车辆起火原因统计图。其中，车辆因电气故障起火共 142 起，发生比率为 81.1%；炽热表面引燃起火 5 起，油品泄漏起火 5 起，发生比率均为 2.9%；放火、遗留火种、鞭炮引燃起火及零部件故障起火也时有发生。

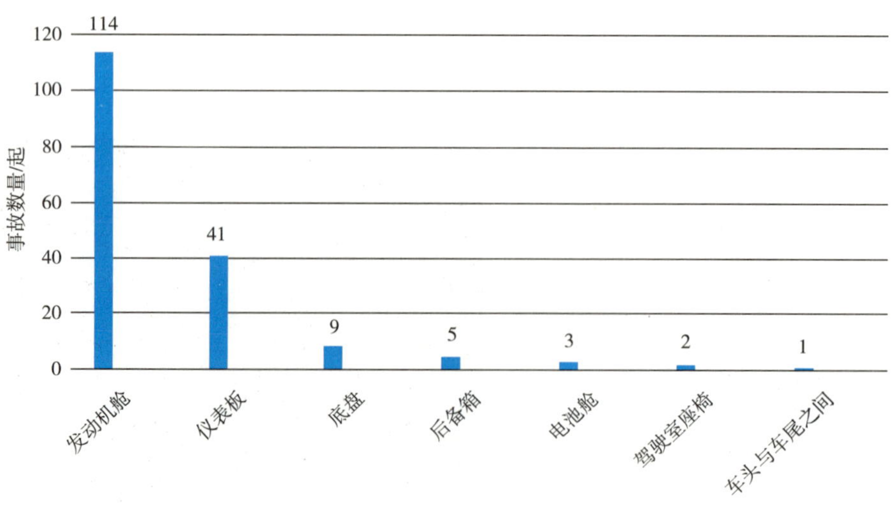

图 5-49 起火部位统计分析

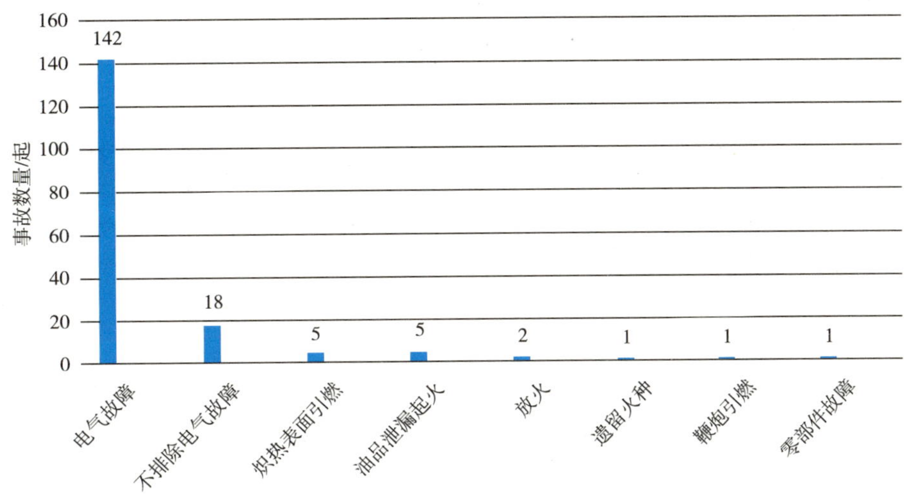

图 5-50　起火原因统计分析

进一步对车辆电气故障火灾案例数据进行统计分析，结果表明线路短路起火发生率最高，共计 90 起，占事故总量的 51.4%，如图 5-51 所示。

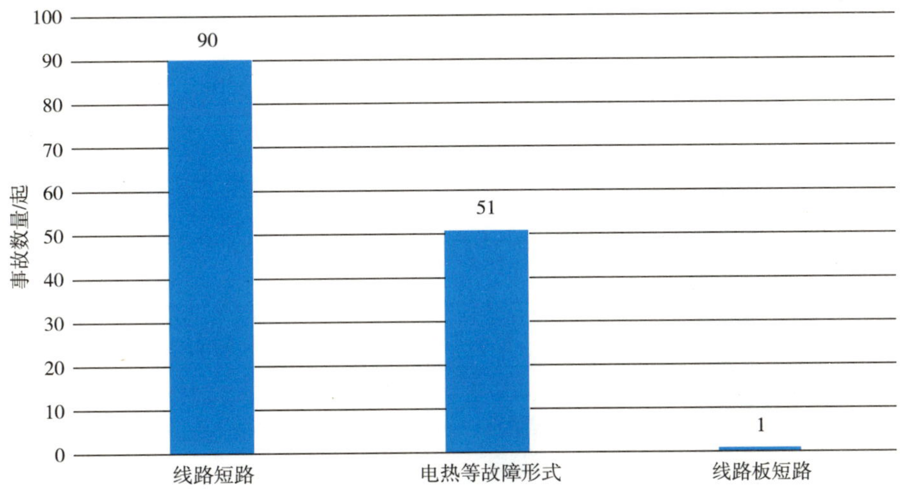

图 5-51　电气故障统计分析

数据分析结果表明，车辆火灾的高发部位为发动机舱和仪表板，该位置电路、油路、气路集中，火灾危险性高。车辆最主要的火灾隐患为电气故障，以线路发生短路故障为主。建议车辆生产企业在设计、生产车辆时，注重电气线路自身的产品质量，充分考虑线路敷设的合理性，以此提高车辆的防火安全性。

（2）基于车辆信息统计分析

对起火的车辆类型进行统计分析如图 5-52 所示，能够有针对性的查找车辆自身存在的火灾隐患问题。根据车辆类型进行统计分析，轿车火灾案例为 110 起，越野车火灾案例为 30 起，货车火灾案例为 18 起，排在事故案例数量的前 3 位。轿车和越野车的保有量大，导致两类车辆的火灾数量高于其他类型车辆。

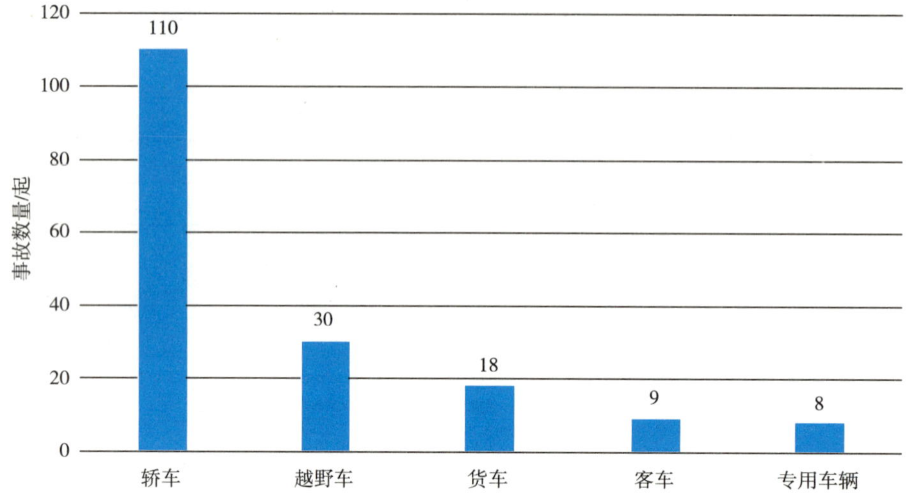

图 5-52　起火车辆类型统计分析

在已收录的车辆火灾深度调查案例中，车辆停止状态起火 123 起，占事故总量 70.3%。针对停止时的车辆自燃事故，当事人发现事故的时间比较晚，导致火灾扑救不及时，调查难度偏大。

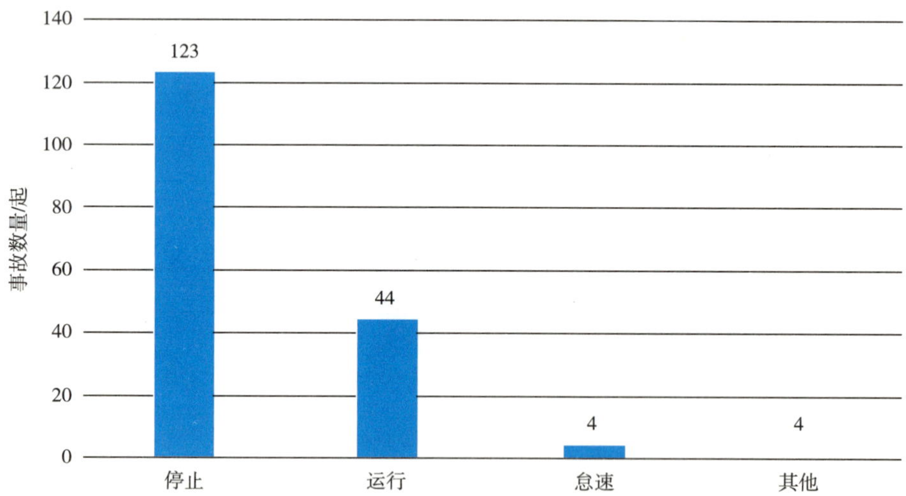

图 5-53　车辆运行状态统计分析

针对同一车型的多起火灾事故数据进行深度分析，能够准确查明起火原因，以及车辆设计、制造、用料等方面的火灾隐患，可有效提高车辆的产品质量。在车辆火灾事故深入调查工作中，发现的发生自燃车辆的安全性问题主要包括电气线路故障、排气管高温烤燃、机械故障以及漏油等。下面介绍一种有车辆自身问题引发的火灾案例。

事故概况信息： 2013 年 7 月 29 日，停放了约 10min 的某品牌轿车，准备起动时发生火灾。

根据驾驶员描述，将车辆停放到某公司院内并找人，10min 后准备驾车离开。使用钥匙点火时，发现发动机舱盖向外冒黑烟并起火。消防队到达现场后，将火扑灭。车辆发动机舱和驾驶室烧损，未造成人员伤亡。事故概况见图 5-54。

图 5-54　车辆烧损情况

现场信息分析：司机将车辆停放到某公司院内并找人，10min 后准备驾车离开。使用钥匙打火时，发现发动机舱盖向外冒黑烟，随后打开发动机舱盖，发现电瓶下方有明火和电火花，随后用嘴吹灭明火，关闭发动机舱盖。之后在公司内多名员工的帮助下，将车辆从公司院内推到院外，此时车辆冒浓烈黑烟。消防队到达现场后，将火扑灭。车辆停放路面，均为干燥路面，无杂草等可燃物。

车辆外部烧损痕迹分析：车辆整体烧损严重，发动机舱盖涂层、前翼子板、前保险杠、左前轮胎和右前轮胎全部烧毁。前风挡玻璃、天窗玻璃、左前车窗和右前车窗完全掉落，天窗前部壳体涂层烧毁。车辆后备箱烧损严重，后风挡玻璃整体脱落，右后轮和左后轮轮胎仍有残余。见图车辆外部烧损痕迹分析，见图 5-55。

车辆内部烧损痕迹分析：车辆驾驶室内烧损严重，座椅坐垫、靠背及内饰材料等可燃物均烧毁。车辆发动机舱内烧损严重，左侧的蓄电池与保险盒等完全烧毁。发动机舱左侧线束烧损严重，部分线路上形成熔痕，见图 5-56。

认定电气线路短路引燃起火的可能性：经调查询问，司机最先打开发动机舱盖，发现发动机舱内左侧起火。经现场勘验，起火部位为车辆发动机舱内左侧，见图 5-57。经物证鉴定，发动机舱内左侧提取的电气线路中有一次短路熔痕，见图 5-58。综上所述，该车辆的起火原因为，发动机舱内左侧电气线路短路起火。

图 5-55　车辆烧损痕迹

图 5-56　发动机舱内烧损痕迹

图 5-57　发动机舱内左侧烧损痕迹

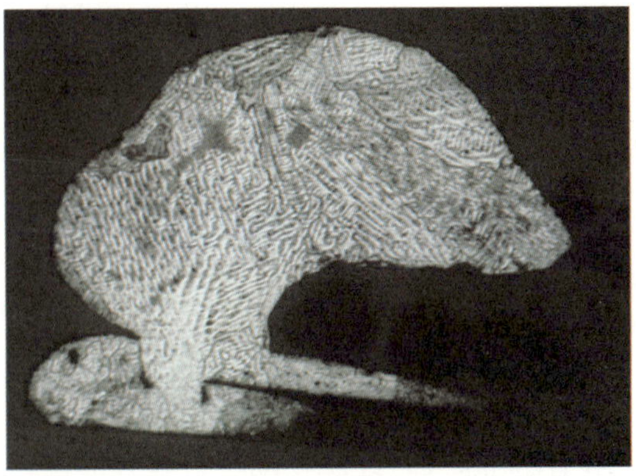

图 5-58　该车线路一次短路熔痕的金相组织

第 6 章　汽车安全与召回研究领域新技术和新进展

6.1　电动汽车动力电池包安全性分析与评价方法研究①

随着社会的高速发展和城市现代化进程的快速推进，能源紧缺和环境污染问题愈加严重。汽车行业因能源消耗大、污染环境严重而迎来了一场变革，研发新的、环保的可再生能源汽车是当今汽车领域的主攻方向。电动汽车凭借着零排放、效率高、NVH 性能好等众多优良特性受到社会各界的高度关注。近年来，国内外对电动汽车发展给予了高度重视和大力支持，各大车企也相继推出了多款混动和纯电动车型，例如美国的特斯拉、日本的丰田以及中国的比亚迪等。电动汽车也是发展和强化我国汽车产业的重要手段，早在“十五”期间，中国就将“节能和新能源汽车的战略”纳入“十一五”规划当中，加大了对新能源汽车课题研究的投入力度。因此，大力推广和发展电动汽车是意义重大的、长远的战略路线。

随着电动汽车保有量的增加，其安全问题也日益突出。虽然国内外科研人员对电动汽车做了大量的研究，但近几年电动汽车出现自燃、起火、爆炸等诸多安全事故的报道仍屡见不鲜，每次事故都会降低大众对电动汽车的信心，引发社会对电动汽车安全的忧虑，因此电动汽车的安全性已经成为当前新能源汽车发展亟待解决的关键问题。表 6-1 列出了近年来所发生的部分

① 作者：华南理工大学　兰凤崇教授。

电动汽车安全事故。

表 6-1　近年发生的部分电动汽车安全事故

序号	发生时间	地点	车型	事故触发原因
1	2016.01	挪威	特斯拉	严寒天气快速充电站充电起火
2	2015.11	深圳	电动轿车	面包车追尾碰撞，漏液着火
3	2015.4	深圳	电动大巴	电池管理系统无法切断充电接触器，电池组长期持续过充直至热失控与起火
4	2014.07	墨西哥	特斯拉	高速行驶过程中碰撞起火爆炸
5	2013.10	墨西哥	特斯拉	高速行驶过程中碰撞后起火爆炸
6	2013.10	西雅图	特斯拉	高速行驶过程中碰撞后起火爆炸
7	2012.05	深圳	电动轿车	被追尾碰撞起火爆炸
8	2011.04	日本	本田混合动力轿车	电池短路，过热
9	2011.05	美国	电动轿车	侧面碰撞试验后静放三周自燃
10	2011.04	杭州	出租车	成组设计问题造成漏液，而绝缘受损的短路引燃漏出的电解液
11	2010.01	乌鲁木齐	电动大巴	单体电池故障，在车库内静态异常起火
12	2008.06	哥伦比亚（美国）	普锐斯混合动力车	接头松动造成的局部过热，并引发电池热失控，电池组冒烟着火

(a) 案例1　　(b) 案例2

图 6-1　特斯拉碰撞后发生起火爆炸

根据事故分析可知，大部分事故处于行驶状态，充电和静放过程中起火的概率很小，结合文献记录以及专家意见大致分析了起火的原因，如表 6-2 所示。表中（1）、（2）、（3）均是突发事件造成电池系统破坏而引发的热失控；（4）是电池系统长期工作老化导致可靠性降低，也就是所谓的疲劳损坏，导致起火事故；（5）、（6）是由于机械外力的长期影响或者外界环境的触发造成电池包系统组件的损坏，以至于组件丧失功能从而引发电池的热失控。

表 6-2　动力电池包起火原因分析

事故类型	事故原因分析
碰撞起火	（1）碰撞导致大量单体电池外壳被挤压或穿刺，单体电池内部的有机电解液泄漏，电解液与电池包内电火花接触后瞬间起火燃烧 （2）碰撞可能导致电池包内部大量电池单体外壳与电池箱壳体亲密接触，造成多处动力电池模组短路，产生巨大的短路电流及电火花导致起火
行驶起火	（1）高速行驶过程中，路面硬物刺穿电池组保护层，造成电池组变形，并发生短路，导致电池热失控引发火灾 （2）长期行驶于颠簸路段，振动冲击可能导致电池箱体内部焊接支架疲劳断裂、模组连接触点松动以及触点位置电压波动变化、低压 / 高压电器线路由于老化脱落降，这些问题可能导致电池包系统的可靠性下降，从而引起起火事故
静放起火	（1）电池管理系统失效，动力电池充满电后，继续过充，造成多个电池箱先后发生动力电池热失控、电解液泄漏，引起短路，导致火灾 （2）高温湿热环境影响

电动汽车由动力电池包提供能量，采用电机驱动。相较于传统汽车，电动汽车的安全存在特殊性。作为巨大能量存储和转换的载体，动力电池包是影响电动汽车安全性能的核心部件。大量事故调查结果显示，电动汽车爆炸起火事故基本都是由于电池包内部产生了严重的安全问题所导致，因此，电动汽车的安全问题大多归结于动力电池包的安全性问题。

动力电池包开发和研究的核心是保证其在安全前提下完成功能。安全属性是系统层面的新属性，是系统的一种整体涌现。动力电池是以电池包的形式应用于电动汽车，电池包由单体电池通过各种形式的串、并联构成。所有部件安全可靠并不能保证整个系统安全可靠，所以动力电池包的安全性研究需要从系统层面认知。因此，不仅要保证单体电池的安全性，同时还要考虑电池模组和电池系统的安全性，从而形成多层次的安全技术体系。

6.1.1　动力电池包系统的复杂性

系统可以定义为由相互制约的各个组成部分形成的具有一定功能的整体。一个复杂系统由层次众多、复杂关联的若干个子系统组成，子系统则又包含了若干层次错综复杂的组成元素。内部组员进行着错综复杂的信息和能量交互，有自组织性、自适应性、涌现性、不确定性、预决性、演化和开放性等特点。动力电池包是一个复杂系统，体现结构组成具有复杂性、事故成因具有复杂性、功能要求具有复杂性三个方面，下面将具体阐述。

（1）结构组成复杂性

根据系统论将动力电池包的结构层次化、组元化，先忽略掉一些较小连接部件以及导线，再把电池包结构分为子系统结构和潜在关联关系两个部分，其中子系统结构大致分为 3 个子系统：电池子系统、电池管理子系统、电池包机械结构子系统。潜在关联关系是电池包内部组件之间的一种能量交互作用以及耦合作用，根据电动汽车作业环境的不同可分为：热力耦合作用、电热耦合作用、力电耦合作用以及热力电耦合作用，如图6–2所示。通过动力电池包结构系统化，产生了诸多组件元素，而动力电池包系统安全不单只是组件元素的安全性，还与组件与组件之间的潜在关联关系有关。

（2）事故成因复杂性

电动汽车事故主要归于三方面：碰撞、振动冲击、环境扰动。其中碰撞事故对于动力电池包系统的损伤最为严重，因此安全隐患也最大，剧烈碰撞（正碰、侧碰和后碰等）下电池包系统内部组件均有可能出现安全问题。振动冲击对电池包安全性的影响主要体现在疲劳耐久问题上，电动汽车若长期作用在复杂路况下，电池包系统内部可能出现疲劳损坏、控制故障、绝缘失效等安全问题。环境扰动对动力电池包安全性的影响主要体现在温度上，由于单体电池正常工作的温度受限，过高或者过低的温度会影响单体电池的效率，甚至导致单体电池发生安全事故。由于电池包系统被分化为多个组件，相应的组件对应的事故因素如表6–3所示，从三类事故当中一共提取了14个事故因素，碰撞7个、振动冲击5个、环境扰动2个。

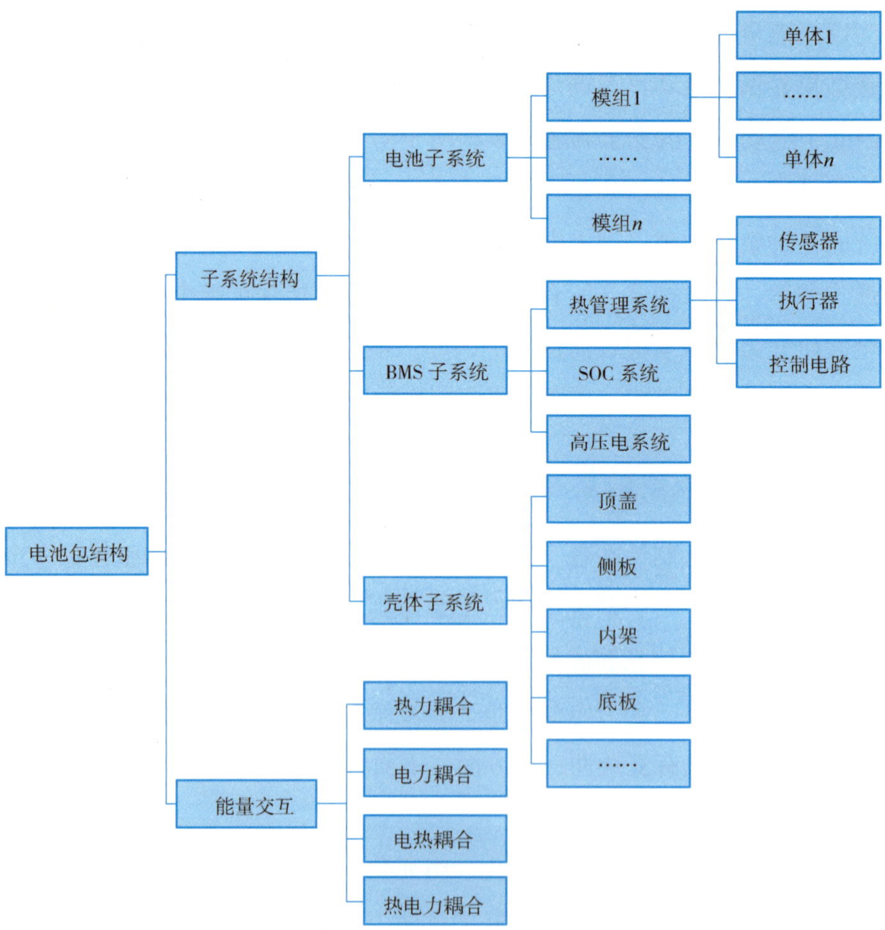

图6–2 电池管理子系统层次结构图

表 6-3　电池包安全事故因素表（3 类事故）

涉及组件	碰撞	振动冲击	环境扰动
电池子系统	单体电池短路	单体电池失效	单体电池温度过高失控
	单体电池破裂	单体电池绝缘失效	单体电池温度过低短路
	单体电池变形	电池模组螺栓连接疲劳损坏	
	电池模组托架损坏		
BMS 子系统	电池管理系统损坏	高压 / 低压电线脱落或绝缘性失效	
	高压 / 低压电线脱落损坏		
壳体子系统	电池壳体损坏	电池壳体焊接处疲劳损坏	

（3）功能要求复杂性

电池包是机电热一体化系统，在电池场 - 温度场 - 机械场相互耦合，综合作用下工作，其内部错综复杂的能量和信息交互决定了其功能要求的复杂性，包括但不限于三种情况：

①电安全要求。高压电安全是整车安全之外电动汽车特有的要求，直接关系着电动汽车的安全水平，因此，动力电池的高压电管理系统是整车高压安全设计的重要内容；锂离子动力电池在过充、过放等情况下可能会导致有害气体的释放、燃烧爆炸的发生以及电解液的泄露，对乘员的安全造成威胁，为了避免动力电池组过充过放带来的安全性问题需提出相应的均衡充电控制策略。

②热安全要求。锂离子动力电池包在工作过程中，尤其是在使用条件恶劣、工况复杂的极端条件下，产生的热效应会对电池的性能和寿命产生严重的影响，最终导致热失控甚至是电池的燃烧和爆炸；需针对动力电池包的热特性进行实验和仿真研究，并在此基础上，采用相变材料和热管技术，设计出一套高效、可靠的电池热管理系统。

③结构安全要求。主要包括电池包的耐撞性分析、结构动态特性要求以及疲劳寿命、可靠性要求等。

6.1.2　复杂系统相关性

（1）复杂系统逻辑描述

引入复杂系统分析方法，如图 6-3 所示。在描述一个复杂系统时，包含系统外部环境（事件）、系统边界、内部元素组成、元素间的关联、内部环境（事件）以及涌现出的系统特性几个部分。

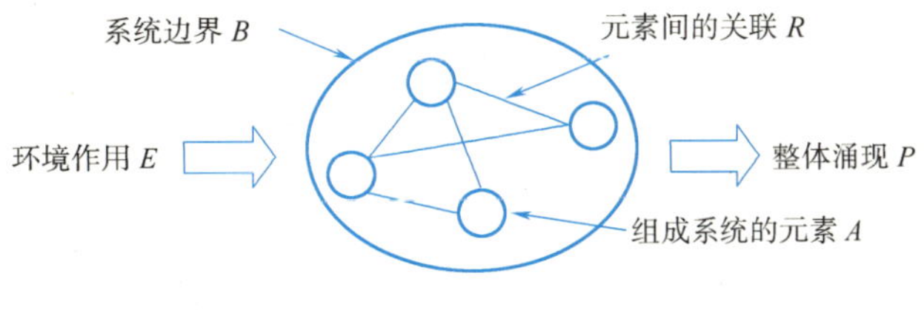

图 6-3　复杂系统框图描述

假设复杂系统 S 中，所有的元素集合为 $A=\{A_1, A_2, \cdots, A_n\}$，它们之间的所有关联的集合为 $R=\{R_1, R_2, \cdots, R_n\}$，则该复杂系统简单的形式化表达为：

$$S=<A, R>$$

外部环境（事件）可以通过形式化的方法描述为：

$$E_s=\{x \mid x \notin S\}\text{ 且 }S\text{ 与有不可忽视的联系}$$

具体到电池包系统 AB 中，组成元素按功能可分为三个部分：

$$A_B=\{A_1, A_2, A_3\}$$

上式中：A_1 为电系统，包含单体电池、模组、导电极片、控制电路等；

A_2 为热系统，包含测温元件、传热介质、散加热执行器等；

A_3 为外部结构系统，包含壳体、内架、压杆、加强筋等。

$$R=\{R_1, R_2\}$$

上式中：R_1 为化学关联；R_2 为物理关联。

$$E_s=\{x_1, x_2\}$$

上式中：x_1 为自然环境，包括湿度、温度等；x_2 为振动、冲击、碰撞等动力学环境。

定义 P 为电池包系统应具有的所有性能的集合，包含轻量化、高压电防护、防水密闭性、碰撞安全性等性能。电池包复杂系统逻辑框图如图 6-4 所示。

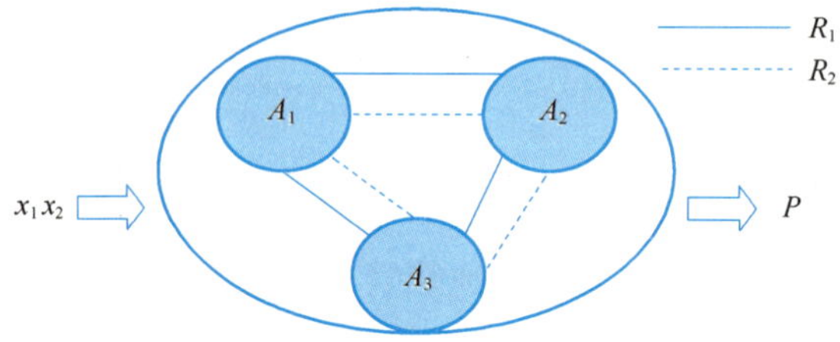

图 6-4　电池包系统的逻辑框图

（2）整体安全性与部件可靠性关系

简单系统中，系统通常被拆分为部件来研究，物理系统被拆分为单独的物理组件，而行为被分解成随时间推移的离散事件，不考虑部件和性能间的非线性耦合关系，当各个组件的安全性得到保证时，系统的安全性也得到了保证。但在高新技术的迅猛发展下，部件的可靠性已经得到了很大程度的提高，然而安全事故还是时有发生，说明对于复杂系统，可靠性与安全性之间并非存在简单的线性增长关系，其关系应该是如图 6-5 所示的一种曲线关系，即通过增加可靠性可以在一定程度上提高系统的安全性，但当到达某一临界值后，增加可靠性对于安全性的提高没有任何帮助。这很好的解释了电池包在各个部分都设计得安全可靠，成 Pack 之后依然有各种各样的问题，例如电池包的单体出厂时通过了各种安全测试和一致性检验、循环寿命检验，组成模组并和同样设计得安全可靠的热系统、电系统综合在一起时，依然可能有自放电、短路、循环寿命短等各种安全隐患。

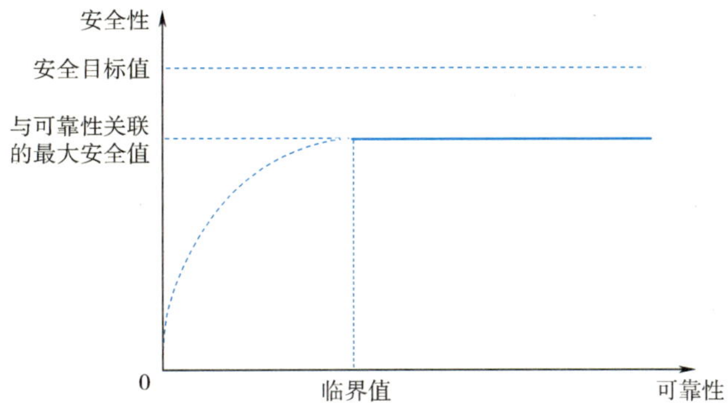

图 6-5　可靠性与安全性关系曲线

（3）复杂系统安全事故控制

基于“认知—约束”模型的复杂系统安全事故控制流程如图 6-6 所示，其最终目的是约束控制风险涌现和风险传递的发生。通过对大量安全事故全过程进行分析，认知其风险动力学过程，而后对事故进行结构化建模，对事故致因因素进行层次化划分，将独立因素抽象为节点，因素间的关联抽象为边，结合专家经验对关键节点进行辨识以及重要性评估，构建事故致因因素的网络立体模型。将此模型应用于复杂系统运行中的控制，通过约束熵配置对关键节点实施有效的约束，从而达到预防安全事故发生的目的。将模型应用于系统结构的设计与优化，根据一定的映射规则建立系统结构组元与事故因素间的关联，此时事故系统与结构系统就有了对应关系，针对事故所暴露出的性能缺陷对结构组元及其耦合关系进行优化提升，利用事故致因因素指导结构设计，在系统开发阶段就有效的抑制风险涌现与风险传递的发生。

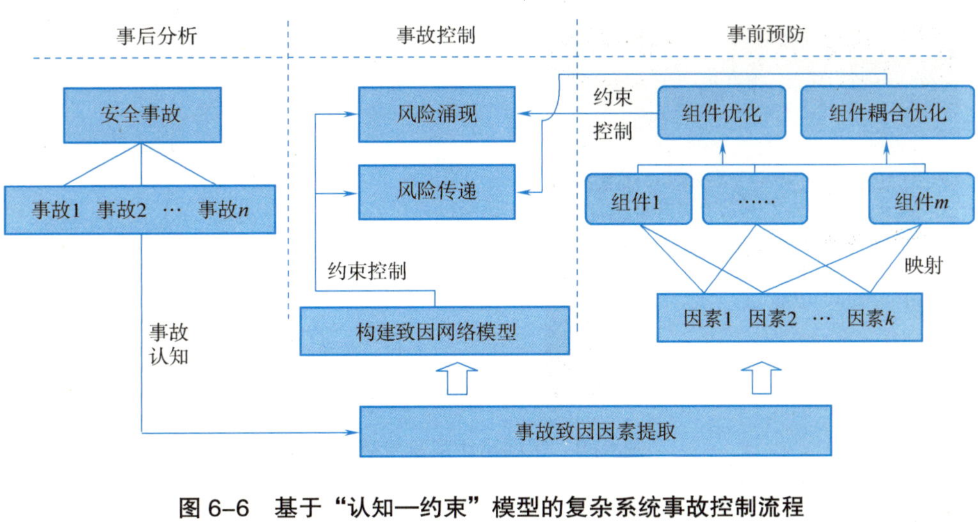

图 6-6　基于“认知—约束”模型的复杂系统事故控制流程

6.1.3 电池包系统安全关键致因因素分析

对于动力电池包及其子系统在机械挤压、碰撞、振动冲击、湿热、过充等关键致因因素作用下的特性，可以通过试验研究与建模仿真进行分析研究。然而仿真分析对模型精度要求较高，首先构建精细化动力电池包有限元模型，建模过程首先需要进行单体电池的挤压实验，通过实验与实验进行校准模型，然后再利用校准后的模型进行动力电池包的安全性研究与分析。

（1）准静态载荷下单体电池的安全性分析

通过对单体电池准静态受压时的材料性能、电压和热特性的试验，获取单体电池内部材料在准静态工况下的力—位移曲线、应力—应变曲线、内部短路失效点等性能参数如图 6-7、图 6-8 所示，构建单体电池的压缩仿真模型，如图 6-9 所示。将单体电池模型进行装配构建动力电池包系统有限元模型，如图 6-10 所示。利用精细化的系统有限元模型对各种复杂工况下的致因因素进行仿真分析。

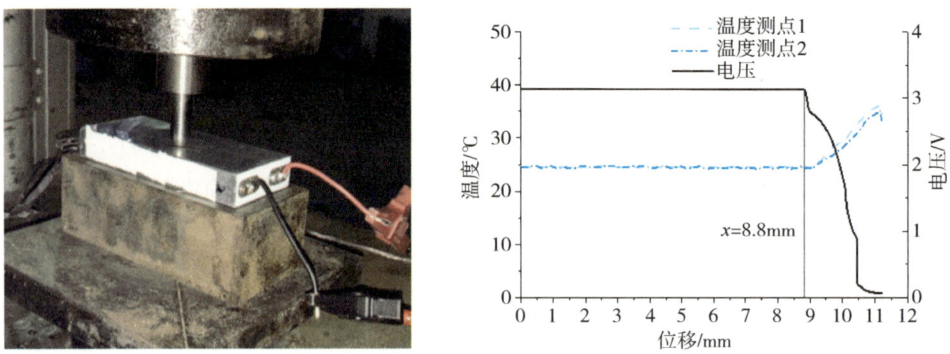

图 6-7 局部挤压实验与结果

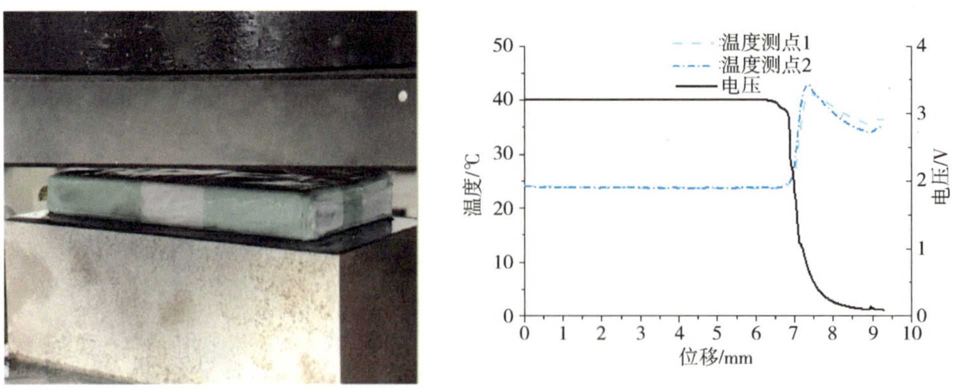

图 6-8 平面挤压实验与结果

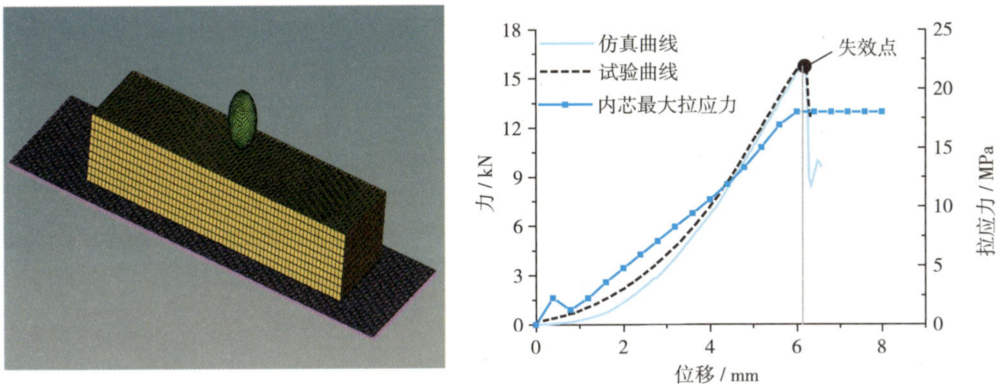

图 6-9　电池仿真与实验对比

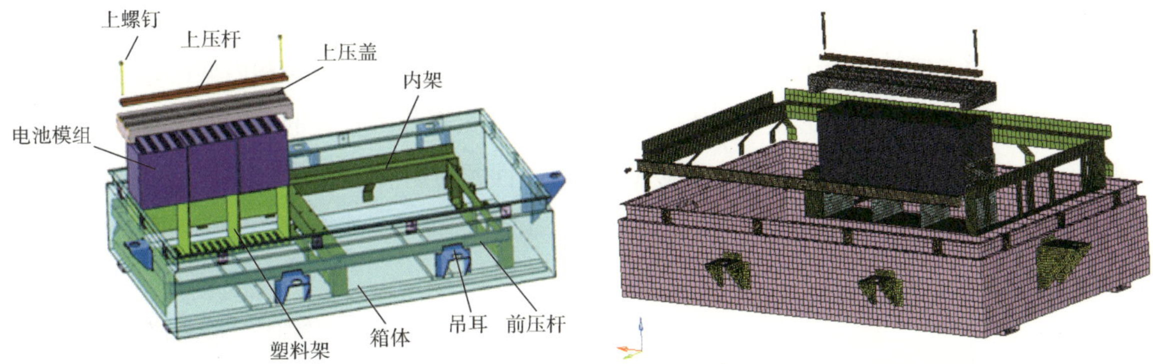

图 6-10　电池单体承载力、电压和热特性试验

（2）车载冲击碰撞载荷下电池包的安全性分析

在开发过程中，通过有限元分析的方法可以有效的对动力电池包在各种车载环境（如碰撞、振动冲击等）下的响应进行分析。首先对动力电池包进行碰撞工况的仿真分析，参照欧洲 NCAP 传统汽车侧面刚性柱碰撞试验标准进行了调整，调整方案：侧面碰撞的刚性柱直径为 254mm，其顶端到碰撞车辆顶部垂直距离为 100mm。刚性柱与车辆碰撞速度为 29km/h，如图 6-11 所示。下面我们从最大应力、变形量以及加速度三个方面对动力电池包的系统安全问题进行分析。

图 6-11　电动汽车侧面柱碰有限元模型

①应力分析

由仿真结果可知，碰撞导致螺钉发生了变形弯曲，螺钉变形如若过大，就可能造成失效，螺钉失效会失去对电池模组的约束，导致

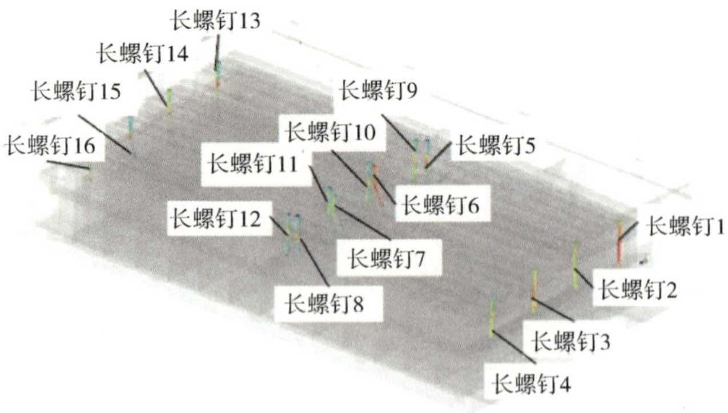

图 6-12　动力电池包预紧螺钉碰撞变形图

危险事故的产生。如图 6-12 所示，其中螺钉 2 在整个碰撞过程中最大应力达到了 452.6MPa，螺钉 6 和 7 也超过了 410MPa，由于螺钉的断裂强度 400MPa，此处存在严重的风险问题。

②变形量分析

碰撞导致动力电池包左侧吊耳处产生较大侵入量，由于被撞击处非常接近电池模组，壳体较大侵入量导致电池模组被严重挤压，产生安全隐患，如图 6-13 所示，可以看出动力电池包内架受到了壳体侵入的挤压，内架左侧与右侧有较明显的弯曲变形，中间架虽然弯曲不明显，但是有向右倾斜的趋势，碰撞导致动力电池包上压盖发生了较大的水平滑移，这就直接导致连接压盖和内架的螺栓产生了弯曲变形，图中圈出的螺栓变形较为严重。碰撞事故中起火爆炸最重要的因素在于单体电池或者电池模组出现严重的安全问题，因此电池系统的安全性尤为重要，电池模组最大变形位置为和，其中位置处变形量达到最大值 12.58mm，根据参考文献[①]提出电池模组的安全变形量为总变形

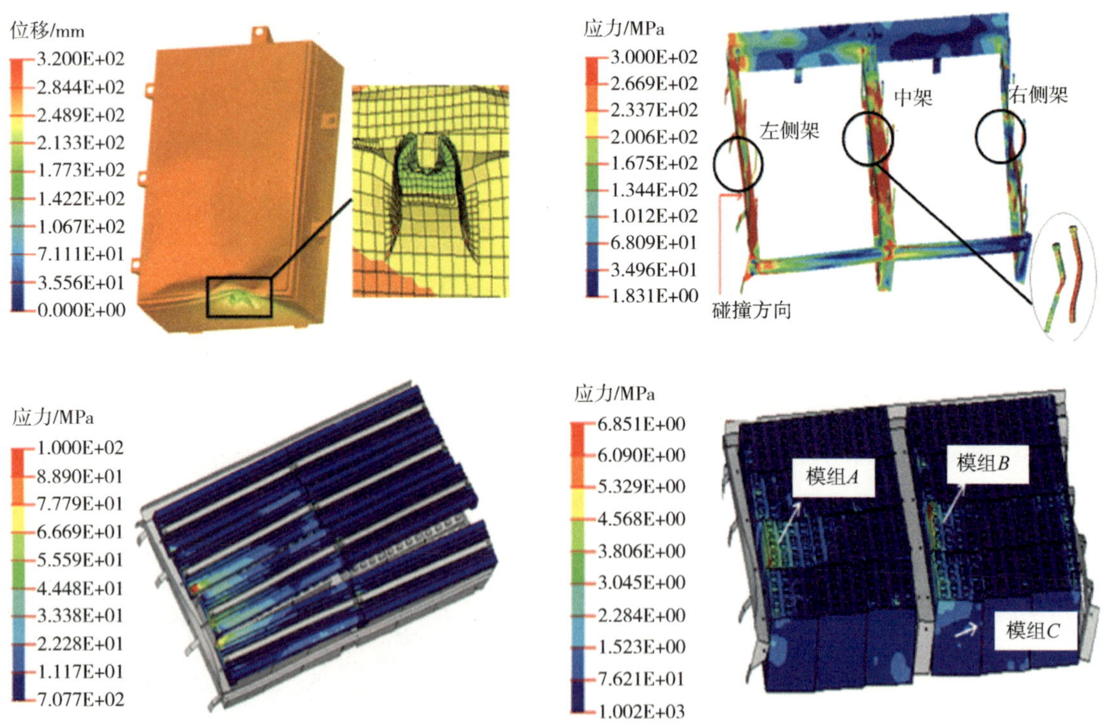

图 6-13　碰撞状态下动力电池包组件变形分析

① 崔佳．电动客车侧向被动安全仿真与结构优化研究［D］．北京理工大学，2015.

量占原始尺寸的 10%，本文中电池模组在挤压方向上原始尺寸为 131mm，则最大安全变形量为 13.1mm，由此可知电池模组 A 位置的变形非常接近电池模组的安全变形量阀值。除此之外，模组 B 和模组 C 还发生了上下跳动，最大跳动量达到 15mm。

③加速度分析

过大加速度可能导致动力电池包内部电池模组触点松动、脱落或者电气附件脱落等，进而引发短路造成安全事故。因此瞬态冲击对电池模组触点产生的加速度是系统安全研究的一项重要指标。如图 6-14 所示，电池模组中加速度较大的触点分别为触点 1、触点 4 和触点 5，最大值达到了 110*g*。文献[①]指出电池模组仅能承受最大加速度 35*g* 和脉冲持续时间为 51ms 的半正弦波冲击。碰撞产生的瞬时加速度脉冲时间要短于 51ms 的持续时间，并且最大加速度峰值是其3倍多，如此强烈的加速度很可能造成动力电池包电池模组触点松动、脱落等一系列安全问题。

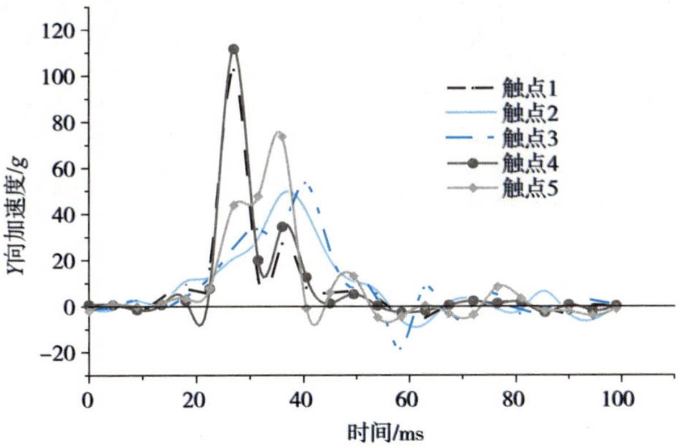

图 6-14　碰撞状态下动力电池包模组触点加速度分析

（3）车载振动载荷下电池包的安全性分析

①动应力分析

通过施加 *X*、*Y*、*Z* 轴稳态随机激励，动力电池包仿真得到的最大动应力分别在右侧内架与壳体的前端焊点以及左侧内架与壳体的前端焊点，对应的 3 分别为 82.8MPa、258.9MPa、359.1MPa，如图 6-15 所示，*Y*、*Z* 轴方向的最大动应力值都超过了材料 Q235 的最大应力，考虑到瞬时动应力超过 235MPa 的概率不大，可以认为动力电池包结构在此工况下满足安全性，如若可以改善内架与壳体前端焊点的工艺，可以有效的提升焊点的疲劳寿命。*X*、*Y*、*Z* 轴稳态激励下，电池模组的最大动应力分别为 20 号触点的 3.2MPa、10 号触点的 10.7MPa、32 号触点的 62.3MPa；对应的 3 分别为 9.6MPa、32.1MPa、186.9MPa，如图 6-16 所示。大部分时间内，32 号触点的动应力值是低于 186.9MPa。

① Sinz W，et al. Integration of a crashworthy battery in a fully electric city bus［J］.International Journal of Crashworthiness，2012，17（1）：105-118.

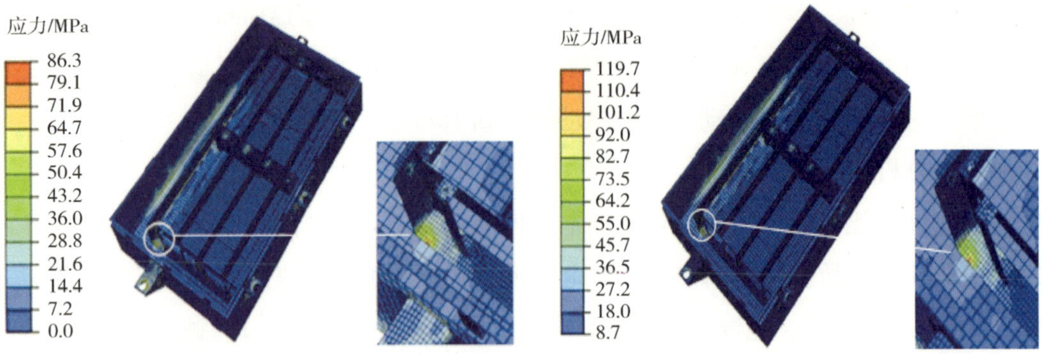

图 6-15　*Y*、*Z* 轴向激励最大应力云图

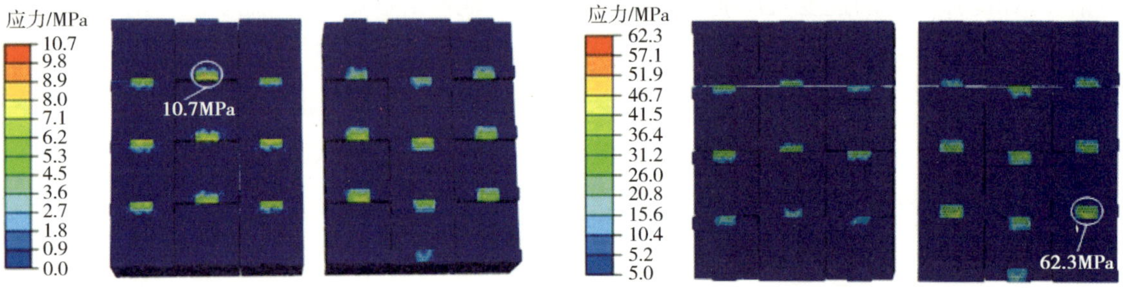

图 6-16　*Y*、*Z* 轴向激励模组触点最大应力云图

施加冲击激励，动力电池包壳体的位移响应呈周期性变化。振动的形式为周期性的上下反复振动，最大应力达到 231MPa 出现在 14ms，与轴稳态激励最大动应力点的位置一致。电池模组触点应力在整个时域过程是交织变化的，衰减趋势基本一致，并且在 14ms 左右出现最大值，如图 6-17 所示。最大应力值出现在 20 号触点位置，达到了 140.4MPa。冲击工况产生的交变应力比稳态工况要高，对系统内部的机械损伤更大，因此对系统的可靠安全性要求更高。

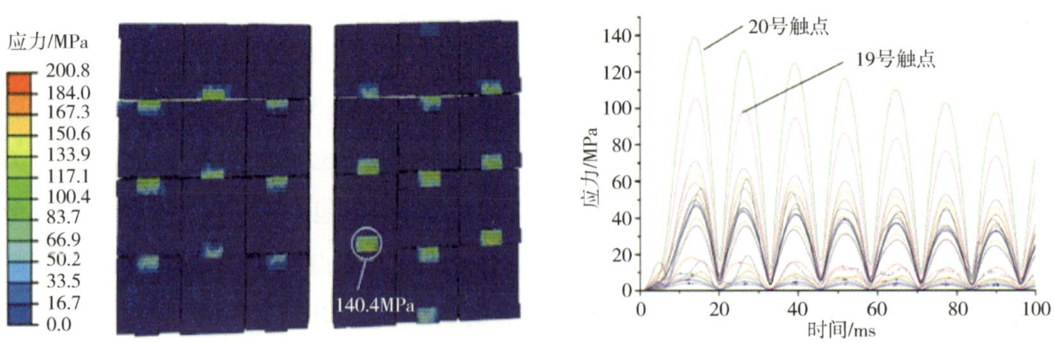

图 6-17　瞬态激励动力电池包模组触点应力分析

②加速度分析

施加 *X*、*Y*、*Z* 轴激励，动力电池包模组触点最大加速度分别为 17 号触点 2.8*g*、12 号触点

4.8g、12 号触点 18.9g，根据图 6–18 可知不同位置触点的加速度响应差异很大，尤其 Z 轴方向激励，最大响应 12 号触点 18.9g，最小响应 22 号触点 1.8g，呈现很强的不均匀性。这样就导致动力电池包模组各个触点稳定性和疲劳耐久有很大差异，容易引发安全问题。图 6–19 是稳态激励下最大响应点的加速度功率谱密度曲线，轴激励下最大响应位置出现在 39.4Hz，与一阶模态频率非常接近。轴、轴激励下最大响应位置出现在 81Hz 和 118Hz，产生的振型与电池模组在、运动方向引起动力电池包的整体模态一致。可见电池组整体运动对触点的动态响应影响很大。图 6–20 所示，冲击工况下电池模组加速度响应分布与稳态工况相似，但是响应值增大很多，其中较大的响应触点号为 12、13、17，12 号触点最大响应值高达 61.1g，且 100ms 时，响应值仍达到 33g，由此可知动力电池包振动衰减能力较差。

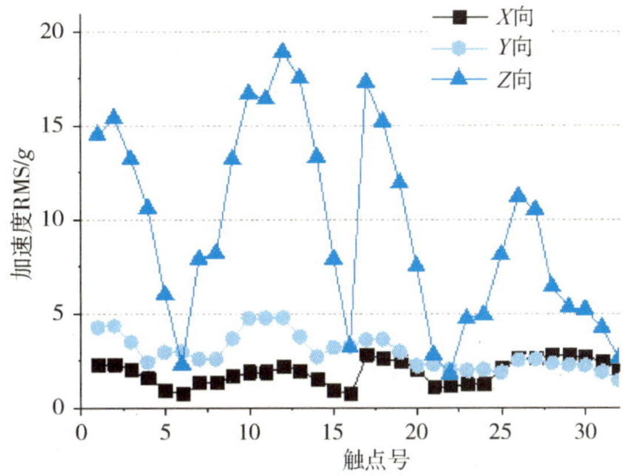

图 6–18　动力电池包模组触点位置加速度均方根值

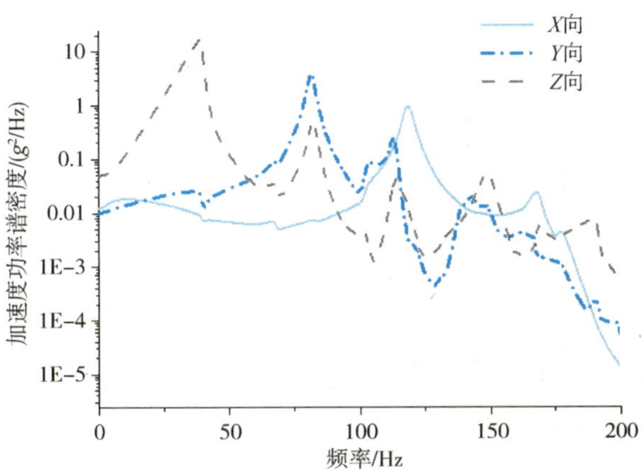

图 6–19　稳态工况动力电池包模组触点加速度频域分布

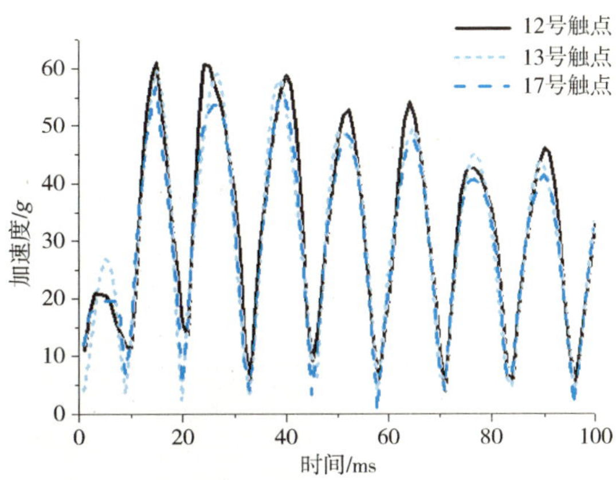

图 6–20　冲击工况 12、13、17 号触点加速度时域分布

③疲劳寿命分析

本文采用 MSC.Fatigue 疲劳仿真软件，因电池包所受载荷相对较小故采用全寿命分析（即应力 – 寿命分析），电池包零件材料为 DC01 低碳钢，选择相应的材料参数（疲劳强度极限 UTS=600MPa），适当选择其他参数，计算电池包结构各单元疲劳寿命。电池包结构的疲劳寿命计算结果如图 6–21（a）所示。电池包表面若干部位、内左侧保持架与底面连接部位等局部均出现疲劳破坏的现象，最小寿命节点出现在内左侧保持架与底面的连接部位，最小值仅为 32 721 次，即对应约 92 600km 时电池包将发生疲劳破坏。如图 6–21（b）所示，给出了动力电池包的疲劳寿命分析结果。通过实测的电池包道路谱得到电池包客观的受载情况；结合道路谱的虚拟台架仿真，可以获得了电池包的疲劳性能预测结果，对电池包结构的改进和全生命周期的安全性能提高有实际的价值。

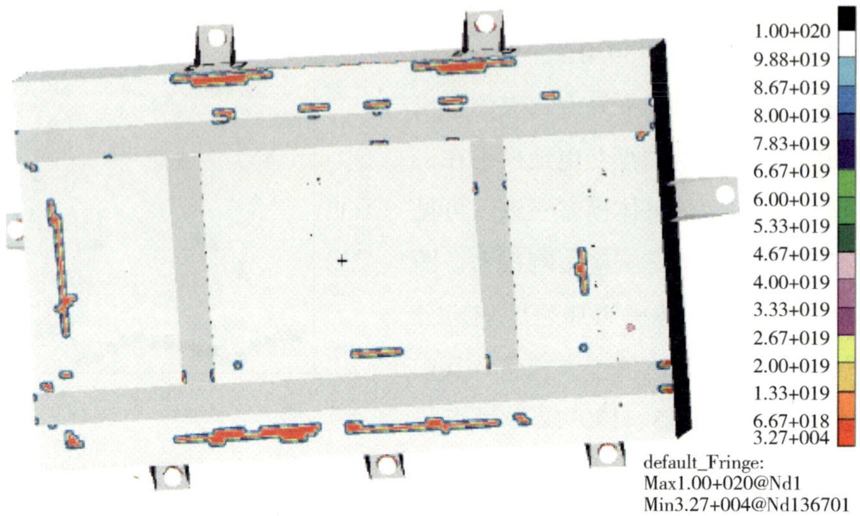

(a) 外表面

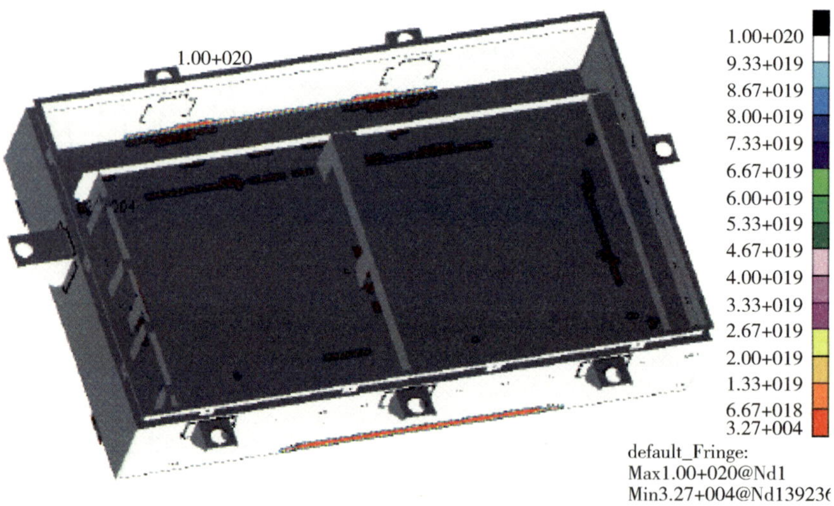

(b) 内表面

图 6-21　电池包壳体疲劳寿命分析结果

6.1.4　电池包复杂系统安全性评价方法

与简单系统研究路线相比，将电池包视为复杂系统后其性能分析与评价面临两个特殊性。一个特殊性是：利用有限元法进行性能分析需建立在能够反映内部组件工作状态的精细化模型基础上；因为复杂系统的安全问题多是先由内部细小部件的失效引起，通过风险状态的传递和阶跃由内向外、自下而上耦合形成大的事故。过多的模型简化不能够反映内部精细组件的实际安全状态，获得的分析结果参考价值不。第二个特殊性是：电池包诸多安全性能要求中的任何一处性能不良都可能导致电安全、热安全、结构安全隐患，甚至耦合引发整个系统的安全问题，所以对某一性能进行评价时需考虑到它对其他性能的影响；需通过理论模型分析或者试验研究几种性能之间的耦合关系以建立恰当的分析和评价体系，比如针对随机振动下的响应评价，不仅涉及结构强度安全，还涉及对电触点的工作可靠性影响以及由之引发的电估计故障和热失效等，反过来又对模型提出了精细要求。

针对这两个特殊性，本文提出面向性能分析与评价的电池包通用化研究方法 PDEO 体系，技术路线如图 6–22 所示，共 4 个模块：性能需求分析、产品研发、性能评价、产品优化，凡是在电池包复杂化技术路线指导下的性能分析与评价均可以套用此体系。

（1）性能需求分析（Performance Requirements Analysis）

定义要分析评价的电池包性能，如抗撞、抗振、疲劳寿命、热失控防护等需求指标。通过对标产品分析、产品试验分析、用户反馈、事故致因分析等手段，分析参数对各性能的影响以及性能间的耦合关系，对评价体系的建立提出要求。

（2）产品研发（Product Development）

多款不同布局、不同材料、不同结构形式的电池包概念设计，对内外组件进行精细化建模，尽量按实际装配模拟连接，定义建模方法和细化边界；按性能要求进行如正面、侧面碰撞分析、随机振动分析、可靠性分析等 CAE 仿真计算。

（3）性能评价（Performance Evaluation）

结合性能需求分析得到的需求指标和分析得到的各项性能指标，建立综合评价方法，以从多款电池包方案中择优进行详细设计；通过评价对比，积累优良设计元素，反馈回产品开发阶段，形成设计库，以衍生更多的满足性能要求的升级产品。

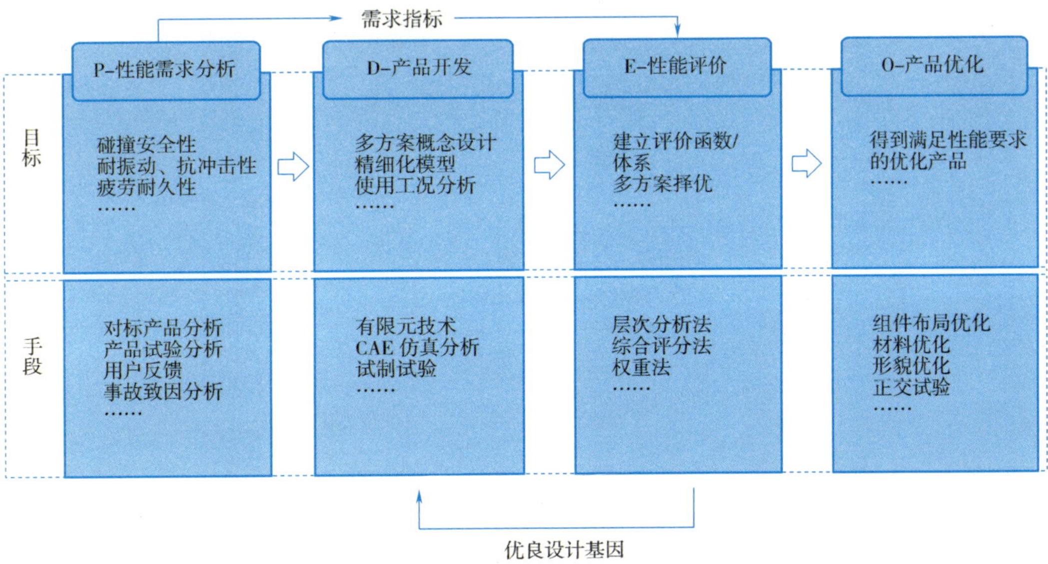

图 6–22　面向性能的电池包开发流程

（4）产品优化（Product Optimization）

最后针对选出的电池包结构方案，利用布局优化、材料优化、形貌优化等手段进行性能提升，使电池包更贴近安全性指标要求，得到最优产品。

对于复杂系统而言，各部件可靠性增加到在一定程度后不能显著增加系统安全性，也就是说所有部件都十分可靠时，系统结构也可能发生崩溃，仅对各组成部件的可靠性进行把控和评价不能满足复杂系统的开发需求，所以针对电池包的性能评价与结构设计优化必须是多层次、多维度，综合多项性能要求与约束指标，采用不同评价方法的设计体系。将图 6–22 中的性能评价与结构优化模块具体化如图 6–23 所示，各层均为可选项，根据需求的不同可选择有限的控制设计参数，侧重的性能点以及所对应的约束指标，配合不同的评价方法与结构优化算法进

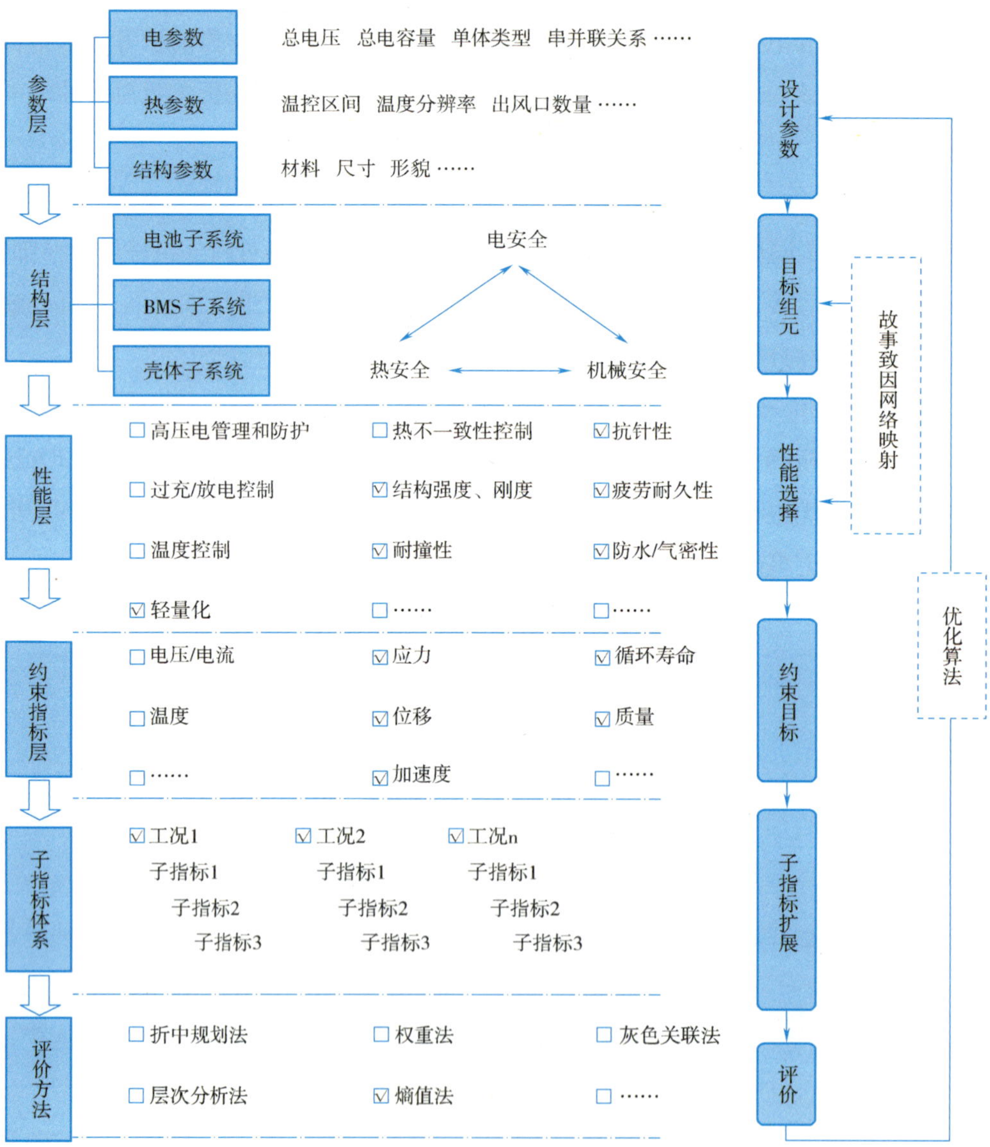

图 6–23 电池包性能评价与优化体系

行设计；图中展示的是针对结构动态安全性能的优化体系选择，可视情况选择多目标耦合设计甚至全目标设计；在进行多性能目标耦合设计时，一个约束指标在不同性能要求下所对应的子指标体系有所不同，比如应力指标在振动安全性、抗撞性与疲劳耐久性下的工况要求与具体子指标都不相同，需配合不同的评价和优化方法来约束应力指标分别在这三个性能要求下的表现。

6.1.5　结论与展望

（1）结论

动力电池包是一个复杂的机电热一体化系统，其电安全问题、热安全问题和结构安全问题会相互耦合，对动力电池包的综合安全性能将产生较大影响。事实证明，复杂系统各安全因素之间的耦合作用不可忽视。基于复杂系统安全的理论分析了动力电池包内部各个子系统之间的相互作用关系，结合“认知－约束”模型对典型的电动汽车安全事故进行分析，明确了动力电池包在挤压、碰撞、振动冲击等多种复杂工况下的安全风险传递机理及其控制方法。基于挤压实验所建立的单体电池精细化有限元模型并用于电池包在碰撞、振动冲击及疲劳寿命的仿真分析中，得到了满意的结果，同时也验证了所建立电池有限元模型在动力电池包安全性仿真分析中的有效性。最后阐述了电池包的复杂性特点，指出了借鉴复杂系统安全性研究相关理论，用于指导电池包设计的意义。阐述复杂系统安全控制理论，通过对其风险涌现与动态传递机制和安全事故控制流程的认知，提出了面向结构本质安全的电池包结构通用化分析方法“PDEO”体系和电池包性能评价与优化方法。对于动力电池包这种因素结构复杂的系统做出全面合理的安全评价分析而言，这种复杂系统安全控制理论是一种十分有效、便捷而全面的方法。

（2）展望

针对电池包系统的复杂性进行了研究，提出了面向性能设计的“PDEO”研究方法，并运用该方法对一款实例电池包结构进行了分析研究，具有一定的工程借鉴意义。但受限于理论基础和试验条件等因素，对于电动汽车安全性的研究方法与实验方案还存在很多困难与挑战，其中动力电池包的实验本身就是一件具有高风险性的操作，因此建立精确的电池有限元模型成为动力电池包安全性研究与分析的关键基础，可以节省大量的成本。目前而言，在电动汽车动力电池包复杂系统方面的研究仍有以下方面工作需要加强和开展。

①对电池单体的建模一直是业界一个难点，本文采用均质化各向同性模型代替多层材料的单体电池。动力电池内部是一个由集流体、活性物质、隔膜和电解液组成的分层、流固耦合的复杂结构。因此在有限元模型中应该考虑实际存在的各向异性和流固耦合特性。目前关于针对电池力学特性的建模仍处于探索阶段，未来将会对电池单体进行更加全面的力学试验，变形行为分析，推导本构方程，建立更精确同时符合工程计算需要的力学模型。

②电池包是机械、电、热等多物理场耦合在一起的复杂系统。对于其安全性的研究目前仍处于单独因素的研究阶段，对于多系统耦合作用下的安全性行为及机理仍未完善。未来的研究

重点将更多关注从热问题、电控制、结构安全等单一方面扩展到热电耦合、机热耦合、机电耦合等多因素研究，以对电池包的安全性能进行更加全面评价，从而可以更加有效的指导动力电池包的设计。

6.2 车联网信息安全与评价研究进展①

自1886年第一辆汽车诞生以来，便捷性与安全性之间的矛盾就愈加凸显。2015年7月，“白帽黑客”查理·米勒（Charlie Miller）和克里斯·瓦拉塞克（Chris Valasek）演示了如何通过入侵克莱斯勒公司Uconnect车载系统，以远程指令方式“劫持”正在行驶中的Jeep自由光，并最终导致其“翻车”。一连串对智能网联汽车的攻击破解，使得人们对其安全性画上了一个大大的问号。

作为物联网重要节点的智能网联汽车，具有十分显著的终端设备属性。智能网联汽车内部包含了车载传感器、控制器、执行器等装置，融合了现代通信与网络技术，能够实现车与X（车、路、人、云等）的智能信息交换、共享，能够感知周边复杂环境即时做出智能决策，帮助驾驶人员达成对智能网联汽车自身的协同控制，并最终可替代人实现“安全、高效、舒适、节能”的自动化智能驾驶。

2017年6月1日正式施行的《中华人民共和国网络安全法》要求智能网联汽车制造厂商、车联网运营商“采取技术措施和其他必要措施，保障网络安全、稳定运行，有效应对网络安全事件，防范网络违法犯罪活动，维护网络数据的完整性、保密性和可用性。”2016年11月美国国家公路交通安全管理局所发布的《汽车最佳网络安全指南》明确指出，要对智能网联汽车实施广泛的网络安全测试，防止汽车接入未授权的网络，保护关键安全系统和个人数据。同时还需要智能网联汽车具有能够从网络攻击中快速恢复的能力。

随着人们对于智能网联汽车安全性重视的提升，国内外各类相关汽车信息安全报告纷纷发布，并从智能网联汽车安全技术、车联网网络安全问题等角度进行了探索。本文综合分析国内外智能网联汽车安全产业现状与发展趋势，解析智能网联汽车所面临的安全威胁，提出智能网联汽车信息安全方法论，构建智能网联汽车安全保障体系。并深入探讨智能网联汽车关键安全防护技术，绘制典型智能网联汽车攻击路径图。希望能够为车联网与智能网联汽车的安全发展提供科学决策依据，促进智能网联汽车产业的健康成长。

6.2.1 国内外智能网联汽车产业现状和发展趋势

（1）智能网联汽车信息安全发展态势

当今世界，智能网联汽车作为创新发展的新方向，将汽车产业带入到多领域、大系统融合

① 作者：北京航空航天大学　余贵珍教授、北京梆梆安全科技有限公司　卢佐华院长。

的高速发展时期，整车厂、零部件厂商、互联网公司等都在积极开展相关技术研发和产业布局。2017 年 4 月，由工业和信息化部、国家发展和改革委员会、科技部印发的《汽车产业中长期发展规划》更是将智能网联汽车作为汽车产业的战略目标之一。据中国产业信息网预测，至 2020 年，智能网联汽车市场规模可达 1 000 亿元以上。可以预见，智能网联汽车在未来必将推动汽车产业的转型升级与结构优化。

而随着汽车智能化、网联化和电动化程度的不断提高，智能网联汽车信息安全问题日益严峻。智能网联汽车的信息安全危机不仅能够造成个人隐私、企业经济损失，还能造成车毁人亡的严重后果，甚至上升成为国家公共安全问题。据统计，有 56% 的消费者表示信息安全和隐私保护将成为他们未来购买车辆时主要考虑的因素。由此可见，智能网联汽车信息安全已经成为汽车产业甚至社会关注的焦点。

（2）国内外车企信息安全现状

信息安全问题是汽车智能化和网联化发展的必然产物，各个汽车产业强国在发展智能汽车过程中不同程度地意识到信息安全的潜在危害，特别是整车厂和零部件厂商均在研发不同的应对策略。

欧美日等国家在核心芯片、关键零部件、研发系统、技术规范等方面拥有先天的资源优势。其中美国在汽车网联化、智能化和芯片等方面技术优势明显，提倡汽车从全生命周期各个流程考虑信息安全因素，主张标准和技术规范先行；欧洲侧重于交通一体化建设，在信息安全方面更多关注于车内关键零部件安全、智能交通安全和 V2X 通信安全，并已完成相关产品研发和技术推广应用；日本在汽车智能化发展较为领先，信息安全方面更多侧重于自动驾驶汽车。

在国内，汽车信息安全问题近两年来才逐渐受到关注。2016 年年底工信部委托车载信息服务产业联盟网络安全委员会对我国自主及在华外资车企、终端、零部件厂商等 15 家单位展开调研，通过调研发现存在国内整车厂基本没有专门信息安全管理机构，现有 TSP 供应商在服务平台信息安全建设方面较为初级且缺乏系统性解决方案，车主用户数据管理体系缺失，车辆系统安全漏洞修复机制匮乏，网联车辆用户实名认证无法保证等问题。

（3）国内外汽车信息安全标准规范现状

智能网联汽车信息安全标准规范研究方面，欧美日等世界汽车强国都在积极推动相关标准和技术规范制定工作。美国对汽车信息安全关注较早。2016 年 1 月，美国汽车工程师学会（SAE）率先推出了全球首部汽车信息安全指南 SAE J3061，为汽车产业提供了参考和建议。同年 10 月份，美国 NHTSA 发布了《现代汽车信息安全最佳实践》，针对快速发展的智能网联汽车信息安全及隐私保护等问题推出了最佳实践框架结构。

欧洲依托强大的汽车制造商和零部件厂商，专注于汽车零部件及网络通信安全。欧盟委员会自 2008 年开始分别开展了 EVITA、OVERSEE、PRESERVE 等项目，从汽车硬件安全、车辆通信系统架构、V2X通信安全等方面提出了解决方案和技术规范。欧洲电信标准协会（ETSI）针对智能网联汽车与智能交通系统（ITS）制定了系列信息安全标准，涉及ITS安全服务架构、ITS通信安全架构与安全管理、可信与隐私管理、访问控制和保密服务等方面。

日本作为全球网联车辆的先行者，很早就开始重视智能网联汽车的信息安全问题。2013年，日本信息处理推进机构（IPA）根据国内汽车行业调研情况推出汽车信息安全指南（Approaches for Vehicle Information Security），该指南从汽车可靠性角度出发，通过对汽车安全的攻击方式和途径进行分析定义了一种汽车信息安全模型"IPA Car"，并提出了汽车生命周期安全保护措施。

国际上，世界车辆法规协调论坛（UN/WP.29）于2016年12月组建了信息安全标准制定任务组，将围绕汽车网络安全、数据保护及软件升级三部分内容开展相关国际法规及标准制定工作。2016年10月，ISO/TC22道路车辆技术委员会与美国SAE以联合工作组的形式成立了ISO/SAE/JWG Automotive Security信息安全工作组，正式启动了ISO层面的国际标准法规制定工作。

国内近两年在以政府引导、产业联盟推动、标准委员会执行的模式下积极开展汽车信息安全系列标准制定工作。政府引导方面，国务院在2015年推出的《中国制造2025》中首次将汽车信息安全纳入到国家重大发展战略当中；2017年6月1日，国家正式实施的《中华人民共和国网络安全法》中明确要求包括车厂、车联网运营商在内的网络运营者采取技术措施和其他必要措施，维护网络数据的完整性、保密性和可用性。产业联盟推动方面，2016年7月在长春，由中国一汽集团和北京航空航天大学发起，依托于中国汽车工程学会成立的国内首个汽车信息安全委员会，主要致力于推动行业资源融合、标准立项、技术推广等内容；同年11月，由车载信息服务产业应用联盟（TIAA）发起，在成都成立的车载信息服务产业应用联盟网络安全委员会，主要立足于电子信息技术与汽车、交通行业的深度融合，推动网络安全技术体系和核心技术标准形成。标准制定方面，全国汽车标准化技术委员会（简称"汽标委"）于2016年推出了《智能网联汽车标准体系建设方案》，信息安全标准体系作为其重要组成部分，支撑着智能网联汽车标准体系的整体架构；2016年底，汽标委ADAS标准工作组组织成立了汽车信息安全标准任务组，开展了国内汽车信息安全标准制定及联合国、ISO等层面国际汽车信息安全标准法规协调的工作。

6.2.2 智能网联汽车面临的信息安全威胁和挑战

随着网络通信技术的不断发展，汽车的网络化程度也不断提高。智能网联汽车的发展为人们生活带来了各种便利，但是也暴露出汽车容易被远程攻击、被恶意控制的安全隐患，甚至存在入网车辆被大批量控制，造成重大社会事件的巨大风险。智能网联汽车目前主要风险威胁如图6–24所示。

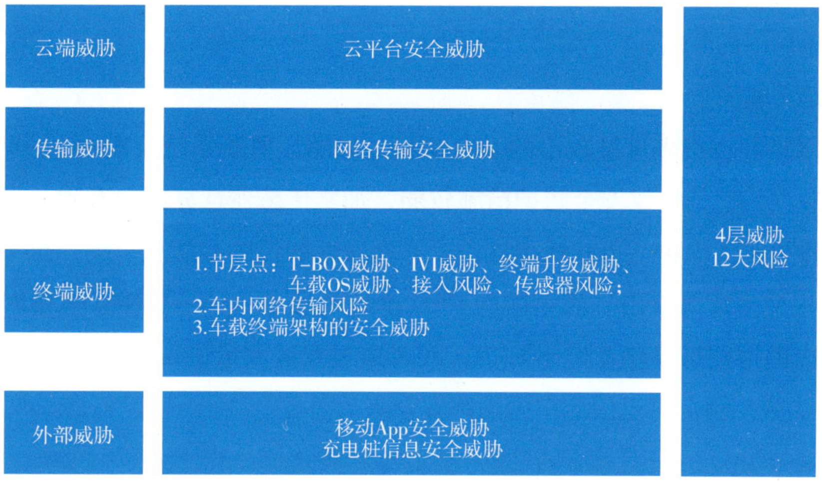

图 6-24 智能网联汽车目前主要风险威胁

（1）车载终端节点层安全威胁分析

①终端节点层安全威胁

T-BOX（Telematics BOX，简称 T-BOX） 实现车内网和车际网之间的通信。攻击者能够通过分析固件内部代码获取 T-BOX 内部加密方法和密钥，实现对消息会话内容的破解。由于 T-BOX 出厂时会留有调试接口，一旦 ARM 和 MCU 单片机之间的串口协议数据被恶意劫持，攻击者就能够对协议传输数据进行篡改，实现对车辆的本地控制和远程操作控制。

IVI（In-Vehicle Infotainment，简称 IVI） 基于车身总线系统和互联网服务形成的车载综合信息娱乐系统（IVI），能够极大提升车辆电子化、网络化和智能化水平。但是高集成度的 IVI 系统所有接口都有可能成为黑客的攻击点。攻击者既可以通过软件升级获得访问权限进入目标系统，也可以通过物理方式分解 IVI 单元，通过对电路、接口进行逆向分析获得内部源代码。

车载 OS 车载 OS 常采用嵌入式 Linux、QNX、Android 等作为操作系统，由于操作系统代码庞大存在不同程度上的安全漏洞，操作系统自身的安全脆弱性将直接导致业务应用系统的安全智能终端面临被恶意入侵、控制的风险。另外，由于车联网应用系统自身的安全漏洞及由于配置不当所造成的安全隐患都会导致网络整体安全性下降。

OBD 作为汽车 ECU 与外部进行交互的接口，OBD 不仅能监听总线上面的消息，还能伪造消息来欺骗 ECU，从而达到改变汽车行为状态的目的。通过在汽车 OBD 接口植入具有无线收发功能的恶意硬件，攻击者可远程向该硬件发送恶意 ECU 控制指令，强制让高速上行驶的车辆发动机熄火、恶意转动方向盘等，从而达到车毁人亡的目的。

车内无线传感器 智能网联汽车为确保其便捷性和安全性，使用了大量传感器网络通信设备。但是车内无线传感器也存在通讯信息被窃听、被中断、被注入等潜在威胁，甚至通过干扰传感器通信设备还会造成无人驾驶汽车偏行、紧急停车等危险动作。例如，黑客可以通过寻找汽车智能无钥匙进入系统（PKE）的无线发射器信号规律、挖掘安全漏洞等方式进行破解，最终达到非授权条件下的开门。

②车内网络传输安全

汽车内部网络存在很多可被攻击的安全缺口，如胎压监测系统、Wi-Fi、蓝牙等短距离通信设备等。车载网络通信协议安全防护措施较弱，加之传感器计算能力有限，采用的安全防护措施较弱，未作机密性保护，不能抵御攻击者有针对性的传感器信息采集、报文协议分析、攻击报文构造和报文重放等攻击。而车内的 ECU 单元是通过 CAN、LIN 等网络连接起来，如果黑客攻入了车内网络则可以任意控制 ECU，或者通过发送大量错误报文导致 CAN 总线失效，进而致使 ECU 失效。由此可见因此车内网络安全极为重要。

③车载终端架构

汽车网络的安全就需要考虑终端架构的安全威胁。例如传统车载软件仅需要处理 ECU 通过传感器或其他电控单元接收的数据即可。然而，ECU 设计之初并不具备检测每一个 CAN 上传数据包的功能，进入智能网联汽车时代后，其接收的数据不仅包含从云端下载的内容，还有可能接收到那些通过网络连接端口植入的恶意软件，因此大大增加了汽车网络被“黑”的风险。

（2）网络传输安全威胁

车联网系统是由平台、网络、车载和终端等多个子系统组成，在平台层还与多个 APP 服务商的子系统连接。“车—X”（人、车、路、互联网等）通过 Wi-Fi、移动通信网（2.5G/3G/4G 等）、DSRC 等无线通信手段与其它车辆、交通专网、互联网等进行互联。这些无线通信方式自身存在网络加密、认证等方面的安全问题，因而“车 -X”网络也继承了上述通信网络面临的安全风险。此外车联网的互联网应用平台作为互联网上的服务，不可避免地面临因互联网服务应用漏洞带来的安全威胁。

网络传输安全威胁主要是指车联网终端与网络中心的双向数据传输的安全威胁，主要存在三大安全风险：

①认证风险：没有验证发送者的身份信息、伪造身份、动态劫持等；

②传输风险：车辆信息没有加密、或强度不够、密钥信息暴露、所有车型使用相同的对称密钥；

③协议威胁：通信流程伪装，把一种协议伪装成另一种协议。

（3）云平台安全威胁

云端安全威胁，除病毒防护、中间件安全防护及访问控制防护外，还包括数据安全防护。目前大部分车联网数据使用分布式技术进行存储，主要面临的安全问题就是数据安全问题，比如黑客对数据的恶意窃取和篡改，敏感数据被非法访问等，目前云平台数据安全问题主要面临以下三大挑战：

①数据的隐私性：通过智能终端 GID 或 OBD 设备采集上传到云平台中的数据，会涉及车

主车辆相关的私密数据，如何保证车云平台存储的用户隐私信息不被泄露？

②数据的完整性：数据的完整性是车联网大数据研究的基础，如何保证存储在云端的用户数据完整性不被破坏？

③数据的可恢复性：用户对存储在车云平台的数据进行访问时，服务商需要无差错响应用户的请求，如遇到安全攻击事件，服务商如何保证出错数据的可恢复性？

未来，随着智能网联汽车持续发展，数据安全、访问控制等风险威胁也会越来越多，云端安全威胁不容忽视。

（4）外部互联生态安全威胁

①移动 App

目前市场上大多数智能网联汽车远程控制 App 甚至连最基础的软件防护和安全保障都不具备。黑客只需要对那些没有进行保护的 App 进行逆向分析挖掘，就可以直接看到 TSP（远程服务提供商）的接口、参数等信息。

2017 年 2 月，卡巴斯基爆出多款汽车 App 安全漏洞，目前基本上远程控制 App 的车主个人隐私信息都在未加密的状态下简单地储存在车主的手机中，黑客只需 ROOT 用户手机，并以根用户的名义将用户信息发送到后台主机；还可以诱导用户下载恶意程序，窃取登录信息，或者通过其他恶意软件进行“覆盖”攻击，在用户启动 App 的同时创立一个伪造的登录界面诱导用户登录，从而窃取信息。

②充电桩

充电桩是电动汽车服务运营的重要基础设施，由其组成的网络称之为“桩联网”。“桩联网”在为大家出行带去便利的同时，也面临着各种信息安全问题。在充电桩网络中传输的数据信息可能遭到截获、窃取、破译、被动攻击或者通过非法冒充、恶意篡改等恶意攻击，而且充电桩内部网络基本上没有安全防护措施，一旦黑客通过互联网入侵到“桩联网”，就可以控制充电桩的电压，甚至可以随意修改充电金额等数据，对充电桩的健康发展造成无法弥补的影响。

6.2.3　智能网联汽车信息安全方法论

智能网联汽车典型的智能终端属性特征，使得对其的安全防护也不能直接采用传统安全解决方案。需要依照智能网联汽车的系统架构特性，实施更具针对性的安全保护，从智能网联汽车的生命周期着手，既要深入到智能网联汽车内部的小微生态环境中，又要结合其所处场景环境。智能网联汽车拥有诸多的功能，需要考虑将这些模块按照功能属性进行划分，实施不同的防御策略。

（1）智能网联汽车信息安全生命周期融合化

智能网联汽车生命周期可以划分为：策划设计阶段、生产阶段、交付使用阶段、废弃阶段这四个部分。智能网联汽车的信息安全防护需要完整贯穿全生命周期，并能够与之彻底融合，实现全生命周期的智能网联汽车信息安全防护。

策划设计阶段：在新款智能网联汽车策划设计伊始，就需要将信息安全作为必选项予以考虑。需要汽车工业设计人员与信息安全人员，分别从智能网联汽车自身安全性与其信息安全性两方面实施联合可行性论证。在具体功能模块设计过程中，要综合考虑该模块的功能、性能与信息安全，制定相关威胁模型、安全防护模型以及应对防御策略模型。

生产阶段：在开发生产样车过程中，要严格遵循信息安全开发准则，避免此阶段新安全隐患问题的意外引入。同时要展开阶段性的安全测评工作，随时发现安全漏洞并进行整改。

交付使用阶段：威胁情报分析预警、智能网联汽车安全运营、安全事件应急响应三者紧密关联，做到严密监控、提前防御、平稳运营、响应及时、应对精准。

废弃阶段：当智能网联汽车进入最后的废弃阶段时，需要提前将各模块里的数据信息进行彻底擦除，对重要信息进行备份。

（2）分域隔离、纵深防御

随着汽车智能化和网联化程度的提升，汽车内部的 ECU 模块越来越多。为便于控制和节省空间，车辆内部网络逐步采用“域控制”的集成控制方式。而根据信息安全的保护思想，在智能车辆内部的感知域、控制域、决策域等不同域之间实行物理隔离或软件分割，从而达到分域保护的信息安全理念。

目前对于智能车辆的信息安全防护集中在车载端，主要依靠具备信息安全防护功能的 T-BOX 或 IVI 进行智能车辆保护，而依据信息安全的防护理念，单独的车载端防护根本无法实现智能车辆的整体安全，必须构建智能车辆“架构层 – 传输层 – 节点层”的多层纵深防御体系。架构层上，在汽车车内电子电器架构的 V 型开发中，融合信息安全的基本理念，实现电子电气架构开发的信息安全评估、等级保护、安全审计和测试认证；传输层上，实现车内传输网络结构安全、访问控制、权限管理、可信平台和安全网关控制；节点层上，实现轻量化加解密、数据签名、身份认证和可信认证。

（3）车内小微生态环境安全防御细粒化

虽然智能网联汽车的自身体积很大，但具体到其内部信息系统处理模块的体积却很小。同时，由于其内部包含了车载传感器、控制器、执行器等装置，形成了一个车内小微生态环境。所以，需要安全防护实现对车内小微生态环境的覆盖，需要每个功能模块上的安全能力具有足够的细粒度，并且能够应对该小微生态环境里各类复杂的安全问题。

（4）场景化信息安全防御

智能网联汽车在停止与行驶状态下会处于不同场景之中，这意味着其将面临不同的恶意威胁。所以，要结合智能网联汽车所处场景环境特征，实施与之对应的安全防御策略，做到场景化的信息安全防御。比如在高速网络队列控制时，减小驾驶员的控制权限，提升队列整体的安全控制能力。

（5）培训提升驾驶者安全强度

人是智能网联汽车系统的重要组成要素之一，人对于智能网联汽车的错误配置、由外部带来的有问题存储介质，都容易引发智能网联汽车的安全问题。因此，需要将“人”作为智能网联汽车信息安全防护的重要环节，通过培训提升驾驶者的安全强度，降低由人引入恶意威胁的可能性。

（6）强可控性应急响应与安全升级相结合

当遭遇恶意攻击事件后，需对智能网联汽车实施强可控性应急响应，压制恶意攻击在车联网络内部扩散传播，安全策略强调限制为主。对问题固件升级，不仅要第一时间弥补安全漏洞，更要注意升级自身的安全性，杜绝二次恶意威胁。

6.2.4　智能网联汽车安全保障体系

智能网联汽车是以车联网为信息传输载体，通过搭载先进的车载传感器、控制器、执行器等装置，使车辆具备复杂环境感知、智能化决策与控制功能，能综合实现安全、节能、环保及舒适行驶的新一代智能汽车。而车联网主要包括车内网、车际网和车载移动互联网。具体而言，车内网是指通过应用成熟的总线技术建立一个标准化的整车网络，车际网是指基于 DSRC 技术和 IEEE 802.11 系列无线局域网协议的动态网络，车载移动互联网是指车载终端通过 3G/4G 等通信技术与互联网进行无线连接。

智能网联汽车的信息安全体系方面。由于汽车电动化、智能化和网联化的趋势，传统车内电子电气架构及 Telematics 的信息安全隐患愈发突出。目前国内外对汽车信息安全体系的研究尚处于研发阶段，美国 SAE、欧洲 EVITA 都开始重点研究汽车信息安全体系。例如美国 SAEJ3061 号文件涉及汽车信息安全完整性等级、测试方法和测试工具等方面。与此同时，IEEE 通信与网络安全会议（CNS），国际车联网与互联大会（ICCVE）等国际会议也愈发关注汽车信息安全体系。相较于传统的信息安全体系，智能网联汽车的信息安全需要解决以下问题和难点。

①如何进行高效可靠的入侵检测和防护，防止对车辆 ECU 的直接控制；

②如何保障复杂通信环境信息安全，提升车辆的防护能力；

③如何采取高效可靠的响应和恢复方案，减少经济损失和人员伤亡。

即如何构建“检测—保护—响应—恢复”的全生命周期智能网联汽车信息安全体系以及面向智能网联汽车的软硬件集成防护系统。关键技术包括以下两点。

①智能网联汽车复杂通信环境的高效可靠检测保护和高效的响应恢复体系；

②面向智能网联汽车新型电子电气架构演进的软硬件集成防护系统。

通过研究多域分层入侵检测和主动防护的信息安全模型，建立新型车车—车云协同的攻击防御和无线通信安全防护机制，设计不同安全等级的响应机制和恢复策略，构建面向智能网联汽车新型电子电气架构演进的软硬件集成防护系统，形成智能网联汽车“检测—保护—响应—恢复”的全生命周期信息安全体系，具体包括以下四点。

①构建多域分层入侵检测和主动防护的信息安全模型

针对车内网络、车载传感器和车载通信系统脆弱性和信息安全威胁，研究车内主干以太网和总线的分层加密认证、入侵检测和等级保护体系，车载感知域、决策域和控制域的访问控制、数据管理和多域防护体系，以及车载通信系统长、短距离通信接口的鉴权认证、安全审计和主动防御体系；构建智能网联汽车网络异常状态监控和安全网关主动防护机制，建设基于车内网络、车载网络和车载通信系统的可信平台，建立智能网联汽车高性能电子电气架的信息安全模型。

②建立车车—车云协同的攻击防御和无线通信安全防护机制

进一步提升智能网联汽车攻击和漏洞防御能力，研究车车和车云协同攻击防御方法，建立高效实时的分布式车车联合防御机制，形成长效可靠的车云信息共享式的协同攻击防御体系；针对“人—车—路—环境”的无线通信和信息安全，研究面向智能网联汽车非理想信道状态信息下的物理安全和机会连接的分布式网络安全，研究车车、车云之间的隐私保护机制。

③设计不同安全等级的响应机制和恢复策略

针对智能网联汽车的各种非法入侵攻击和意外事件，研究智能网联汽车安全等级划分，不同安全等级对功能安全的映射关系，不同安全等级的响应速度、影响及社会效应，不同安全等级的“漂移”与恢复策略，云平台应急响应机制，研究智能网联汽车基于需求识别、资源探索、方案评价、服务恢复、参数更新的五级模型恢复过程，针对不同安全等级的服务恢复决策评价标准和策略。

④构建面向智能网联汽车新型电子电气架构演进的软硬件集成防护系统

针对当前汽车总线和电子控制单元存在信息不安全传输、不可溯源、无防护措施等特点，基于现有汽车总线和电子控制单元演进式研究面向智能网联汽车新型电子电气架构的软硬件集成防护系统，研究电子控制单元的轻量级加密算法，基于机器时钟的电子控制单元指纹技术识别溯源，电子控制单元与功能安全的映射关系，基于功能安全等级的软硬件加密，利用入侵检测系统进行总线报文检测。研究以上策略在新型电子电器架构的演进。

面向智能网联汽车的“检测—保护—响应—恢复”全生命周期和车联网“端—管—云”的信息安全防护体系，构建多域分层入侵检测和主动防护的信息安全模型，加强车车—车云协同的攻击防御和无线通信安全防护机制，建立基于不同安全等级的应急响应和恢复策略，实现面向新型电子电气架构演进的软硬件集成防护系统。

6.2.5 关键安全防护技术

（1）安全可信操作系统

操作系统是智能网联汽车的核心部件，向上承载应用、通信等应用功能，向下承接底层资源调用和管理。智能网联汽车操作系统主要分为非开源和开源。大部分车厂采用开源方案，尽管极大降低开发成本，但是其本身安全风险不容小觑，比如已知和未知漏洞风险、安全和健壮性的缺失以及缺乏对操作系统行为的监控。

①开源系统漏洞方面，除了收集已知的所选操作系统版本漏洞列表外，还应该定期更新漏洞列表，扩大漏洞收集途径，确保能够及时更新各种漏洞。

②操作系统安全需要实现对系统资源调用的监控、保护、提醒，确保涉及安全的系统行为总是在受控的状态下，不会出现用户对未知行为或不可控行为的执行。通过对操作系统源代码静态审计，可以快速发现代码的潜在 bug 以及安全漏洞，及时修正潜在 bug 和漏洞一方面提高代码健壮性，增加操作系统的安全性。

③操作系统包括所有的文件、I/O、通信、数据之间的交互非常频繁，因此需要确保每个行为可控和可管成为必然，监控所有应用、进程对所有资源的访问并进行必要的访问控制是安全可信操作系统所必须具备的。

（2）固件安全

在微控制器为核心的 ECU 中，固件不但提供硬件初始化、操作系统加载的功能，同时也为上层软件有效使用硬件资源提供调用接口，是 ECU 系统重要组成部分。固件在方便用户使用的同时，也为汽车信息系统带来了极大的安全隐患，比如通过逆向固件代码进行反编译、向 ECU 固件插入恶意代码改变整个系统执行流程等，这些都将威胁到智能网联汽车，并对驾驶员造成极大的安全威胁。具体体现如下：

①在选择固件代码存储器件时，需要特别考虑是否支持加密算法、能否保护寄存器、是否存在固件存储器件保护方式等，以便增加固件提取的难度。尽量去除或禁用 JTAG、RS232 和 USB 等对外调试接口，减少固件被读取的风险。

②固件代码防止反汇编和逆向，一方面可以通过修改编译器的方式避免使用微控制器通用指令集；另一方面可以在固件代码中加入相应的混淆指令，在不改变整个功能逻辑的前提下，让代码变得晦涩难懂，加大反汇编和逆向难度。

③固件升级方面，车主不要从第三方下载非认证的固件升级程序，禁止通过修改 ECU 固件对车辆进行改装；车厂应在发布的固件中增加 ECU 固件认证，同时做完整性校验，在升级完成后也应该支持回滚机制，确保升级失败后的固件版本回退，确保整个升级的安全性和可靠性。

（3）数据安全

智能网联汽车的数据包括：T-BOX 车辆数据、App 端用户数据、TSP 云端用户与车辆数据。数据安全涉及数据存储、数据备份和数据传输，汽车数据安全主要涉及两方面：密钥存储安全和轻量级密码算法。

密钥存储方面。针对 T-BOX 数据安全，当前主流解决方案是软件白盒和硬件 eSE 芯片方案，通过将密钥通过预制或者动态下发的方式存储在白盒或者 eSE 芯片当中，这样可以有效保障数据的存储安全以及传输安全。针对 App 端数据安全，因此当前主流的解决方案是软件白盒，通过软甲白盒保证数据存储和传输的安全。针对 TSP 云端数据存储安全，应该采用体系化的信息安全建设，并且在管理方面将安全管理纳入到考虑范围，能够有效降低数据泄露等安全风险。

轻量级密码算法方面。T-BOX 上通常资源十分有限，如果密码算法占用过多计算资源，就无法在 T-BOX 上进行加密部署。轻量级密码算法依据密码的应用环境、资源需求，提供较普通密码算法更高的安全级别和更少的实现资源，适用于：资源受限、计算能力较弱的设备；计算使用存储较小；能耗限制可控；根据具体应用场景选择合适的安全级别。因此轻量级密码算法非常适合部署在资源紧张的 T-BOX 环境当中，如 PRESENT。

（4）密钥安全

智能网联汽车密钥安全除了要建立一套完整的密钥管理体系外，还需要保证密钥存储安全，常用方法是数据加密。但是合法用户访问解密密钥同样需要保护，一旦密钥泄露，加密数据的安全性就不存在，这对不被信任的 T-BOX 开源 Linux 操作系统和手机 Android 操作系统来说，安全性无法得到保障。

在不被信任操作系统中通通常采用白盒的保密方案，尤其是 Android 操作系统。白盒系统是将密钥隐藏在加密库中，在程序运行的任何阶段，密钥均以一个巨大的查找表的形式存在，这样，入侵者将无法获得隐藏在查找表背后的密钥，从而保证信息安全。同时需要支持动态密钥，可以保持在加密库不变的情况下更换密钥，极大提高了安全性。

（5）网络传输安全

智能网联汽车的网络可分为车内、车际和车云网络，网络拓扑复杂多样，因此确保数据传输安全尤为重要。智能网联汽车网络传输安全主要体现在三个方面：

①网络加密技术。数据在传输的过程中，需要加强 TCP/IP 协议各个层次的防范措施，以便保证网络的安全性服务。在网络加密结构的设计中，需要注意采用密码体制，同时选择适合的网络密钥。网络接口层加密时，相邻节点之间需要加强在线传输保护形式和加密透明程度。数据运输层加密时，要加强节点和传输数据保护，加密操作对用户要具有透明性，对源用户及目标用户则不具有。

②对传输的信息实行安全保护策略。需要具备一套完整的标准规范，严格落实安全保密体系，按照信息的安全程度划分网络，同时对网络的安全控制实行全面的保护和控制。加强对网络安全监测，实现边界防护。强化内部控制和安全保密的策略，提高涉密人员的安全保护策略。同时还需要加强对网络信息的安全管理，实现信息传输的有效性和安全性。

③加强可信计算机的实施。建立计算机可信技术平台，从可信的基础性数据出发，以密码的形式，实现计算机网络系统的安全性。可信技术平台能够确保用户身份的唯一性、工作空间的完整性，同时保证环境配置的安全性，从根本上阻止黑客的入侵，提高了数据传输的可信度，实现网络信息的安全性传输。另外，在网络中传输信息还需要加强防火墙的应用，提高传输信

息的可信性。

（6）边界安全

智能网联汽车网络边界具备三个特征：安全边界的扩大、分散与不确定性，边界隔离困难；可接入的设备种类多，安全风险点增加；智能网联汽车身份验证困难。针对目前智能网联车边界安全的现状，可以加强以下几个方面：

①在车辆体系架构设计中，采用网络分段和隔离技术。对不同网段进行边界控制（如白名单、数据流向等），对进入车辆内部控制总线的数据进行安全控制和监测。同时车载端关键网络边界设备（如T-BOX、中央网关等）需提供安全防护功能，如采用入侵检测系统保护ECU的安全，防止黑客针对ECU的攻击。

②在终端设备接入智能网联汽车网络前，需要增加针对终端设备的认证机制，避免因为未经过认证的终端设备连入网联车，从而造成安全威胁。

③在车云网络中，车辆与云通信除了采用安全接入方式（如VPN等），及对业务进行划分，还需要采用基于PKI或者IBC的认证机制对车辆和云平台进行双向认证，确保双方的合法性，从而保障整个信息接入与传输的安全。

（7）移动App安全

智能网联汽车移动App主要承载了简单的对车辆的控制，其安全涉及的范围非常广泛，主要可分为三大部分：设计开发阶段、发布阶段和运维阶段。

①设计开发阶段。移动App的安全需要从设计开发阶段开始，从框架、业务、规范、核心功能模块等维度进行统一的安全设计，使得整体安全框架可满足长远规划、可重用、标准化和可扩展等原则，使得代码工程实现通用安全原则，极大提升应用程序安全性，降低后期漏洞风险，降低运维阶段安全应急运维压力。

②发布阶段。在移动App发布前需要进行必要的加固处理，解决移动端系统开源性（半开源性）带来的安全缺陷，通过反编译、完整性保护、内存数据保护，本地数据保护，SO库保护、源代码混淆等技术，保障移动App的安全性。

③运维阶段。在移动App发布后需要对其运行状态进行监控，包括移动App在运行过程中的漏洞以及在分发渠道中的盗版。做到及时发现解决各类漏洞事件，防止潜在业务、资金和声誉损失。

（8）移动终端的空中下载软件升级（FOTA）

智能网联汽车运行代码越来越多，软件在汽车价值的占比在不断提升，开发周期却被迫缩减，带来的是潜在风险加大。FOTA可以有效解决软件故障的处理方法，不需要去4S店或者返厂，通过FOTA升级即可解决90%以上的软件故障。

当前FOTA技术虽然已很成熟，但在升级时的安全性确需要提升。升级时需要配合安全升级机制，通过数字签名和认证机制确保增量升级包的完整性和合法性；可按照时间、地区、设备数量等信息动态调整升级策略；在增量升级包传输过程中，通过通信加密保证升级包传输安全，避免升级包被截获或升级失败；在智能网联汽车ECU升级过程中，需要时刻监控升级进程，确保ECU升级后能够正常工作，同时需要具备相应的固件回滚机制，保证及时升级失败ECU也可以恢复到原来的状态，通过双重保护确保整个ECU升级过程的安全性。

（9）云平台安全

智能网联汽车TSP云平台的安全控制及合规模型以及新一代的自适应安全架构，与通用云平安全相似，具体包括以下几方面：

①物理环境安全：在物理层，通过门禁系统、视频监控、环境监控、物理访问控制等措施实现云运行的物理环境、环境设施等层面的安全。

②计算存储安全：通过对服务主机/设备进行安全配置和加固，部属主机防火墙、主机IDS以及恶意代码的防护、访问控制等技术手段对虚拟主机进行保护，确保主机能够持续提供稳定的服务。

③可信计算：保证硬件、软件系统的行为/执行安全，包括安全的输入输出、内存安全、远程认证等服务。

④网络安全：通过防火墙、IPS等手段进行边界隔离和访问控制，通过VPN技术保障通信安全和接入安全，部署流量监测和清洗设备以抵御DDoS攻击，部署恶意代码监测和防护系统实现恶意代码防范。

⑤安全管理：根据ISO27001、COBIT、ITIL等标准要求，制定覆盖安全设计与获取、安全开发和集成、安全风险管理、安全运维管理、安全事件管理、业务连续性管理等方面安全管理制度、规范和流程，保证系统得到有效的管理。

⑥信息安全：实现数据的保护，从数据隔离、数据加密、数据防泄露、剩余数据防护、文档权限管理、数据库防火墙、数据审计方面加强数据保护，以及离线、备份数据的安全。

⑦应用安全：通过PKI对用户进行身份认证；采用多重授权保证应用层安全；采用电子邮件防护、Web应用防火墙等措施保证特定应用的安全。

⑧可信安全管理平台：建设并管理基于PKI、身份管理等安全基础支撑设施；综合利用成熟的安全控制措施，以提供满足各层面需求的安全能力。

（10）安全检测

智能网联汽车本身是一个完整的生态系统，包括整车安全检测，车辆、TSP云平台和App之间通信与业务交互以及移动App，因此在进行安全测试的时候需要对这三大部分进行定期安全检测。

①整车安全检测。车辆端安全检测对象包括：CAN总线协议、ECU和T-BOX和IVI系统。CAN总线协议检测不仅需要对其一致性做出判断，还要对其他总线进行操作性评估。ECU检测需要对硬件设计中的调试接口、电磁兼容性等做出评估，对固件的可逆性、可读性、防反汇编

等方面进行检测以及对 ECU 更新安全性进行评估。T-BOX 和 IVI 安全检测主要包括硬件和软件两方面，硬件安全关注核心器件安全、主板安全和接口的安全性，软件安全需要对数据存储安全性、防篡改、对外通信安全性、操作系统安全性等方面进行评估和检测。

②车辆 - 云平台 - 移动 App 之间的通信与业务交互检测。车辆、App 与 TSP 云平台通信均是通过 T-BOX 实现，在安全检测中，主要对三者之间通信和数据传输安全做评估。另外，检测通信三方对双向通信认证的支持非常有必要。

③移动 App 的检测。移动 App 检测主要包括源代码、资源文件、数据存储、传输以及业务功能方面的安全检测，确保 App 在发布过程中的安全性。

④ TSP 云平台的检测。基本上和通用云平台检测类似，检测 TSP 云平台是否具有 OWASP Top10 或者 CWE Top25 安全威胁。

6.2.6　典型智能网联汽车攻击路径图

通常来说，分析一个攻击路径，除了要分析所要攻击的设备外，还要分析攻击者本身，具体包括攻击意图和、攻击方式和攻击手段、攻击目标、攻击时间等方面，本节我们将从直观的攻击路径、攻击树和涉及到的车内电子系统几个角度，对智能网联汽车典型的攻击案例进行分析。

（1）窃取车辆 GPS 轨迹数据

GPS 轨迹数据可以清晰的记录车辆所在位置，在互联网时代属于个人隐私范畴，同时也会对车辆犯罪提供非常便利的条件，例如车辆盗窃。犯罪分子可以轻易获取车辆的各种地理位置，同时选择合适的时间和地点实施盗窃行动。另外也会对车主人身安全造成潜在的威胁，因此属于非常严重的安全风险。

在智能网联车时代，车辆 GPS 轨迹数据通常会存储在车辆主机和 TSP 云平台上，云平台的车辆 GPS 轨迹数据的泄露很多人已经非常熟悉，此处不做重点讨论。在这里主要介绍如何通过手机针对智能网联汽车的车载主机实现对车辆 GPS 轨迹数据进行窃取。窃取车辆 GPS 轨迹数据的攻击如图 6-25 所示：

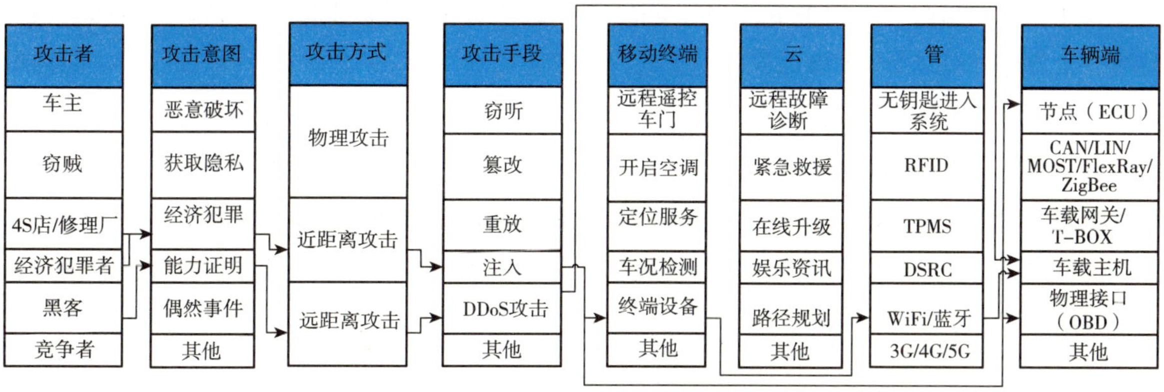

图 6-25　窃取车辆 GPS 轨迹数据的攻击

通过分析，可能是窃贼为了在方便的时间作案，或者是一个黑客想证明自己的能力，通过近距离的攻击，使用移动终端，连接车载主机的蓝牙或者 USB 接口发起一次针对窃取车辆 GPS 轨迹数据的攻击。

通过在移动设备终植入恶意软件，在移动设备通过 USB、Bluetooth 等连入车载主机后，发起对车内网关的攻击，然后窃取车辆 GPS 数据，从而实现窃取用户敏感数据的目的。

（2）攻击主动刹车功能

主动刹车是车辆安全的核心部分，刹车系统受到攻击将会对驾驶员生命造成严重的威胁。随着智能网联汽车的发展，攻击者可以攻击的路径也会增多起来，除了近距离对车辆主动刹车系统进行攻击外，还可以远程对其进行攻击。这类攻击可以以多种形式进行，有一种情况是攻击者可以完全抑制有效制动；另一种情况是攻击者可以通过延迟制动或者降低主动制动器的制动质量来达到攻击的目的。具体攻击路径如图 6–26 所示。

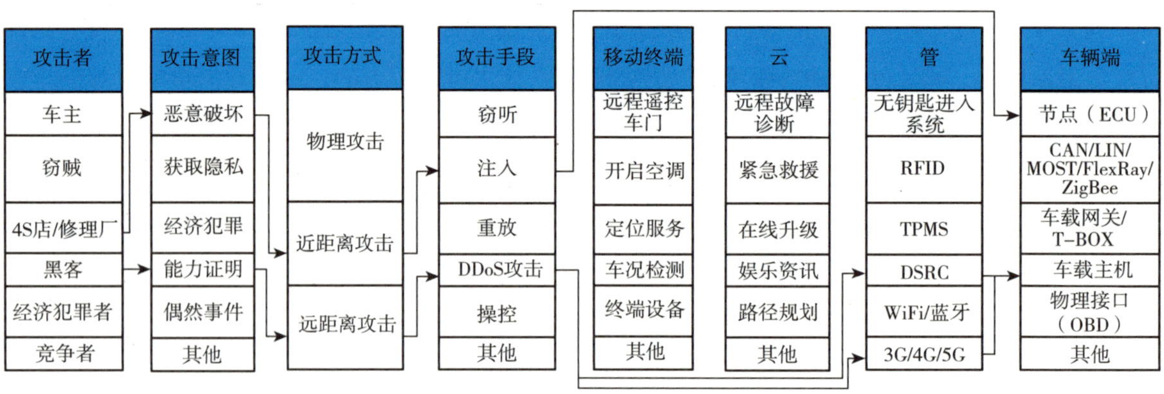

图 6–26　主动刹车攻击路径

根据上面的描述，可能是黑客为了证明自己能力或者是4S店修理厂的维修工为了谋财害命，4S 店修理厂的维修工选择近距离攻击方式，在通过云平台进行升级的时候，修改升级固件注入恶意程序，达到攻击主动刹车系统 ECU 的目的；想要证明自己技术能力的黑客则可能选择远距离攻击方式，通过 DDoS 进行攻击，主要攻击 DSRC 或者 3G/4G 从而达到最终攻击，达到最终攻击主动刹车系统 ECU 的目的。

攻击者可能的攻击路径和维度都是多种多样的，既有涉及针对车辆通信单元的，也有涉及针对车内传感器、车内通信网络方面，同时攻击者既可以通过远程对车辆主动刹车系统进行攻击，也可以通过操纵传感器、车内环境温度信息等手段进行车内近距离攻击。具体涉及的车载电子系统如图 6–27 所示。

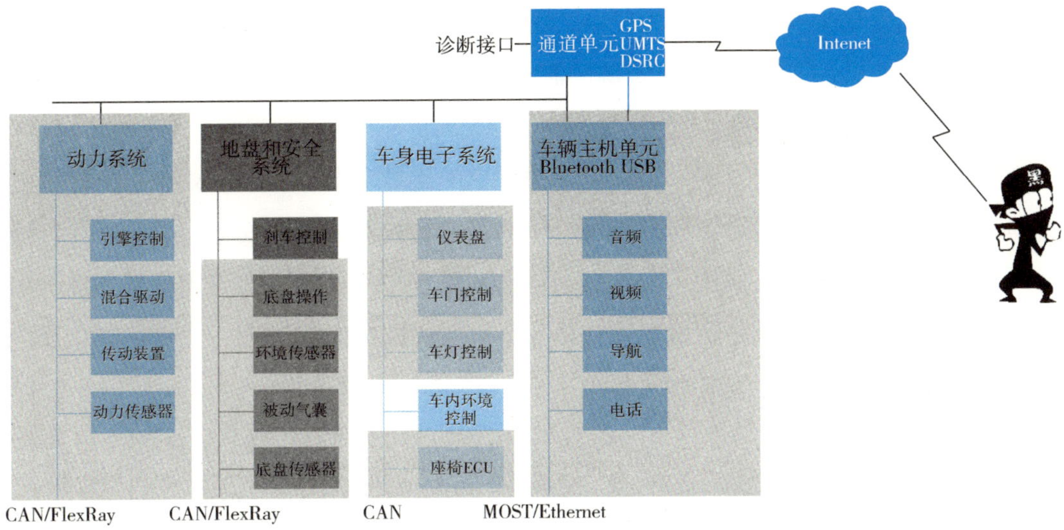

图 6-27　车载电子系统

6.2.7　智能网联汽车信息安全新问题

在“科技进步斜率”快速提升的时代，“互联网 +”技术不断涌现，智能网联汽车在多个层面面临技术挑战，包括攻击链路多元化、应用场景复杂化、安全问题多样化、接入设备异质化、隐私数据海量化，因而在汽车信息安全层面，需要从以下五个维度进行考虑：

①防护方面，针对智能网联汽车技术架构和应用场景构建分域隔离的车载网络纵深防御体系；

②检测方面，通过智能网联汽车漏洞分析和攻击属性构建包含“端 - 网 - 云”在内的一体化的入侵检测 IDS 系统；

③应急响应方面，出现信息安全问题后，搭建端 - 平台多级协同联动的应急响应机制，并可以通过安全在线升级方法实现病毒隔离与清除；

④密码方面，加强国密体系在车载设备的应用研究，构建自主可控的智能车载密码技术体系；

⑤平台建设方面，通过汽车行业漏洞库分析，搭建国家级智能网联汽车信息安全漏洞库。

通过以上五方面从多维度、全方位共同构建汽车信息安全立体防护体系。另外，由于智能网联汽车信息安全还需要多个产业协同推进，这样依靠多行业、跨领域的协同作战，实现智能网联汽车的总体产业安全。

6.2.8　结束语

曾有人形容智能网联汽车是“一台装了四个轮子的计算机”，而“汽车”这个属性则使得这台特殊“计算机”的架构在变得更为复杂，由之而引发的连锁反应之一就在于解决其信息安全问题难度的直线上升。在有限空间与资源的制约下，为其提供最为适度、适用的安全防护能力，这完全不亚于在螺蛳壳里做道场。

智能网联汽车属于车联网“端 – 管 – 云”架构里的终端环节，所以，要想解决好智能网联汽车这个终端的安全问题，就需要同时解决好传输管道与控制云端的安全问题。而在智能网联汽车的内部也存在类似的系统架构，再考虑到智能网联汽车所处的多态应用场景环境等因素，对于智能网联汽车的信息安全防护就要做到覆盖全生命周期的时间维度，注重场景化适应的空间维度，深入车内小微生态环境的微观维度。

6.3 汽车企业召回管理实践与体系建设[①]

缺陷汽车产品召回是缺陷汽车产品生产者按照法定的要求和程序对其已售出的汽车产品采取措施，消除产品缺陷的过程。召回制度的目的和意义包括：

- 减少汽车产品安全风险，降低因缺陷导致的车辆安全事故。
- 召回是汽车产品后市场监管手段，促进汽车产品质量水平提升。
- 是汽车产品消费者权益保护的重要保证手段。
- 推动汽车产品安全管理、标准的提升。

《缺陷汽车产品召回管理条例》中明确了汽车产品生产者是缺陷汽车产品召回的主体，其管理在不同阶段体现出不同的特点以及管理要点。

6.3.1 汽车生产企业召回管理的第一阶段

调查、分析、报告和确认汽车产品缺陷的管理制度

标志性事件和时间点：2004 年中国召回制度的建立和分阶段的实施；

对应第一阶段，汽车企业构建思路：建立调查、分析、报告和确认汽车产品缺陷的管理制度，服务和满足召回管理的需要，满足法规的基础要求。

（1）内涵和构成

此阶段汽车企业多为了有效的应对缺陷汽车产品召回法规的要求。

汽车企业是在原有的体系基础上建立对应汽车产品召回管理制度。

原有体系上需要完善的内容：

①建立完善的信息收集、保有、更新和分析系统；

① 作者：东风汽车有限公司　黄嵘高级工程师。

②建立完备的售后服务体系；

③高度重视汽车标准、检测工作，建立完善质保体系，不断提高产品质量；

④对零部件的供应建立追溯系统及质量控制和甄别体制；

⑤做好召回工作所需要的人力、物力和资金等方面的准备；

⑥重大风险应对机制的建立；

重新建立的流程：

调查、分析、报告和确认汽车产品缺陷的管理制度，如图 6–28 所示。

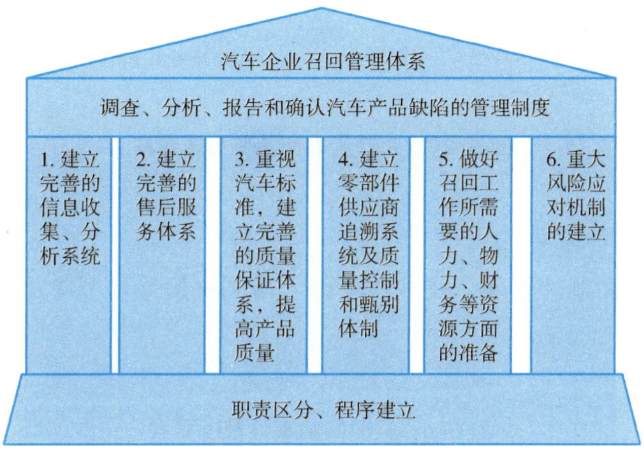

图 6–28　第一阶段汽车企业召回管理体系

（2）关键过程的建立和管理

生产者应对应建立以下必要的过程，保证召回工作的有效实施。

①缺陷认定和判断过程：

对于可能具有倾向性的事件，对前期市场质量的解析工作加以确认，形成技术性上的判断，以便做出对应的活动。

②召回准备和实施过程：

对于提交到要进行市场处置活动事件的判断，通过对缺陷的认定结果以及后续维修、备件等准备资料的说明、听证、合议，共同判断，决定采取何种类型市场活动（召回、主动市场服务活动等），对应按照计划和法规的要求展开的过程。

（3）生产者召回决策形成过程

生产者在收到产品已造成伤害、或可能造成伤害的疑似缺陷信息时，应按照相应的流程（如图 6–29 所示），做出产品是否需要召回的决定。

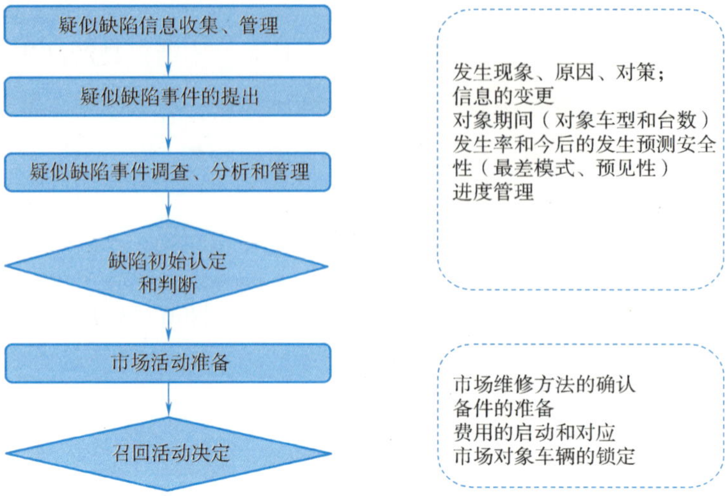

图 6–29 生产者召回决策形成流程

（4）疑似缺陷事件的管理

疑似缺陷事件管理在事件管理、技术性检讨、市场决策等环节中逐步形成，并依此提出管理要点见表 6–4。

表 6–4 疑似缺陷事件管理要点

序号	项目	管理要点
1	市场发生情况	市场发生的状况，通过现象明确案件的性质或影响
2	故障再现和原因确认	对案件的倾向性、统一性确认。要因的明确决定案件是否处置的提案方向
3	生产线有效的对策	对要因的有效对策，保证生产车辆不会发生故障
4	对象车辆的锁定	对策有效期的锁定及故障车辆的可追溯。同一原因的对象车辆数量和分布（工厂库存、专营店库存、市场）
5	是否涉及法规及安全性 故障最差模式和预见性	安全性风险评估，定性提案处置类型方向可预见性补充修订风险
6	故障发生率预测	对案件风险的补充，发生率预测有利于确定风险可能性大小
7	市场修理方法（临时、永久）	临时：仅确认现有市场的应对方法，以保证用户出现或应急时车辆能及时修理 永久：如果需要市场处置，方案在缺陷认定 / 市场处置体系中检讨
8	发生费用预测和启动	按部品、工时和处理方案、完成率核算费用。费用的申请和决定不能影响或耽搁召回的实施

（5）缺陷汽车产品召回实施

当做出产品召回的决定时，生产者应向监管机构备案，按照法律规定的程序进行缺陷汽车产品召回的实施活动，并在过程中接受监管机构的监督，确认有效性，适时复查和调整召回活动。

一旦决定实施召回，对应流程如图 6–30 所示。

（6）工作原则

生产者应制定和逐步完善产品召回的指导原则、决策方法和组织实施流程。指导原则应以消除汽车产品缺陷，保障消费者人身、财产安全为前提，指导原则应简单、清楚和准确。缺陷汽车产品召回是生产者产品安全管理体系的关键要素。生产者通过遵守本指南给出的原则，体现承担汽车产品安全的责任。这些原则应包括以下 3 个方面：

①合规性原则：保持与所适用的法律、法规和标准的一致性；

②快速响应原则：在汽车产品被评估为可能对消费者造成人身、财产安全风险时，有责任迅速且有效地实施缺陷汽车产品召回；

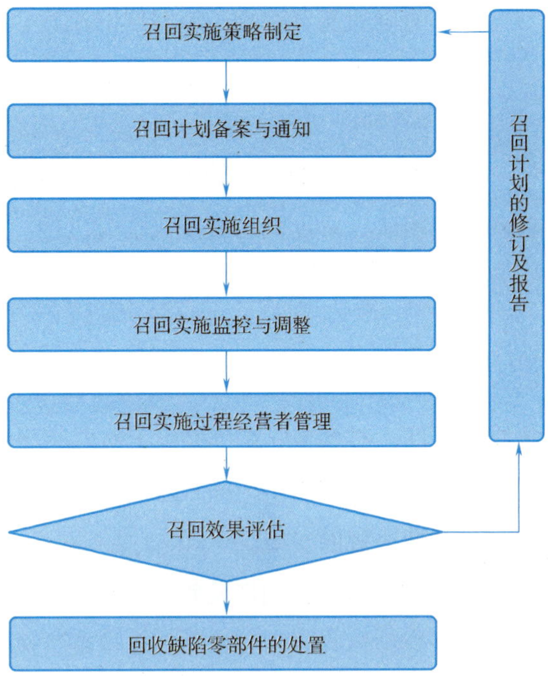

图 6–30　生产者召回实施流程

③协调性原则：对零部件供应商、经营者等相关方输入缺陷汽车产品召回管理体系与文化。

（7）行动指南

生产者制定对应的行动，基于目的、原则，以实现消除缺陷为目的生产者召回管理体系。

①将召回作为关键要素纳入产品安全管理体系，建立相应程序；

②建立专门的召回管理团队，并明确职责和工作范围；

③定期跟踪相关法规、标准要求，定期组织培训；

④明确缺陷认定和市场处置决定等关键决策流程；

⑤建立缺陷汽车产品召回管理体系与文化，确保缺陷产品召回计划获得支持和持续改进。

（8）一般要求

所有生产者都应事先做好开展产品召回的准备。生产者应编制适当的缺陷汽车产品召回体系，内容包括：

——召回方针、原则；

——将要创建和维护的文件和记录的大纲；

——法律、法规和行业要求的大纲；

——明确和界定召回管理团队的职责；

——召回管理所需专业知识；

——指导产品事件调查与实施召回必要性判断；

——明确所需资源和实施召回的流程；

——建立生产者召回持续改进流程。

（9）召回管理团队

不同类型生产者召回管理团队的构成形式可能不同，需要建立由各种职能部门员工组成的召回管理团队，常设机构或授权临时机构。

6.3.2 汽车生产企业召回管理的第二阶段

2009年后，在2012/3年持续出现的丰田事件、大众DSG事件、神龙出租车事件等重大应急质量事件，对汽车厂家都提出了对此类事件风险管控的系统要求；而且在2012/3年国家法律/法规日趋完善，对汽车产品管理逐步加强，汽车产品召回条例/汽车三包/GB 7258/校车安全条例等一系列法规的实施。

在新形势下，运用风险管理方法，按风险管理流程开展业务风险梳理、识别和确认，建立重要风险管控体系和预警机制，实现系统风险的有效落地及应急事件预防处置，构建基于召回、三包、风险、应急质量四位一体的汽车企业召回管理机制，完成汽车企业重大风险-质量风险管理，避免颠覆性问题产生，汽车企业社会责任得到充分体现。

内容：

①召回条例、三包规定系统性风险的有效落地；

②特定外部环境（政府、媒体、用户、舆情）变化风险的落地；

③汽车企业内部管理流程基于风险的过程改善机制；

④基于预防和可落地的质量应急预防处置机制；

⑤整合协调汽车企业系统性风险管理方法，有效落地；

召回管理内涵扩展：对重大质量风险管理，社会责任实现，避免颠覆性问题的产生。

（1）对应于第一阶段汽车召回流程的分析和改进

第一阶段原有建立的流程重要的解决了当时阶段所需求的内容：调查、分析报告和确认汽车产品缺陷的管理制度，是符合当时的要求的。最大程度满足了法规的基本要求。但深层次来看，体现出的问题：流程可以确认缺陷的准确属性，但没有解决如何避免缺陷的发生；企业认知和媒体顾客认知不一致时的处理原则；如何和质量应急管理体系的对应性；还有一个很重点的内容，公司的基础体系，就是关联过程都是汽车企业内相关部门来进行的，如何协调评估，早期避免重大质量风险的产生就是一个重要的课题。

第二阶段重点对汽车企业召回管理的定义、内涵、工作规划和实现路径按照要实现的最终目的，进行有效的梳理，见图6-31。

（2）质量应急预防和处置机制

基础思想：案件的性质是基础，外部的认知是“王道”。

质量应急预案处理程序建立，案件的分级管理；

网络监控 / 应急处置案件和重要案件协同分析机制建立；

事故 / 多发投诉 / 应急案件的应对，处置流程的规范化；

①案件双维度考量的分级制度

案件的重要度分级主要的是案件的严重度和可控程度依据矩阵决定。

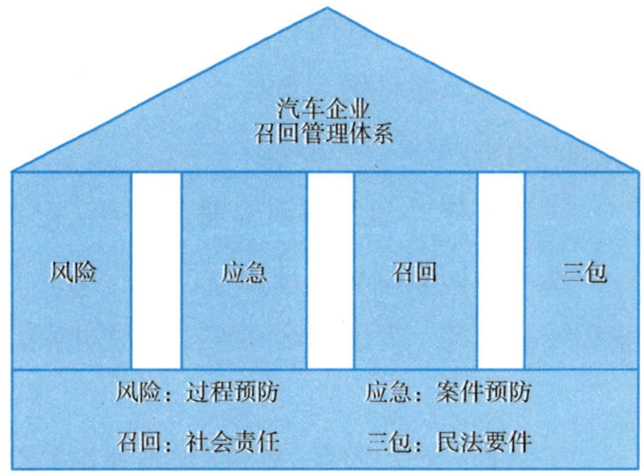

图 6–31　第二阶段汽车企业召回管理体系

严重度：主要指的案件严重性（社会责任 / 法规 / 安全事故 / 财产损失 / 内制）

可控度（关注度）：主要指的案件发展的可控程度（法规对应 / 媒体国家级 / 媒体地方 / 公司内）

②基于信息管理的预防性应急管理

提出如图 6–32 所示的基于信息管理的预防性应急管理，避免从黄色预警向橙色和红色预警发展，鼓励预防性的应急管理。

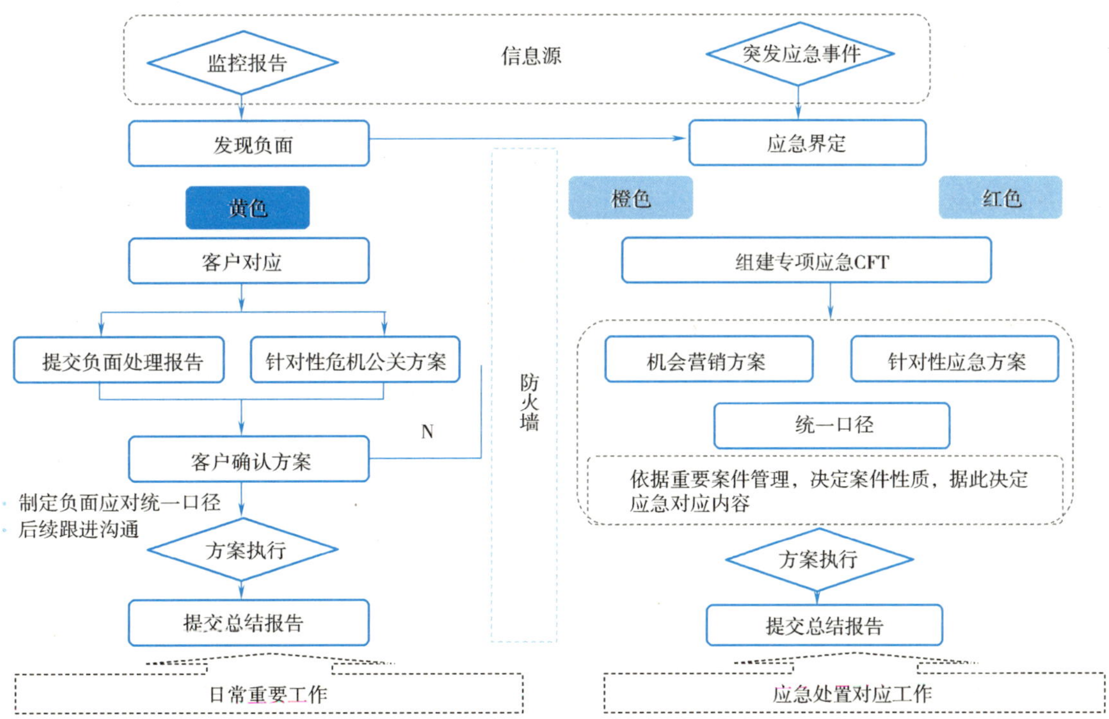

图 6–32　基于信息管理的预防性应急管理

③应急质量案件同召回管理的关系

市场应急案件纳入重要（召回）案件管理，彼此互为影响，彼此印证的关系，检讨事宜考虑趋同及协同。

应急 CFT 小组和召回管理中缺陷认定 / 市场处置会议参与人员一致，日常工作人员一致。

基于召回管理对案件进行性质判断基于统一的技术判断，基于技术判断决定案件的各类方案和统一口径，考虑顾客和媒体的感知转化处置方案。

（3）市场质量信息的数据分析及管理机制

生产者内售后服务、质量、媒体等相关部门获得的客户的困扰、不满、期望等信息，经过判断、筛选、分类、分析，形成的与车辆品质及其提升、改善相关的有价值信息。将信息根据安全性、法规符合性状态，将信息的重要程度进行分类，以期分别的对应活动，为更好的满足汽车召回法规的要求，全面掌握安全性或法规符合性（或可能）的不良情况，梳理出疑似缺陷事件。

对于召回管理（含预防性活动）所需要的市场质量信息的收集：包括产品投入市场后，市场上发生的质量不合格和顾客抱怨，以及影响到市场车辆的其他质量信息。

重点管理的内容可参考（但不限于）下表，管理项目可依据召回所需要的特点加入：

表 6-5 重点管理项目

<table>
<tr><th>类别</th><th colspan="2">管理项目（参考）</th></tr>
<tr><td rowspan="7">市场车辆对应的质量情报信息</td><td rowspan="2">市场质量收集</td><td>具有风险等级（安全，不符合法规）</td></tr>
<tr><td>火灾、事故类信息</td></tr>
<tr><td>特定技术报告</td><td>多发的商品性信息</td></tr>
<tr><td colspan="2">保修期内：索赔（批量）</td></tr>
<tr><td colspan="2">保修期外：异常的备件出货</td></tr>
<tr><td colspan="2">服务热线和投诉信息</td></tr>
<tr><td colspan="2">媒体监控</td></tr>
<tr><td rowspan="3">车辆流出到市场的内部质量信息</td><td colspan="2">研发部门发行的质量报告（试验结果不合格，文件误发等）</td></tr>
<tr><td colspan="2">制造部门关于车辆流出故障的信息</td></tr>
<tr><td colspan="2">海外市场同类车型的召回信息</td></tr>
<tr><td rowspan="4">外部信息</td><td>供应商信息</td><td>零部件的制造、设计等问题的报告</td></tr>
<tr><td rowspan="3">政府</td><td>缺陷事件调查要求</td></tr>
<tr><td>其他监管报告
（含环保、生产一致性、国家事故深度调查体系等）</td></tr>
<tr><td>投诉</td></tr>
</table>

（4）从整车向零部件延伸召回风险管理机制

中国汽车产品召回管理中，零部件一直占很大比例。全球性召回案件（如高田气囊）/ 国内的召回案件（如联合电子燃油泵支架）的问题更加暴露出，因为汽车产品平台化、通用化以及零部件高度集团化的原因，会体现出数量大，成本高的特点，带来巨大的经营风险。

从成本的角度看整车实施“召回”，不管是“风险防范成本”，还是“不合格品处置成本”都将转嫁接给零部件企业，实际上对零部件企业的经营管理提出了更高的要求。

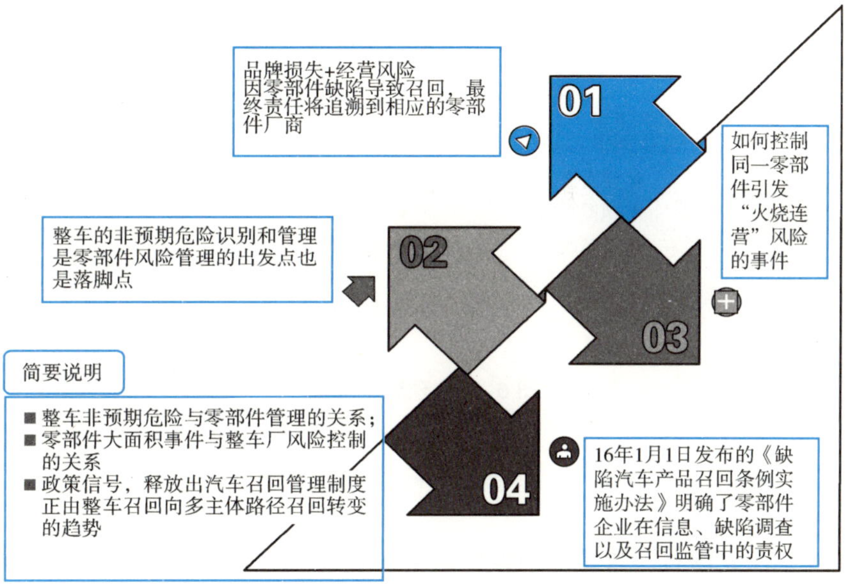

图 6-33 从整车向零部件延伸召回风险管理机制

①内部环境分析：

风险信息的识别和管理：零部件企业多关注生产过程中不合格原因的分析及改善，缺少对市场风险的判断，特别是缺少零部件在整车状态 / 现场状态的关联性的风险判断；零部件企业多关注零部件市场案件的个体，缺少倾向性判断意识，极易引发风险暴发或用户抱怨升级。零部件企业应该管理的信息和主机厂管理的信息如何匹配。

同主机厂召回流程对接和风险点：汽车产品召回管理的主体及主导者是汽车产品生产者。如果是零部件的责任，召回管理所有的内容都需要零部件厂家来配合对应，不了解主机厂的流程，以及流程所带入的风险是普遍现象。

召回的技术判断：零部件企业多从标准以及顾客要求的符合性出发，开发和管理零部件产品，并未从整车层面的安全来考虑零部件的缺陷，会造成整车层面安全管理的系统性缺失，以及汽车召回中零部件缺陷案件的增加。

成本的管控能力：零部件企业在召回管理中会出现：因为产品追溯体系不健全出现的范围扩大，成本增加的情况；没有很好的经济性处置方式，往往考虑市场对策等同于生产线对策，所造成的成本增加；在出现召回产生的情况下，召回费用超出了财务可控制额度，而出现财务风险的情况。

②处置方法：预防 + 应急（如图 6–34 所示）

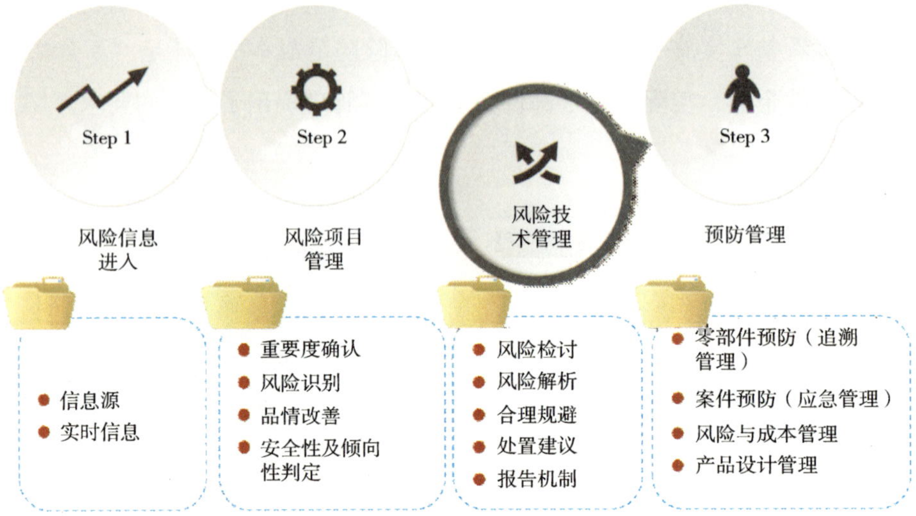

图 6–34　预防 + 应急

6.3.3　汽车生产企业召回管理的第三阶段

2014—2016 年在美国召回数量占销量比大于 500%，年召回数量超过 5 千万辆；2016 年在中国召回数量超过 1 千万辆；2016 年美国交通部与 18 家汽车制造商达成安全合作协议，以期来提高汽车安全性和改善汽车召回。同时汽车制造商们也表示，愿和政府一起来解决目前汽车和轻卡面临的网络安全问题。协议包括四方面的内容，从事后的风险管理过渡到全价值链的车辆功能安全管理：

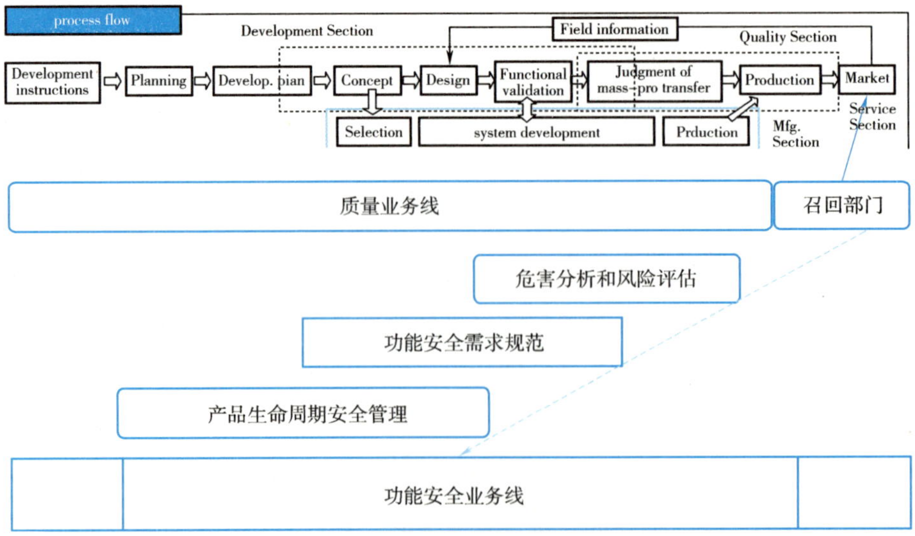

图 6–35　汽车企业构建思路

危害评估、安全管理是系统工程，早期介入，导入必要的技术要件，建立完整的产品功能安全管理体系为支撑的召回管理管理体系；技术要件：标准化的危害分析、风险评估、安全需求、安全措施的有效性评估等；建立后市场监督要求向产品正向开发的转化，促使汽车产品开发和实现的安全管理体制。

（1）对应于第一、二阶段流程的分析和改进

我们看待召回首先就要看待召回问题，以及对应的流程在产品形成过程中的位置，见图 6–38。

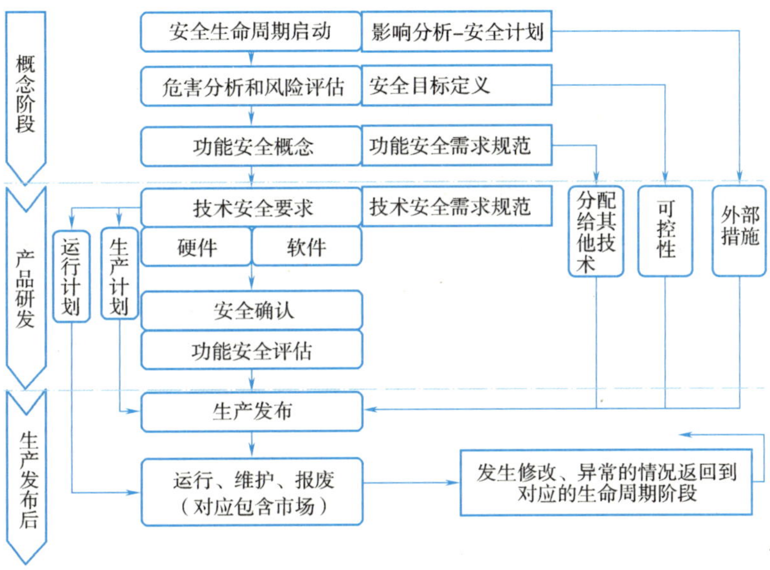

图 6–36　流程分析和改进

从召回在产品形成的位置来看：其实不管产品开发形成的环节怎么去运转，缺陷问题的发生，就是正向开发时工作有问题才会流向后市场的。汽车企业的召回管理部门能不能在产品开发前端进行有效的管理来避免风险流入到最后的环节。

从产品安全企业内部管理来看：在企业内部这两个过程是分立在两个部门来管理的。是不是可以串接这两个部门和两个领域。

从政府和企业的角度来看：两者都在思考今后的汽车召回管理应该管什么，终极的目的就是汽车企业的自我有效地产品安全管理，避免问题流出到市场。

一个重要的课题提出：召回这种后市场监管手段如何促进和帮助汽车制造商对产品安全进行有效的管理，如何从产品的正向开发就识别和管理此类风险。

（2）基于产品功能安全管理

从两个领域对缺陷和危险的认定方法进行分析，来看看是否可以进行有效的融合：

①原有的产品开发体系示意图：

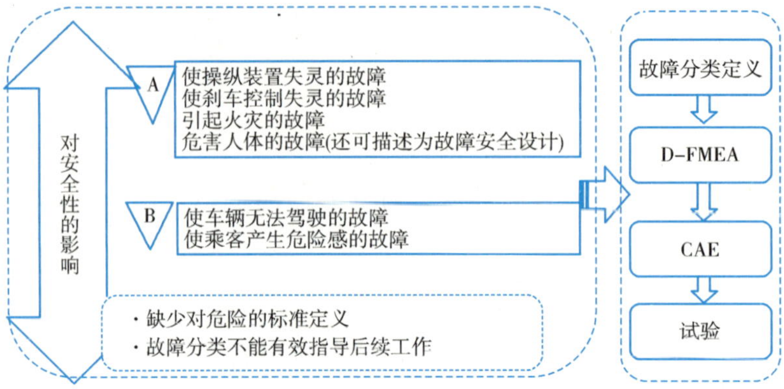

图 6-37　产品开发体系示意图

②基于危害分析和风险评估产品开发：

危害分析、风险评估和 ASIL 等级的确定用于确定相关项的安全目标以避免不合理的风险。ASIL 等级是通过对影响因子的预估所确定的，即严重度（S）、暴露概率（E）和可控性（C）。

这时我们对风险等级水平的描述就可以被描述为一个包含危险事件发生频率（E），所涉及人员通过及时反应以避免特定的伤害或损坏的能力——可控性（C），两者组合形成可能性。由可能性以及所产生的伤害或损坏的潜在严重度（S）的对应得到风险等级水平。

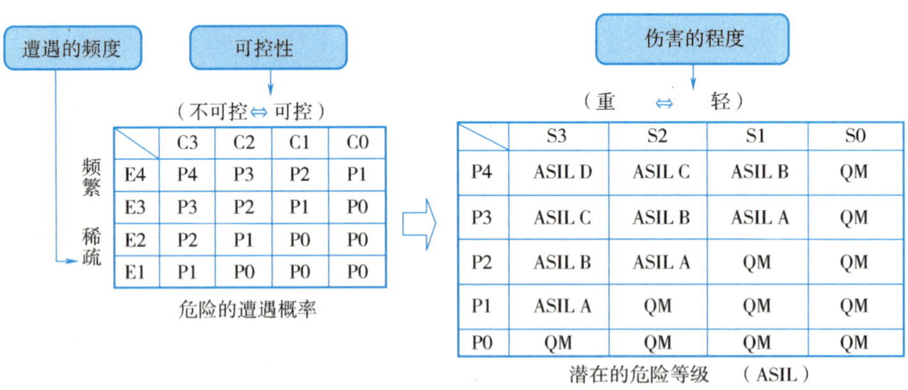

	C3	C2	C1	C0
E4	P4	P3	P2	P1
E3	P3	P2	P1	P0
E2	P2	P1	P0	P0
E1	P1	P0	P0	P0

危险的遭遇概率

	S3	S2	S1	S0
P4	ASIL D	ASIL C	ASIL B	QM
P3	ASIL C	ASIL B	ASIL A	QM
P2	ASIL B	ASIL A	QM	QM
P1	ASIL A	QM	QM	QM
P0	QM	QM	QM	QM

潜在的危险等级　（ASIL）

ASIL: Automotive Safety Integrity Level

图 6-38　风险等级水平

③通过召回后市场表现的问题对产品正向开发进行帮助

召回体现出来的数据是指经过了这一系列的产品开发以后，到后市场还出现这一系列的问题，那这时候就会发现我们对召回案例以及事故数据进行分析时，使用的是缺陷认定的方法也就是考虑危害的严重性和可能性，我们如果在总结时按照前面提到的融合的方案，我们可以把召回案例按照正向开发所采用 3 个维度：严重度（S）、暴露概率（E）和可控性（C）来进行描述，修订到后期的正向开发需求中，进行防止再发和水平展开。

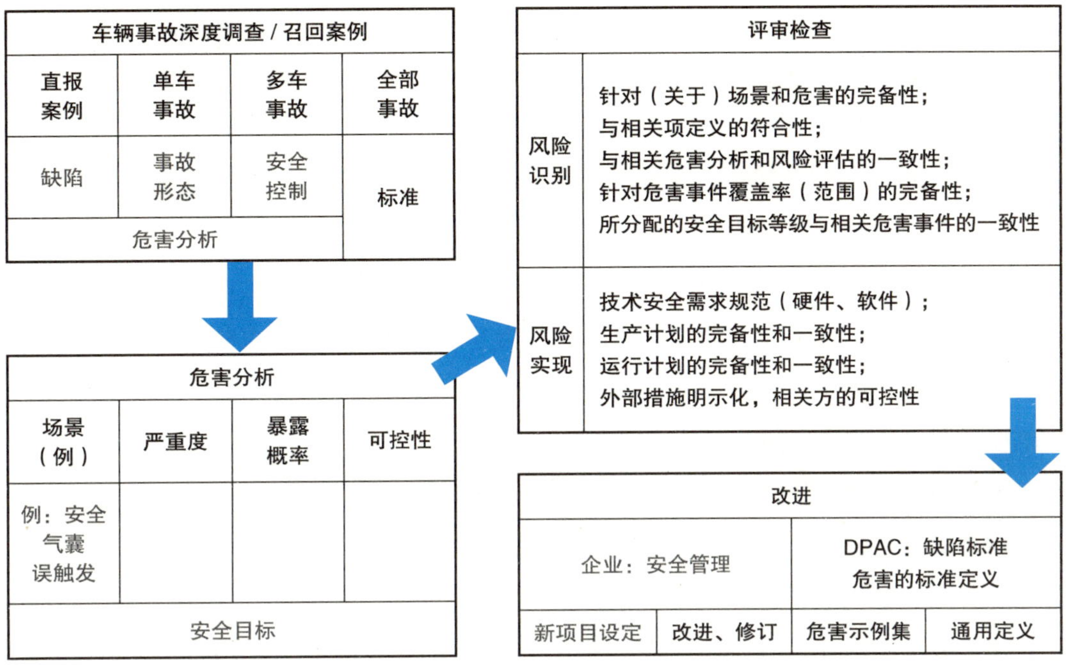

安全的标准化定义—工作内容和输出物

条目	前提	目的	工作成果
安全生命周期启动	A：对应缺陷（自身） B：对应缺陷（他企） C：安全研究（风险明确定义）	A、B：是定义在对现有相关项的修改的情况下实施的安全生命周期活动 C：对新的相关项开发和现有相关项的修改进行区分。	影响分析 安全计划（细化的）
危害分析和风险评估		危害分析和风险评估的目的是识别相关项中因故障而引起的危害并对危害进行归类，制定防止危害事件发生或减轻危害程度的安全目标，以避免不合理的风险。	危害分析和风险评估安全目标 危害分析和风险评估和安全目标的验证评审报告
功能安全概念	安全目标	功能安全概念的目的是从安全目标获得功能安全要求，并将其分配给相关项初步的架构要素或外部措施。	功能安全概念 功能安全概念验证报告

6.3.4 结束语

东风有限2003年成立以来，就开始建立和完善汽车产品召回管理制度，公司第一时间跟进国家召回制度的要求，建立整车企业召回管理构架：形成一整套调查、分析、报告和确认汽车产品缺陷的管理制度；

第一阶段：形成一整套调查、分析、报告和确认汽车产品缺陷的管理制度；并在召回的发展过程中逐步识别风险，建立业务机制。

第二阶段：建立了基于风险、应急管理的召回管理机制，规避重大市场质量风险、实现社会责任、避免颠覆性问题产生，建立以召回管理为基础，以风险、应急质量、三包为支撑的系统体系，及召回管理的工作方针：

- 倍受信赖公司是我们坚持不懈的理念！
- 国家法律、法规是公司必须遵守的准则！
- 让用户满意是公司发展的动力，社会责任是我们不懈追求的目标！

东风汽车有限公司囊括了召回管理中多品牌（东风、日产、英菲尼迪、启辰）/多产品种类（乘用车、货车、客车、零部件）/多生产者（国产、进口）的业务形态，其管理的复杂性不言而喻，公司在召回管理中的管理原则：

- 同一原则的技术性判断：基于TM（召回管理检讨会）/TC（市场处置判断会）缺陷判断处置机制；
- 同一声音对外：基于同一原则的技术性判断以公司科技工程总部质量保证部作为窗口同一声音对外。

公司在开展召回管理工作时坚持以预防为主，识别过程风险，建立过程改善机制。对零部件基于此类风险识别，DFL在2014年就启动了公司内零部件企业在召回管理中风险管理的课题。公司在现有的召回管理业务基础上，更加明确了召回管理未来发展的第三阶段：

第三阶段：基于产品功能安全管理的召回管理发展方向，从事后的风险管理过渡到全价值链的车辆功能安全管理。

随着企业召回工作自我管理需求的明确，以及政府持续建立的行政和技术监管能力的提升，最终会实现缺陷汽车产品召回制度建立的目的和意义：

- 减少汽车产品安全风险，降低因缺陷导致的车辆安全事故。
- 促进汽车产品质量水平逐渐提升。
- 推动汽车产品安全管理能力的提升。

6.4　美国机动车排放召回制度研究[①]

《大气污染防治法》经中华人民共和国第十二届全国人民代表大会常务委员会第十六次会议于 2015 年 8 月 29 日修订通过，自 2016 年 1 月 1 日起施行。此法第五十八条明确指出“国家建立机动车和非道路移动机械环境保护召回制度”，“生产、进口企业获知机动车、非道路移动机械排放大气污染物超过标准，属于设计、生产缺陷或者不符合规定的环境保护耐久性要求的，应当召回；未召回的，由国务院质量监督部门会同国务院环境保护主管部门责令其召回”。机动车排放召回制度，作为机动车排放事中事后监管的重要手段，将发挥重要作用。目前，我国正在开展机动车排放召回管理办法的前期研究。

在制定我国机动车排放召回法规的同时，深入研究发达国家的实践成果是保证其科学可行的必经之路。美国作为机动车排放召回制度的开创者，已建立起了一套成熟科学的机动车排放召回监管体系，这对于我国机动车排放召回监管体系的构建具有重要借鉴意义。

6.4.1　美国机动车排放召回背景介绍

美国是世界上最早建立并实施机动车排放法规的国家，存在两种并行的排放法规体系——美国联邦法规和加州地区法规。

在美国《清洁大气法案》（Clean Air Act，CAA）的授权下，美国环境保护署（（U.S）Environmental Protection Agency，EPA）制定了机动车排放方面的技术法规。EPA 既是美国联邦政府控制大气污染的管理和执行机构，也是制定环保法规的主要机构，所制定的这些法规都收录在《美国联邦法规集》（Code of Federal Regulations，CFR）第 40 卷中，其中专门针对机动车排放缺陷召回的环保法规收录在 CFR 第 40 卷第 85 部分的 S、T 节中。

加州在环保领域一直走在全美的前列，是美国唯一有权利制定自己排放标准的州，加州空气资源委员会（California Air Resources Board，CARB）是该州环保法规的制定机构和污染控制的管理机构。依据加州《健康和安全法案》的相关法律要求，《加州法规集》（California Code of Regulations，CCR）第 13 卷条款 2.1、2.2 中分别规定了主动召回、强制召回与责令召回程序的内容。

本专题研究将围绕美国联邦和加州两者的主管部门、排放立法和排放召回监管流程，介绍美国机动车排放召回制度，并为国内汽车企业提供履行机动车排放召回主体责任的建议。

① 作者：管理中心　尹彦副研究员。

6.4.2 美国联邦机动车排放召回监管体系

（1）主管部门

美国主管机动车排放召回监管的部门是 EPA。EPA 成立于 1970 年 12 月，由 5 个部门和独立政府部门的 15 个单位合并而成。在 EPA 成立之前，联邦政府没有组织机构可以共同和谐地对付危害人体健康及破坏环境的污染物问题。EPA 局长由美国总统直接指认。EPA 现有全职雇员大约 18 000 名，所辖机构包括华盛顿总局、10 个区域分局、和超过 17 个研究实验所。

EPA 的具体职责包括：根据国会颁布的环境法律制定和执行环境法规，负责对各种各样的环境计划进行调查并制订国家标准，监控强制性标准的执行和符合情况；授权给州政府和美国原住民部落负责颁发许可证、监督和执行守法；从事或赞助环境研究及环保项目；加强环境教育以培养公众的环保意识和责任感。

EPA 的任务是保护人类健康和环境。自 1970 年以来，EPA 一直致力于营造一个更清洁、更健康的环境。EPA 在美国的环境科学、研究、教育和评估方面具有领导地位。

EPA 交通与空气质量办公室（OTAQ）下设美国国家车辆与燃油排放实验室（NVFEL），该机构成立于 1971 年，位于密歇根州 Ann Arbor，负责执行控制机动车辆、发动机和燃料空气污染的法律。NVFEL 主要职责包括：

①发展国家调整项目以减少跟移动源相关的空气污染，包括轻型轿车和卡车，重型卡车和公共汽车，非道路发动机和车辆以及燃料；

②评估排放控制技术；

③提供州的和当地的空气质量标准仪和运输计划以及运输项目和自发项目的鉴定信息；

④测试车辆、发动机和燃料；

⑤决定联邦排放和燃料经济标准的符合性。

NVFEL 提供机动车辆、大负荷发动机、非道路发动机项目等的测试。测试活动包括：

①证明车辆和发动机符合联邦排放和燃料经济标准；

②测试发动机的在用符合性；

③分析燃料，燃料添加剂和排放化合物。

（2）排放立法

美国联邦排放立法历史十分悠久。1955 年 7 月 14 日，美国国会通过联邦第一部大气污染防治法律——《1955 联邦空气污染控制法》，为空气污染研究和防治技术提供支持，并对联邦和州的任务进行分工。1960 年，美国政府制定颁布《1960 联邦机动车法》，旨在研究机动车辆造成空气污染的应对策略。1963 年美国政府颁布 CAA。1968 年，联邦开始效仿加州采用“7 工况法”控制机动车排放。美国联邦政府从 1970 年开始制定一系列车辆排放控制法规，1972 年采用 LA-4C（FPT-72）测试循环，并增加对 NO_x 的控制，1975 年改用 LA-4CH（FPT-75）

测试循环。1975 年起实施《马斯基法》，美国排放法规大幅度加严，特别强化对 NO*x* 的限值，同时再度提高对 HC 和 CO 的控制。1990 年，美国国会对 CAA 做了重大修订，对机动车排放提出了更高的要求。

（3）排放召回监管流程

根据 CAA 第 207 节（C）部分要求，EPA 制定了“召回制度”（CFR 第 40 卷第 85 部分的 S 节）和“排放缺陷报告制度”（CFR 第 40 卷第 85 部分的 T 节），这两部分共同构成了美国联邦完整的排放缺陷召回制度。S 节主要是对排放召回制度具体实施内容的描述，T 节主要是对机动车排放缺陷报告制度的描述。CFR 机动车排放召回的规定作为对 CAA 法案的解释与实施指南，其目的是为了使与排放有关的召回行动能够顺利实施。

当 EPA 确定了某一等级或类型的汽车产品由于排放缺陷原因需要召回时，就要求制造商严格依据 S 节或 T 节的召回程序对所涉及的车辆实施召回行动。

S 节主要涉及 EPA 责令召回（即广泛意义上的“强制性召回”）范畴，T 节主要涉及制造商的主动召回范畴，其中：

“强制性排放召回”是指在主管部门发现一定数量的排放缺陷汽车产品后，通过一系列的排放认证测试，最终决定通知制造商采取包括召回在内的补救性措施；

“主动排放召回”是指制造商发现机动车排放缺陷后，主动定期提交排放缺陷报告，并对受缺陷影响的车辆采取包括召回在内的补救措施。

①排放监管的基本框架

美国在机动车排放工作上奉行“全寿命周期监管”的理念，典型的标准符合性生命周期为：

EPA 对机动车上市前进行准入管理（强制性认证制度）。所有销售或进口到美国的机动车和发动机必须获得 EPA 的有效认证。在申请认证时，制造商必须向 EPA 证明其按照测试、认证、记录和报告要求，确保其产品满足相应联邦排放标准控制空气污染。EPA 进行排放耐久性审查和审批。EPA 审查制造商申请，随机和针对性开展符合性测试，审核新车型和老年款车型报告。EPA 颁发认证证书后车辆才可以上市销售。

对于投放市场的在用车，EPA 开展后续监管。主要手段包括：召回和缺陷报告、制造商在用车测试、EPA 车辆测试几种方式。EPA 对机动车测试数据进行审查和分析，与 CARB 质量保证索赔报告进行协调，并在执法方面与 EPA 下属 OECA 协调。

EPA 对 2 万 ~9 万英里在用车进行排放测试。要求制造商对 1 万英里的低里程和 5 万英里的高里程在用车辆进行验证测试。制造商跟踪车辆全寿命范围内（按 CAA 规定）的排放质保和排放报告（EWIR），并提交给 CARB；将排放缺陷信息和自愿排放回收报告（EDIR/VERR）提交给 EPA。

②排放召回监管的信息来源

EPA 排放监管的主要信息来自于：

——制造商的排放质量保证（索赔）数据

——缺陷报告

——制造商对在用产品进行排放测试（提交 EPA）

——EPA 对在用产品进行排放测试

——各州车辆排放检验和维护测试

——车辆生产线审核数据

EPA 要求制造商对在用车辆进行排放测试（In-use verification program-IUVP），包括：低里程测试、高里程测试及在用产品标准符合性计划（IUCP）。其中，IUVP 要求测试 10 辆车，如果 50%测试车辆 2 未通过测试，而且平均值 > 超出标准的 1.3 倍，应向 EPA 报告。IUVP 的数据用于召回决定。

EPA 在其实验室（NVFEL）进行额外的在用车辆测试，目的是验证制造商的数据，测试确认召回效果。EPA 主导的测试主要包括两种测试类型：监控测试（筛选测试）和确认测试（召回质量测试）。EPA 每年对 150 台车辆进行测试，测试费用 100 万美元左右（不含人工费用）。测试车辆来自于志愿者，EPA 向用户提供相应的经济补偿。

③美国的机动车排放召回情况

美国的机动车排放召回分为强制性召回和自愿召回两种。大多数排放召回行动与执法行动无关（不是受调查影响）。对于排放问题，召回并非是唯一的解决办法，其他非召回机制包括：经销商现场维修通知、技术通报（TSB）。少量的车存在问题可以不通过召回方式解决。

根据《清洁空气法》EPA 有权以下情况时责令召回：

EPA“确定任何种类或类别的车辆或发动机，尽管进行了妥善维护和使用，但在实际使用寿命期间仍不符合第 202 节的规定”；如果制造商未能或拒绝实施责令召回，EPA 可以采取执法行动。

制造商对召回计划的完成率进行为期六个季度的跟踪，并向 EPA 提交报告。

2012 年，美国的机动车排放召回次数为 37 次，1 524 186（152 万台）台；2013 年，美国的机动车排放召回次数为 30 次，2 189 239 台（219 万台）。目前，美国的排放召回完成率约为 70%。

6.4.3 美国加州机动车排放召回监管体系

（1）主管部门

20 世纪美国爆发了世界闻名的“洛杉矶烟雾事件”，经长期研究，确认机动车是“洛杉矶烟雾事件”的罪魁祸首后，加州在 1959 年成立加州机动车污染控制委员会，其主要职能是检测在加州出售的汽车配件是否符合要求及检验汽车排废量。1967 年，加州将空气卫生局与机动车污染控制委员会合并为 CARB，作为加州环境保护署的一个部门，这比 EPA 的成立早 3 年。

由于这次合并出现在联邦政府颁布 CAA 之前，加州也成为美国唯一一个拥有州政府级别空气资源委员会（Air Resources Board，ARB）的州。

该局不仅继承其前身空气卫生局与机动车污染控制委员会的职能，负责全州境内以机动车为主的移动性污染源，而且还是加州大气污染防治的统管协调部门。CARB 的成立，标志着以空气管理区为辖区固定性污染源主管、以 ARB 统管协调的区域大气污染防治监管机构体系初步建成。

与 EPA 相似，CARB 也具有机动车排放法规和排放标准制定、颁发排放认证及排放监管等职能。CARB 一直致力于三大使命：获得或保持健康的空气质量，研究空气污染的原因及应对方案，系统化地处理由机动车造成的严重空气污染问题。CARB 负责制定涉及空气质量、汽车技术等多个方面的标准，以州法规的方式颁布和施行。

CARB 不仅是加州最主要的大气污染防治管理和决策机构，也是最重要的空气污染科研机构。1967 至 1989 年 CARB 主要通过制定空气质量标准和试图通过在机动车上增加减排装置来实现减排目的。1990 年后，CARB 主要围绕清洁燃油、低排放车和零排放车等整体概念进行相关法规的设计和改进。

在 CARB 的努力下，当前加州新车的排污量仅为 20 世纪 70 年代的 10%。CARB 之所以能取得如此傲人的成绩，有两个关键原因：第一，重视科学研究；第二，适用严格的机动车排放及燃油标准。CARB 设有专门的科研部门和健康风险评估小组，负责对污染物质可能造成的风险进行评估，污染物风险评估报告是加州采取控制机动车尾气污染具体措施的重要依据。另外，CARB 专家库吸纳专家达上百人，其规模较之 EPA 更为可观，可为其科研、认证、管理等各方面提供强大的技术支持。

（2）排放立法

“洛杉矶烟雾事件”直接推进了美国大气污染防治的立法进程，促使洛杉矶所在的加州成为全美乃至全世界空气污染研究、立法的先导。由此，加州排放立法从一开始便领先于联邦立法。加州排放立法大气污染治理早期，人们将主要矛头对准洛杉矶当地的化工厂、冶炼厂等固定性污染源。较之于由各个城市单独管理，加利福尼亚城市联盟更加倾向以县为单位，来设立专门管理空气污染的机构。

1947 年，加州州长签署《空气污染控制法》，要求在加州所有 58 个县建立空气污染控制区，比联邦第一部大气污染防治法律《1955 联邦空气污染控制法》出台早 8 年。但是，在每个县单独设置空气污染控制区，不仅没有必要而且成本太高，因此加州随后又颁布《空气污染控制区域法》，考虑大气污染情况、地理情况及其他因素，允许多个县共同组建空气污染控制区。例如主要依据地理因素建立的大盆地联合空气污染控制区。从 1995 年至今，加州已设立 21 个空气污染控制区和 14 个空气质量管理区，共计 35 个空气管理区。空气管理区是加州区域大气污染防治的基础管理单位，主要负责管理区域内以工厂为主的固定性空气污染源。1959 年，成立加州机动车污染控制委员会，并于1966年颁布《马尔福德空气资源法案》。1963年加州开始控制曲轴箱燃油蒸发物排放。1966年加州颁布实施“7工况法”机动车排放法规，对CO及HC规定排放浓度限值；同年通过《南海岸空气质量管理区法》。1970年，加州开始采用排放率（g/mile）限值，并开始控制轿车燃油蒸发物排放，到1971年时加州法规增加了对NO_x的限值。1975年，加州通过了《大气污染控制法案》。1988年，加州通过了《加州清洁空气法》（以下简称“加州CAA”）。

从20世纪90年代开始，加州创新性制定出台了低排放车和零排放车相关的一系列法规，排放标准逐年提升，监管手段也愈加严格，至今在全美和世界范围内都处于领先水平。1992年，加州通过了《莫哈韦沙漠空气质量管理法》。1994年，加州制定的低污染机动车排放法规，将轻型车分为过渡低排放车、低排放车、超低排放车和零排放车，并且规定从1998年起销售到加州的轻型车应有2%为无污染排放（零排放），2001年为5%，2003年达到10%。2004年时，加州进一步强化机动车排放法规（SULEV），限值为ULEV的1/4。

（3）排放召回监管流程

根据《健康和安全法案》，CARB对机动车排放召回的规定（CCR第13篇第3册第二章）分为三大部分，新车召回（第2100条至2110条）、在用车主动召回和强制召回（第2111条至2121条）、在用车责令召回（第2122条至2135条）。按照法规原文描述，其中：

“主动排放召回”指制造商或其代理或代表主动发起并执行的检验、维修、调整或改造计划，以补救有必要直接通知车辆或发动机拥有人的任何不合格；

“强制排放召回”指制造商或其代理或代表根据在用执行检测或委员会提供或要求的其他不合格证据，发起并执行的检验、维修、调整或改造计划，以补救有必要直接通知车辆或发动机拥有人的任何不合格；

“责令排放召回”指主管部门要求并由制造商或其代理人或代表执行的检验、维修、调整或改造计划，以补救有必要直接通知车辆或发动机拥有人的任何不合格。

CCR对机动车排放召回缺陷情形、车辆涵盖范围、使用期限等关键术语和概念都进行了详尽规定，明确了新车和在用车缺陷信息收集（检验检测）、提交召回计划、实施召回、申辩与听证、召回实施效果跟踪评估等排放召回流程。

在监管细节上，CARB比EPA更为严谨，比如CARB针对新车专门制定了一套排放召回流程，与在用车排放召回流程大体相似，但在其缺陷信息收集源头（新车鉴定）略有差异；又如CARB执行的加州排放标准较EPA执行的联邦排放标准更加严格；同时，供应加州或其他有特殊要求的地区有单独的市场代码，以供召回时作为区分。

但是总体来说，CARB和EPA法规在规定机动车排放召回流程上基本相同：

责令召回流程均为：主管部门通知制造商汽车产品存在排放缺陷；汽车制造商提交补救措施计划；主管部门备案补救措施计划；汽车制造商对车主进行通知，对受缺陷影响的车辆采取包括召回在内的补救措施；汽车制造商对召回进行记录和报告等。

主动召回流程均为：制造商发现汽车产品存在排放缺陷；制造商主动定期提交排放缺陷报告，并对受缺陷影响的车辆采取包括召回在内的补救措施等。

综上，联邦法规与加州地区法规并行的体系确立了美国在大气污染防治领域的领先地位。在机动车排放召回监管方面，联邦和加州地区各自均设专门部门推进相关工作，两部门虽在标准制定、监督管理的细节上略有差异，但是两者工作理念和运行机制基本上完全相同。我国可参考美国机动车排放召回的模式，并吸纳两套体系各自的优点，形成适合于我国发展现状的机动车排放召回监管体系。

6.4.4　给国内汽车企业的建议

本研究成果将大力推动我国机动车排放召回管理办法的出台，国内汽车企业对机动车各行排放管理与排放召回需引起足够重视。建议尽快与主管部门建立以机动车排放相关信息备案机制、排放数据沟通机制等为主的机动车排放召回信息互通机制，并着手研究在企业内部建立以机动车排放测试常态化运行机制、排放信息可追溯机制等为主的机动车排放召回管理体系，加强排放信息数据透明化、公开化，多方面研究机动车排放由企业内部向外辐射的系统性管控措施，切实履行汽车企业排放召回主体责任。

6.5　缺陷汽车产品召回制度对消费者购买意愿的影响研究①

产品质量包括产品能满足消费者要求的适用性，满足法律、标准要求的符合性，以及不会对他人生命健康和财产造成威胁的安全性。消费者对产品质量特性的要求在我国经济发展的不同阶段表现出不同诉求。改革开放初期，由于社会总需求大于总供给，消费者对产品质量的诉求重点在于产品的适用性；随着社会经济迅速发展，人民生活水平不断提高，消费者不再仅仅满足于产品适用性的要求，开始提出了对产品符合性的诉求。近年来，随着产品种类的日益丰富与消费者安全意识的不断提高，消费者对于产品安全性的需求日益突出，产品是否满足安全性的要求，直接关系着消费者对产品的购买意愿。

缺陷汽车召回制度是消除汽车产品缺陷、保障汽车产品安全的重要制度设计，以法律法规形式开启了生产者技术改进的机会窗口。截至 2015 年年底，我国共实施汽车召回 1095 次，召回汽车达 2535 万辆。与此同时，缺陷汽车召回制度的实施，使企业加强了对缺陷产品产生的预防措施，有利于推动生产者改进生产制造水平与促进安全技术提升，提高产品质量安全能力，扩大国内消费供给市场规模。为厘清缺陷汽车召回制度对消费者购买意愿的影响，本研究将根

① 作者：管理中心　冯永琴高级工程师。

据缺陷汽车召回与消费者心理相关理论，构建缺陷产品召回制度对消费者购买意愿影响的概念模型，研究缺陷产品召回制度对消费者购买意愿的作用。

6.5.1 理论分析与研究假设

缺陷汽车召回制度下消费者、企业和政府面临的问题与对策，一直是国外学术研究领域的热点问题。Jolly 和 Mowen 研究发现，当由政府而非公司发布召回事件时，召回事件被认为更加客观，纸质媒体被视为比音频媒体更可信、更客观。Siomkos 和 Kurbard 研究指出，在下述情况下，缺陷对公司的危害程度较小：公司有较高的信誉；当发生危机时，新闻及管理机构的外部影响力对公司做出的反应产生积极作用；公司通过主动召回产品、或以对社会负责并表示关注消费者利益的方式对危机做出反应。Dawar 和 Pilluta 所做的研究显示，此前对受到危机影响的公司有较高期望的消费者，例如该品牌的购买者，更有可能注意到危机，且对公司的回应比较敏感。Matos 和 Rossi 研究表明，产品判断明显受到企业社会责任、公司过失、消费者是否拥有该品牌制造的车辆等因素的影响；行为意图明显受到企业社会责任、消费者对信息的关注、感知到的危险、产品判断、消费者是否拥有该品牌制造的车辆等因素的影响。不过，调查结果显示，企业社会责任能更好地预测产品判断而非行为意图。

近年来，缺陷汽车召回制度对消费者、企业、政府的影响也开始引起国内学术界的广泛关注。杜建刚等从产品召回事件中消费者心理的角度，以 Loewenstein 等人提出的“风险即情绪”模型作为研究框架，提出了以风险、情绪和购买倾向为核心变量的研究模型，指出产品召回中的事件维度、企业维度对消费者感知风险和负面情绪具有不同的影响。吴剑琳等以丰田事件为例，利用召回事件前后收集的调查数据进行探索性对比分析表明，在汽车产品伤害危机中不同性别、年龄、收入的消费者购买意愿受损程度显著不同，从而验证了消费者个人特征在其中的调节作用。孙莹等针对汽车产品召回，探讨了汽车产品召策略对消费者心理和行为的影响，研究指出产品缺陷的不同严重程度和不同的召回策略对消费者造成不同程度的影响；在发生严重的缺陷时，消费者的负面情绪和感知风险会更高，产品评价和购买行为会更低。

汽车召回制度作为消除缺陷保障产品安全的重要制度设计，对于提升汽车产品质量、促进消费具有重要作用。然而，已有研究主要针对汽车企业召回措施对消费者的影响、汽车召回对消费者产品判断、汽车召回中的负面情绪，以及风险对消费者购买力的影响等方面展开，尚未涉及汽车召回制度对消费者购买意愿的影响研究，亟待开展深入研究。

（1）汽车召回制度下的消费者信心与企业召回策略

产品缺陷指由于设计、制造、标识等原因导致的在同一批次、型号或者类别的汽车产品中普遍存在的不符合保障人身、财产安全的国家标准、行业标准的情形或者其他危及人身、财产安全的不合理的危险，威胁到公众人身财产安全。然而，由于市场经济产生的内部性问题，使产品缺陷的风险分担不可能由交易双方按照市场经济的一般规则得到解决，必须由第三方介入进行补救。在市场机制作用下，政府部门的行政管理模式是最有效率、成本最低的一种选择。缺陷汽车产品召回制度作为国家利用行政权力对产品安全进行后市场监管的制度，用较少的行政成本，收到了较高的监管效率，降低了社会风险，保护了消费者的合法权益，提高了公众的安全水平。

与此同时，随着汽车产品功能与结构日趋复杂，在涉及人身健康的产品安全信息占有上，消费者处于绝对弱势地位。汽车企业与消费者对汽车产品质量信息的了解程度存在着“信息不对称”问题。普通消费者在选择购买汽车的过程中，很难凭借自身经验对产品质量做出准确判断。汽车召回制度的建立，有利于消费者获得及时可靠的产品安全信息，对于消费者购买决策的做出具有重要影响。此外，由于汽车召回制度增强了产品安全信息的透明度，使得汽车企业也更加重视产品安全问题，积极预防缺陷产品的产生。从长期来看，有利于提升汽车产品安全水平，提振消费者信心。

基于上述分析，提出以下研究假设：

H1：汽车召回行政监管对消费者信心具有正向影响

H2：汽车召回技术监管对消费者信心具有正向影响

根据我国《缺陷汽车产品召回管理条例》，汽车企业应进行生产者信息备案、召回计划备案，并由主管部门组织无利害关系专家对召回效果进行评估，集中体现了我国对汽车企业召回的行政监管，有利于明确企业在召回中的主体地位，以及企业对缺陷判定、召回范围的准确性以及召回措施的有效性的主体责任，从行政监管角度促进了企业召回策略的制定与实施。

根据召回是否受技术监管影响，缺陷汽车产品召回可分为生产者自主召回和受调查影响召回。受调查影响召回是政府主管部门通过分析用户投诉信息，经评估向生产者发出调查函启动正式调查；经主管部门调查，发现存在缺陷的会通知生产者开展召回活动，生产者根据主管部门的建议组织实施召回工作。因此，缺陷调查作为汽车召回制度下技术监管的重要手段，从技术角度促进了企业缺陷调查的开展与召回策略的制定与实施，对企业召回策略具有正向影响。

基于上述分析，提出以下研究假设：

H3：汽车召回行政监管对企业召回策略具有正向影响

H4：汽车召回技术监管对企业召回策略具有正向影响

Mowen研究指出，不论公司是否迫于消费者产品安全责任而进行产品召回，或者其他厂家是否有类似缺陷，当公司在相关干预发生前采取措施，被认为更负责任。Siomkos和Kurzbard在研究汽车召回策略对消费者购买意愿的影响时，将企业的应对方式分为四种：坚决否认、强制召回、主动召回与积极承担责任，并通过实证研究指出主动召回、积极承担责任是较好的应对方式，而坚决否认、强制召回是较差的应对方式。孙莹等研究提出，在发生严重汽车缺陷时，消费者在情绪上强烈不满，企业应采取主动召回；从企业长远利益看，为了在消费者心目中树立良好的形象，对缺陷不严重的产品也应采取主动召回策略。可见，企业召回策略对消费者信心与购买策略具有正向影响。

大规模汽车召回为厂商研发新产品或改进现有产品提供了机会窗口，使生产企业及其供应商聚焦于研究如何解决产品缺陷，是触发因耗资巨大而难于实施的产品可靠性改进的催化剂。Sriram 和 Sinha 指出，企业在召回中的学习效果将随着召回经验的累积而增强，进而减小发生缺陷的可能性与促进产品质量的提高。Davidson 和 Worrell 研究指出，选择对召回产品进行技术改进的企业能够更有效减少召回所带来的不利影响。Haunschild 和 Rhee 进一步指出，与责令召回相比，汽车企业能够从主动召回中学习到更多技术知识。此外，汽车召回制度还使一些汽车企业由重视成本转向强调产品安全和质量。这表明企业召回策略对于供给水平的提高具有积极意义。

基于上述分析，提出以下研究假设：

H7：企业召回策略对购买意愿具有正向影响

H8：企业召回策略对供给水平具有正向影响

H9：企业召回策略对消费者信心具有正向影响

（2）汽车召回制度下的消费者购买意愿和供给水平

消费者信心（Consumer Confidence），也有人称为消费者情绪（Consumer Sentiment），是指消费者根据国家或地区的经济发展形势，对就业、收入、物价、利率等问题的综合判断后得出的一种看法和预期。消费者信心反映了消费者对经济的看法以及购买意向。任韬研究发现，消费者信心指数对消费者未来的消费行为存在着影响。Eppirhgt 等发现消费者信心指数具有相应某些经济指标所不具备的解释总消费支出的能力。Muefler 针对消费者信心指数与耐用品消费之间的关系的实证研究结果表明，消费者信心指数与指数调查之后半年的耐用品消费之间存在显著的相关性。

供给指特定市场上在一定时期内，与每一销售价格相对应，生产者愿意且能供应的商品数量。卡尔·马克思在《资本论》中说明，供给的范围和水平取决于社会生产力的发展水平，一切影响社会生产总量的因素也都影响供给量。国务院印发的《关于积极发挥新消费引领作用加快培育形成新供给新动力的指导意见》中指出，积极发挥新消费的引领作用，加快培育形成新供给新动力，是更好满足居民消费需求、提高人民生活质量的内在要求；是加快推动产业转型升级、实现经济提质增效的重要途径。从另一个角度看，提高我国汽车产品在国内市场的供给质量，提升汽车产品供给对消费需求变化的适应性和灵活性，有利于提高消费者满意度，进而提高消费者的购买意愿。

基于上述分析，提出以下研究假设：

H5：消费者信心对购买意愿具有正向影响

H6：消费者信心对供给水平具有正向影响

H10：购买意愿对供给水平具有正向影响

H11：供给水平对购买意愿具有正向影响

根据上述研究假设，汽车召回制度对消费者购买意愿影响的概念模型如图 6-39 所示。

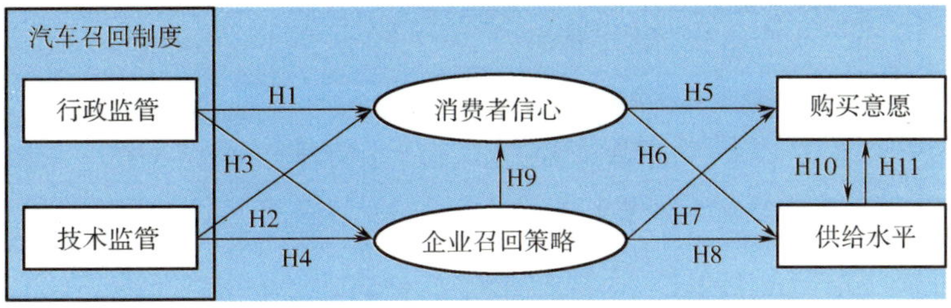

图 6-39　概念模型

6.5.2　研究设计

（1）问卷设计

根据研究目标，设计了《汽车召回制度对消费者购买意愿影响的调查问卷》。调研问卷共分为两部分，第一部分是被调研对象的基本信息，包括性别、汽车是否被召回过。第二部分是问卷内容，包括 9 个题项，主要涉及两方面的问题。一是通过隐性问题，测度被调研对象是否了解召回，是否有购车意愿或经历，以提高研究样本的代表性。具体问题包括购车前会做哪些准备，是否关注汽车网站与召回网站，以及是否了解汽车召回法规。另一类问题是汽车召回制度对消费者购买意愿影响，包括汽车存在产品缺陷可能带来的购买风险、汽车召回后的汽车质量有何变化、实施汽车召回后消费者对该企业汽车的购买意愿、我国汽车召回制度的建立对未来汽车产品质量的影响等问题。问卷中涉及主观评价的题项，采用李克特 5 点量表法，由被调研对象根据认知打分。

（2）研究样本和数据采集

本研究以管理中心投诉数据库的汽车车主为研究对象，通过手机共发放 10 000 份《汽车召回制度对消费者购买意愿影响的调查问卷》，最终进入问卷 753 人，回收有效问卷 378 份，问卷有效率为 50.20%。

表 6-5　样本特征的描述性统计

变　量	分　类	数　量	百分比
性　别	男	364	96.30%
	女	14	3.70%
汽车是否被召回过	是	186	49.21%
	否	192	50.79%
购车前的准备工作	实体店体验	314	83.07%
	看论坛与网上评价	310	82.01%

续表

变 量	分 类	数 量	百分比
购车前的准备工作	逛车展	104	27.51%
	听朋友推荐	169	44.71%
	直接购买	24	6.35%
关注的网站	汽车之家	340	89.95%
	易车网	136	35.98%
	管理中心网站	218	57.67%
	都没有关注过	16	4.23%
了解的法规	《缺陷汽车产品召回管理规定》	231	61.11%
	《缺陷汽车产品召回管理条例》	175	46.30%
	《缺陷汽车产品召回管理条例实施办法》	198	52.38%

见表 6–5，对研究样本的描述性统计表明，研究样本包括男性车主 364 人，占 96.30%；女性车主 14 人，占 3.70%。186 人的汽车曾经被召回过，占 49.21%；192 人的汽车未被召回过，占 50.79%。准备购车前，314 人会去实体店体验，占 83.07%；31 人会看论坛和网上评价，占 82.01%；104 人会逛车展，占 27.51%；169 人会听朋友推荐，占 44.71%，24 人会直接购买，占 6.35%。

研究样本中有 340 人会关注汽车之家网站，占 89.95%；136 人会关注易车网，占 35.98%；218 人会关注管理中心网站，占 57.67%；16 人没有关注过上述三个网站，占 4.23%。231 人了解《缺陷汽车产品召回管理规定》，占 61.11%；175 人了解《缺陷汽车产品召回管理条例》，占 46.30%；198 人了解《缺陷汽车产品召回管理条例实施办法》，占 52.38%。

研究样本中 365 人认为汽车存在产品缺陷可能带来身体风险，即可能对自己或他人的健康与安全产生危害的风险，占 96.56%；186 人认为可能带来功能风险，即产品不具备所期望的性能所带来的风险，占 49.21%；271 人认为可能带来时间风险，即需要修理或退换造成的时间浪费而带来的风险，占 71.69%；143 人可能带来心理风险，即因购买决策失误而内疚悔恨的风险，占 37.83%。可见，身体风险是缺陷汽车为消费者带来的最主要的购买风险。

表 6–6 汽车存在产品缺陷可能带来的购买风险

带来的风险	数量	百分比
身体风险	365	96.56%
功能风险	186	49.21%
时间风险	271	71.69%
心理风险	143	37.83%

研究样本中 13 人认为汽车企业在无强有力技术证据前不召回，最有助于降低消费者的购买风险，占 3.44%；149 人认为政府责令召回，最有助于降低消费者的购买风险，占 39.42%；

216 人认为汽车企业主动召回，最有助于降低消费者的购买风险，占 57.14%。可见，汽车企业实施主动召回最有利于降低缺陷汽车对消费者造成的购买风险。

表 6–7　汽车企业何种应对方式最有助于降低消费者的购买风险

方式	数量	百分比
无强有力技术证据前，不召回	13	3.44%
政府责令召回	149	39.42%
主动召回	216	57.14%

从产品安全性看，159 人认为汽车召回后产品安全性有所提高，占 42.06%，所占比例最高；从产品可靠性看，160 人认为汽车召回后产品可靠性有所提高，占 42.33%，所占比例最高；从产品功能性看，164 人认为汽车召回后产品功能性没有变化，占 43.39%，所占比例最高。可见，汽车实施召回，对于汽车产品安全性与可靠性的影响最明显。

表 6–8　汽车召回后的汽车质量有何变化

内容	有较大降低	有所降低	没有变化	有所提高	有较大提高
产品安全性	22	34	113	159	50
	5.82%	8.99%	29.89%	42.06%	13.23%
产品可靠性	27	41	104	160	46
	7.14%	10.85%	27.51%	42.33%	12.17%
产品功能性	24	41	164	114	35
	6.35%	10.85%	43.39%	30.16%	9.26%

研究样本中 72 人不会购买实施过汽车召回企业的汽车，占 19.05%；195 人会考虑购买实施过汽车召回企业的汽车，占 51.59%；69 人会再买实施过汽车召回企业的汽车，占 18.25%；42 人会建议朋友购买实施过汽车召回企业生产的汽车，占 11.11%。

表 6–9　实施汽车召回后消费者对该企业汽车的购买意愿

购买意愿	数量	百分比
不会购买实施过汽车召回企业的汽车	72	19.05%
会考虑购买实施过汽车召回企业的汽车	195	51.59%
会再买实施过汽车召回企业的汽车	69	18.25%
会建议朋友购买实施过汽车召回企业生产的汽车	42	11.11%

研究样本中 168 人认为随着我国汽车召回制度的建立，未来汽车产品质量将会有所提高，占 44.44%；159 人认为汽车产品质量会不断提高，占 42.06%；41 人认为汽车质量将没有变化，

占 10.85%；10 人认为汽车质量将有所下降，占 2.65%。可见，近 90% 的被调研对象认为汽车召回制度对未来汽车质量具有积极影响。

表 6-10　我国汽车召回制度的建立对未来汽车产品质量的影响

未来产品质量预期	数量	百分比
有所提高	168	44.44%
不断提高	159	42.06%
没有变化	41	10.85%
有所下降	10	2.65%

综上，研究样本中的被试对象对召回有所了解或关注召回活动，并且具有购车经验，经常关注汽车网站，符合调研对象要求。与此同时，研究样本中涉及被召回过汽车车主，可以更真实的反映汽车召回制度对消费者购买意愿的影响。

（3）变量测量

①自变量。关于汽车召回制度的行政监管与技术监管，目前尚无系统的可直接使用的成熟量表，相关研究仅仅散见于部分文献中。本研究借鉴 Kalra 等的已有研究成果，并结合我国汽车召回制度实践，开发了汽车召回制度的行政监管与技术监管的测量指标。其中，行政监管包括汽车生产者信息备案制度、汽车召回计划备案制度、汽车召回效果评估制度等三个指标，技术监管的测度指标为汽车缺陷信息采集与分析、汽车产品缺陷风险评估、汽车缺陷技术调查与认定等三个指标。

②因变量。本研究关于购买意愿的变量测量，主要参考借鉴 Matos 等、孙莹等开发的量表。购买意愿包括不会购买实施过汽车召回企业的汽车、会考虑购买实施过汽车召回企业的汽车、会再购买实施过汽车召回企业的汽车、会建议朋友购买实施过汽车召回企业生产的汽车等指标，供给水平通过汽车召回后汽车质量的变化情况测量。

③潜变量。本研究涉及到的潜变量包括消费者信心和企业召回策略。参考 Siomkos 等、Tulin 等、孙莹等开发的量表，本研究对消费者信心的测度主要从汽车召回后未来汽车质量的变化趋势进行测量；企业召回策略主要从无强有力技术证据前不召回、主动召回、积极承担责任等三个指标进行测量。

6.5.3　实证研究

对于不同的指标，本研究使用主轴因子进行压缩，使用指数功效函数进行处理，得到相因变量值。描述性统计量如下：

表 6–11　描述性统计

变量	标签	N	均值	标准差
AR	行政监管	378	64.97741	12.10793
TR	技术监管	378	63.12654	12.25733
SL	供给水平	378	76.50563	11.92901
PI	购买意愿	378	70.24921	14.64935
CC	消费者信心	378	87.64312	12.57342
RS	企业召回策略	378	88.42593	14.10349

原始数据是以问卷形式收录的量表，分别对不同维度下的变量值进行了信度检验。由于部分变量测度为多选，因此仅对行政监管（AR）与技术监管（TR）维度进行了信度与效度分析。如表 8 所示，两个维度的 CITC 值均大于 0.4，一致性 alpha 系数大于 0.75，通过信度检验，具有很好的内部一致性。基于 CFA 的效度检验表明，标准化系数均大于 0.5，而且都在 $p<0.001$ 的水平下显著，研究样本满足结构方程构建效度的要求。

表 6–12　信度与效度检验

维度	变量	CITC	基于标准化项的 Cronbachs Alpha	项已删除的 Cronbach's Alpha	标准化系数
行政监管 AR	生产者信息备案制度 AR1	0.855	0.912	0.880	0.880
	召回计划备案制度 AR2	0.786		0.863	0.863
	召回效果评估制度 AR3	0.553		0.880	0.880
技术监管 TR	缺陷信息采集与分析 TR1	0.811	0.935	0.902	0.903
	产品缺陷风险评估 TR2	0.849		0.908	0.908
	缺陷技术调查与认定 TR3	0.805		0.907	0.907

问卷的信度是指问卷的稳定性和可靠性，主要有三种信度：重复信度（test—retest reliability）、内部信度（internal reliability）和观察者之间的信度（inter. rater reliability）。内部信度也叫内部一致性（internal consistency），反映了条目间相关的程度，这些条目应该反映同一独立概念的不同侧面。内部信度通常用 Cronbach's alpha 系数测量，alpha 表示量表总变异中由不同被试者导致的比例占多少，alpha 越大表示变量间相关性越好。首先计算反映某一分量表所有条目的 alpha 系数，然后逐一去掉某一条目后再计算 alpha 系数。

（1）对行政监管的内部信度检验

表 6–13　Cronbach 的 Alpha 系数

变量	Alpha
原始	0.912
标准	0.912

无论是原始变量的 Cronbach 的 Alpha 系数，还是标准化的 Cronbach 的 Alpha 系数，都达到 0.912，这表明行政监管的内部信度检验的 Cronbach 的 Alpha 系数取值都很高。逐一剔除变量，得到下面的表格。

表 6–14　带已删除变量的 Cronbach 的 Alpha 系数

已删除变量	原始变量		标准化变量		标签
	与合计的相关系数	Alpha	与合计的相关系数	Alpha	
AR1	0.817	0.880	0.817	0.880	评价召回制度：生产者信息备案
AR2	0.837	0.863	0.837	0.863	评价召回制度：召回计划备案
AR3	0.817	0.880	0.817	0.880	评价召回制度：召回效果评估

行政监管的内部信度检验的 Cronbach 的 Alpha 系数仍然非常高，AR1 变量的 Cronbach 的 Alpha 系数达到 0.88；AR2 达到 0.863；AR3 达到 0.880；证明内部信度非常高。

（2）对技术监管的内部信度检验

表 6–15　Cronbach 的 Alpha 系数

变量	Alpha
原始	0.935
标准	0.935

无论是原始变量的 Cronbach 的 Alpha 系数，还是标准化的 Cronbach 的 Alpha 系数，都达到 0.935，技术监管的内部信度检验的 Cronbach 的 Alpha 系数取值都很高。逐一剔除变量，得到下面的表格。

表 6-16　带已删除变量的 Cronbach 的 Alpha 系数

已删除变量	原始变量		标准化变量		标签
	与合计的相关系数	Alpha	与合计的相关系数	Alpha	
TR3	0.870	0.902	0.870	0.903	评价召回制度：缺陷信息采集与分析
TR4	0.864	0.908	0.864	0.908	评价召回制度：缺陷风险评估
TR5	0.865	0.907	0.865	0.907	评价召回制度：技术调查与认定

技术监管的内部信度检验的 Cronbach 的 Alpha 系数仍然非常高，TR3 变量的 Cronbach 的 Alpha 系数达到 0.902；TR4 达到 0.908；TR5 达到 0.907；证明技术监管内部信度非常高。

效度主要有四种效度：表面效度（face validity）、内容效度（content validity），准则效度（Criterion—related validity）和结构效度（construct validity）。结构效度，指问卷是否含有理论上期望的特征，反映问卷测量结果与理论上测量结果的平行程度；问卷评价的现象与其他对象的独立性；问卷结果是否符台该问卷要评价现象的有关理论预测。

表 6-17　旋转因子模式

变　量		Factor1	Factor2
AR1	评价召回制度：生产者信息备案	0.423	0.855
AR2	评价召回制度：召回计划备案	0.504	0.786
AR3	评价召回制度：召回效果评估	0.733	0.553
TR1	评价召回制度：缺陷信息采集与分析	0.811	0.456
TR2	评价召回制度：缺陷风险评估	0.849	0.407
TR3	评价召回制度：技术调查与认定	0.805	0.478

从旋转后的结果看，FACTOR1 在 AR1–AR3 上的载荷极高，都大于 0.553，因此，反映的是行政监管因子；FACTOR2 在 TR1–TR3 上的载荷极高，都大于 0.805，因此，反映的是技术监管因子。两个因子刚好反映了技术监管与行政监管，正交分离，因此，问卷的效度很好。

利用 SAS 软件对模型进行分析运算的结果如下表所示。从表 3 的路径分析结果看，本研究提出的假设 H1、H4、H6、H8、H9、H10、H11 得到证实。

表 6-18　路径分析结果

路径			参数	估计值	标准差	t 值	
消费者信心	<=	行政监管	H1	0.224	0.116	1.930	0.054
消费者信心	<=	技术监管	H2	–0.054	0.115	–0.470	0.638
召回策略	<=	行政监管	H3	–0.055	0.133	–0.411	0.681

续表

路径			参数	估计值	标准差	t 值	
召回策略	<=	技术监管	H4	0.137	0.066	2.076	0.038
购买意愿	<=	消费者信心	H5	−0.084	0.065	−1.291	0.197
供给水平	<=	消费者信心	H6	0.249	0.051	4.860	<0.0001
购买意愿	<=	召回策略	H7	−0.003	0.054	−0.064	0.949
供给水平	<=	召回策略	H8	0.112	0.046	2.454	0.014
消费者信心	<=	召回策略	H9	0.139	0.045	3.100	0.002
供给水平	<=	购买意愿	H10	0.175	0.067	2.604	0.009
购买意愿	<=	供给水平	H11	0.580	0.104	5.573	<0.0001

行政监管对消费者信心有一定的影响，而且方向为正，标准化回归系数为0.224，但是对召回策略的影响不显著。技术监管对召回策略的影响比较显著，标准化回归系数为0.137，但是对消费者信心没有检验出显著影响。消费者信心对于供给水平具有一定的影响，标准化回归系数为0.249，但是对购买意愿没有检验出显著影响。召回策略对供给水平与消费者信心具有一定影响，标准化回归系数分别为0.122与0.139，但是对购买意愿没有检验出显著影响。购买意愿对供给水平具有一定影响，标准化系数为0.175。购买意愿对供给水平具有显著影响，标准化回归系数为0.580。综上，通过对问卷调研数据进行统计分析，对研究假设进行的结构方程检验，得到了对部分研究假设具有支持性的结果。

6.5.4 研究结论

本研究以汽车车主为研究样本，开发了汽车召回制度与购买意愿的量表，实证研究了汽车召回制度中的行政监管与技术监管对消费者购买意愿的影响，主要研究结论如下：

（1）汽车召回制度下的消费者信心与企业召回策略

汽车召回行政监管对消费者信心具有正向影响，但对企业召回策略未表现出显著影响；汽车召回技术监管对企业召回策略具有正向影响，但对消费者信心未表现出显著影响；企业召回策略对消费者信心具有正向影响。这表明，我国利用行政权力对汽车安全进行后市场监管，对保护消费者权益具有显著影响，而我国汽车企业召回策略的制定，与我国汽车召回制度下的技术监管关系更密切。汽车企业在汽车召回过程中采取的措施，直接影响消费者的信心，即汽车企业在应对汽车召回过程中采取的策略越积极主动，越有利于提振消费者信心。

（2）汽车召回制度下的消费者购买意愿和供给水平

消费者信心对供给水平具有正向影响，对购买意愿未表现出显著影响，但供给水平对购买意愿具有显著影响；企业召回策略对供给水平与消费者信心具有正向影响，对购买意愿并未表现出显著影响，但购买意愿对汽车供给水平具有正向影响。这表明，汽车召回制度的建立与完善，对于提高消费者购买意愿与提升汽车企业的产品供给水平均具有积极影响，对供给侧结构性改革具有积极作用，有利于扩大国内消费供给市场规模、释放消费潜力。

附录Ⅰ

缺陷汽车产品召回管理条例

第一条 为了规范缺陷汽车产品召回，加强监督管理，保障人身、财产安全，制定本条例。

第二条 在中国境内生产、销售的汽车和汽车挂车（以下统称汽车产品）的召回及其监督管理，适用本条例。

第三条 本条例所称缺陷，是指由于设计、制造、标识等原因导致的在同一批次、型号或者类别的汽车产品中普遍存在的不符合保障人身、财产安全的国家标准、行业标准的情形或者其他危及人身、财产安全的不合理的危险。

本条例所称召回，是指汽车产品生产者对其已售出的汽车产品采取措施消除缺陷的活动。

第四条 国务院产品质量监督部门负责全国缺陷汽车产品召回的监督管理工作。

国务院有关部门在各自职责范围内负责缺陷汽车产品召回的相关监督管理工作。

第五条 国务院产品质量监督部门根据工作需要，可以委托省、自治区、直辖市人民政府产品质量监督部门、进出口商品检验机构负责缺陷汽车产品召回监督管理的部分工作。

国务院产品质量监督部门缺陷产品召回技术机构按照国务院产品质量监督部门的规定，承担缺陷汽车产品召回的具体技术工作。

第六条 任何单位和个人有权向产品质量监督部门投诉汽车产品可能存在的缺陷，国务院产品质量监督部门应当以便于公众知晓的方式向社会公布受理投诉的电话、电子邮箱和通信地址。

国务院产品质量监督部门应当建立缺陷汽车产品召回信息管理系统，收集汇总、分析处理有关缺陷汽车产品信息。

产品质量监督部门、汽车产品主管部门、商务主管部门、海关、公安机关交通管理部门、交通运输主管部门、工商行政管理部门等有关部门应当建立汽车产品的生产、销售、进口、登记检验、维修、消费者投诉、召回等信息的共享机制。

第七条 产品质量监督部门和有关部门、机构及其工作人员对履行本条例规定职责所知悉的商业秘密和个人信息，不得泄露。

第八条 对缺陷汽车产品，生产者应当依照本条例全部召回；生产者未实施召回的，国务院产品质量监督部门应当依照本条例责令其召回。

本条例所称生产者，是指在中国境内依法设立的生产汽车产品并以其名义颁发产品合格证的企业。

从中国境外进口汽车产品到境内销售的企业，视为前款所称的生产者。

第九条 生产者应当建立并保存汽车产品设计、制造、标识、检验等方面的信息记录以及汽车产品初次销售的车主信息记录，保存期不得少于10年。

第十条 生产者应当将下列信息报国务院产品质量监督部门备案：

（一）生产者基本信息；

（二）汽车产品技术参数和汽车产品初次销售的车主信息；

（三）因汽车产品存在危及人身、财产安全的故障而发生修理、更换、退货的信息；

（四）汽车产品在中国境外实施召回的信息；

（五）国务院产品质量监督部门要求备案的其他信息。

第十一条 销售、租赁、维修汽车产品的经营者（以下统称经营者）应当按照国务院产品质量监督部门的规定建立并保存汽车产品相关信息记录，保存期不得少于5年。

经营者获知汽车产品存在缺陷的，应当立即停止销售、租赁、使用缺陷汽车产品，并协助生产者实施召回。

经营者应当向国务院产品质量监督部门报告和向生产者通报所获知的汽车产品可能存在缺陷的相关信息。

第十二条 生产者获知汽车产品可能存在缺陷的，应当立即组织调查分析，并如实向国务院产品质量监督部门报告调查分析结果。

生产者确认汽车产品存在缺陷的，应当立即停止生产、销售、进口缺陷汽车产品，并实施召回。

第十三条 国务院产品质量监督部门获知汽车产品可能存在缺陷的，应当立即通知生产者开展调查分析；生产者未按照通知开展调查分析的，国务院产品质量监督部门应当开展缺陷调查。

国务院产品质量监督部门认为汽车产品可能存在会造成严重后果的缺陷的，可以直接开展缺陷调查。

第十四条 国务院产品质量监督部门开展缺陷调查，可以进入生产者、经营者的生产经营场所进行现场调查，查阅、复制相关资料和记录，向相关单位和个人了解汽车产品可能存在缺陷的情况。

生产者应当配合缺陷调查，提供调查需要的有关资料、产品和专用设备。经营者应当配合缺陷调查，提供调查需要的有关资料。

国务院产品质量监督部门不得将生产者、经营者提供的资料、产品和专用设备用于缺陷调查所需的技术检测和鉴定以外的用途。

第十五条 国务院产品质量监督部门调查认为汽车产品存在缺陷的，应当通知生产者实施召回。

生产者认为其汽车产品不存在缺陷的，可以自收到通知之日起15个工作日内向国务院产品质量监督部门提出异议，并提供证明材料。国务院产品质量监督部门应当组织与生产者无利害关系的专家对证明材料进行论证，必要时对汽车产品进行技术检测或者鉴定。

生产者既不按照通知实施召回又不在本条第二款规定期限内提出异议的，或者经国务院产品质量监督部门依照本条第二款规定组织论证、技术检测、鉴定确认汽车产品存在缺陷的，国务院产品质量监督部门应当责令生产者实施召回；生产者应当立即停止生产、销售、进口缺陷汽车产品，并实施召回。

第十六条 生产者实施召回，应当按照国务院产品质量监督部门的规定制定召回计划，并报国务院产品质量监督部门备案。修改已备案的召回计划应当重新备案。

生产者应当按照召回计划实施召回。

第十七条 生产者应当将报国务院产品质量监督部门备案的召回计划同时通报销售者，销售者应当停止销售缺陷汽车产品。

第十八条 生产者实施召回，应当以便于公众知晓的方式发布信息，告知车主汽车产品存在的缺陷、避免损害发生的应急处置方法和生产者消除缺陷的措施等事项。

国务院产品质量监督部门应当及时向社会公布已经确认的缺陷汽车产品信息以及生产者实施召回的相关信息。

车主应当配合生产者实施召回。

第十九条 对实施召回的缺陷汽车产品，生产者应当及时采取修正或者补充标识、修理、更换、退货等措施消除缺陷。

生产者应当承担消除缺陷的费用和必要的运送缺陷汽车产品的费用。

第二十条 生产者应当按照国务院产品质量监督部门的规定提交召回阶段性报告和召回总结报告。

第二十一条 国务院产品质量监督部门应当对召回实施情况进行监督，并组织与生产者无利害关系的专家对生产者消除缺陷的效果进行评估。

第二十二条 生产者违反本条例规定，有下列情形之一的，由产品质量监督部门责令改正；拒不改正的，处5万元以上20万元以下的罚款：

（一）未按照规定保存有关汽车产品、车主的信息记录；

（二）未按照规定备案有关信息、召回计划；

（三）未按照规定提交有关召回报告。

第二十三条 违反本条例规定，有下列情形之一的，由产品质量监督部门责令改正；拒不改正的，处50万元以上100万元以下的罚款；有违法所得的，并处没收违法所得；情节严重的，由许可机关吊销有关许可：

（一）生产者、经营者不配合产品质量监督部门缺陷调查；

（二）生产者未按照已备案的召回计划实施召回；

（三）生产者未将召回计划通报销售者。

第二十四条 生产者违反本条例规定，有下列情形之一的，由产品质量监督部门责令改正，处缺陷汽车产品货值金额 1% 以上 10% 以下的罚款；有违法所得的，并处没收违法所得；情节严重的，由许可机关吊销有关许可：

（一）未停止生产、销售或者进口缺陷汽车产品；

（二）隐瞒缺陷情况；

（三）经责令召回拒不召回。

第二十五条 违反本条例规定，从事缺陷汽车产品召回监督管理工作的人员有下列行为之一的，依法给予处分：

（一）将生产者、经营者提供的资料、产品和专用设备用于缺陷调查所需的技术检测和鉴定以外的用途；

（二）泄露当事人商业秘密或者个人信息；

（三）其他玩忽职守、徇私舞弊、滥用职权行为。

第二十六条 违反本条例规定，构成犯罪的，依法追究刑事责任。

第二十七条 汽车产品出厂时未随车装备的轮胎存在缺陷的，由轮胎的生产者负责召回。具体办法由国务院产品质量监督部门参照本条例制定。

第二十八条 生产者依照本条例召回缺陷汽车产品，不免除其依法应当承担的责任。

汽车产品存在本条例规定的缺陷以外的质量问题的，车主有权依照产品质量法、消费者权益保护法等法律、行政法规和国家有关规定以及合同约定，要求生产者、销售者承担修理、更换、退货、赔偿损失等相应的法律责任。

第二十九条 本条例自 2013 年 1 月 1 日起施行。

附录Ⅱ

缺陷汽车产品召回管理条例实施办法

第一章 总 则

第一条 根据《缺陷汽车产品召回管理条例》，制定本办法。

第二条 在中国境内生产、销售的汽车和汽车挂车（以下统称汽车产品）的召回及其监督管理，适用本办法。

第三条 汽车产品生产者（以下简称生产者）是缺陷汽车产品的召回主体。汽车产品存在缺陷的，生产者应当依照本办法实施召回。

第四条 国家质量监督检验检疫总局（以下简称质检总局）负责全国缺陷汽车产品召回的监督管理工作。各级产品质量监督部门和出入境检验检疫机构依法履行职责。

第五条 质检总局根据工作需要，可以委托省级产品质量监督部门和出入境检验检疫机构（以下统称省级质检部门），在本行政区域内按照职责分工分别负责境内生产和进口缺陷汽车产品召回监督管理的部分工作。

质检总局缺陷产品召回技术机构（以下简称召回技术机构）按照质检总局的规定承担缺陷汽车产品召回信息管理、缺陷调查、召回管理中的具体技术工作。

第二章 信息管理

第六条 任何单位和个人有权向产品质量监督部门和出入境检验检疫机构投诉汽车产品可能存在的缺陷等有关问题。

第七条 质检总局负责组织建立缺陷汽车产品召回信息管理系统，收集汇总、分析处理有关缺陷汽车产品信息，备案生产者信息，发布缺陷汽车产品信息和召回相关信息。

质检总局负责与国务院有关部门共同建立汽车产品的生产、销售、进口、登记检验、维修、事故、消费者投诉、召回等信息的共享机制。

第八条 地方产品质量监督部门和各地出入境检验检疫机构发现本行政区域内缺陷汽车产品信息的，应当将信息逐级上报。

第九条 生产者应当建立健全汽车产品可追溯信息管理制度，确保能够及时确定缺陷汽车产品的召回范围并通知车主。

第十条 生产者应当保存以下汽车产品设计、制造、标识、检验等方面的信息：

（一）汽车产品设计、制造、标识、检验的相关文件和质量控制信息；

（二）涉及安全的汽车产品零部件生产者及零部件的设计、制造、检验信息；

（三）汽车产品生产批次及技术变更信息；

（四）其他相关信息。

生产者还应当保存车主名称、有效证件号码、通信地址、联系电话、购买日期、车辆识别代码等汽车产品初次销售的车主信息。

第十一条　生产者应当向质检总局备案以下信息：

（一）生产者基本信息；

（二）汽车产品技术参数和汽车产品初次销售的车主信息；

（三）因汽车产品存在危及人身、财产安全的故障而发生修理、更换、退货的信息；

（四）汽车产品在中国境外实施召回的信息；

（五）技术服务通报、公告等信息；

（六）其他需要备案的信息。

生产者依法备案的信息发生变化的，应当在20个工作日内进行更新。

第十二条　销售、租赁、维修汽车产品的经营者（以下统称经营者）应当建立并保存其经营的汽车产品型号、规格、车辆识别代码、数量、流向、购买者信息、租赁、维修等信息。

第十三条　经营者、汽车产品零部件生产者应当向质检总局报告所获知的汽车产品可能存在缺陷的相关信息，并通报生产者。

第三章　缺陷调查

第十四条　生产者获知汽车产品可能存在缺陷的，应当立即组织调查分析，并将调查分析结果报告质检总局。

生产者经调查分析确认汽车产品存在缺陷的，应当立即停止生产、销售、进口缺陷汽车产品，并实施召回；生产者经调查分析认为汽车产品不存在缺陷的，应当在报送的调查分析结果中说明分析过程、方法、风险评估意见以及分析结论等。

第十五条　质检总局负责组织对缺陷汽车产品召回信息管理系统收集的信息、有关单位和个人的投诉信息以及通过其他方式获取的缺陷汽车产品相关信息进行分析，发现汽车产品可能存在缺陷的，应当立即通知生产者开展相关调查分析。

生产者应当按照质检总局通知要求，立即开展调查分析，并如实向质检总局报告调查分析结果。

第十六条　召回技术机构负责组织对生产者报送的调查分析结果进行评估，并将评估结果报告质检总局。

第十七条　存在下列情形之一的，质检总局应当组织开展缺陷调查：

（一）生产者未按照通知要求开展调查分析的；

（二）经评估生产者的调查分析结果不能证明汽车产品不存在缺陷的；

（三）汽车产品可能存在造成严重后果的缺陷的；

（四）经实验检测，同一批次、型号或者类别的汽车产品可能存在不符合保障人身、财产安全的国家标准、行业标准情形的；

（五）其他需要组织开展缺陷调查的情形。

第十八条 质检总局、受委托的省级质检部门开展缺陷调查，可以行使以下职权：

（一）进入生产者、经营者、零部件生产者的生产经营场所进行现场调查；

（二）查阅、复制相关资料和记录，收集相关证据；

（三）向有关单位和个人了解汽车产品可能存在缺陷的情况；

（四）其他依法可以采取的措施。

第十九条 与汽车产品缺陷有关的零部件生产者应当配合缺陷调查，提供调查需要的有关资料。

第二十条 质检总局、受委托的省级质检部门开展缺陷调查，应当对缺陷调查获得的相关信息、资料、实物、实验检测结果和相关证据等进行分析，形成缺陷调查报告。

省级质检部门应当及时将缺陷调查报告报送质检总局。

第二十一条 质检总局可以组织对汽车产品进行风险评估，必要时向社会发布风险预警信息。

第二十二条 质检总局根据缺陷调查报告认为汽车产品存在缺陷的，应当向生产者发出缺陷汽车产品召回通知书，通知生产者实施召回。

生产者认为其汽车产品不存在缺陷的，可以自收到缺陷汽车产品召回通知书之日起15个工作日内向质检总局提出书面异议，并提交相关证明材料。

生产者在15个工作日内提出异议的，质检总局应当组织与生产者无利害关系的专家对生产者提交的证明材料进行论证；必要时质检总局可以组织对汽车产品进行技术检测或者鉴定；生产者申请听证的或者质检总局根据工作需要认为有必要组织听证的，可以组织听证。

第二十三条 生产者既不按照缺陷汽车产品召回通知书要求实施召回，又不在15个工作日内向质检总局提出异议的，或者经组织论证、技术检测、鉴定，确认汽车产品存在缺陷的，质检总局应当责令生产者召回缺陷汽车产品。

第四章 召回实施与管理

第二十四条 生产者实施召回，应当按照质检总局的规定制定召回计划，并自确认汽车产品存在缺陷之日起5个工作日内或者被责令召回之日起5个工作日内向质检总局备案；同时以有效方式通报经营者。

生产者制定召回计划，应当内容全面，客观准确，并对其内容的真实性、准确性及召回措施的有效性负责。

生产者应当按照已备案的召回计划实施召回；生产者修改已备案的召回计划，应当重新向质检总局备案，并提交说明材料。

第二十五条 经营者获知汽车产品存在缺陷的，应当立即停止销售、租赁、使用缺陷汽车产品，并协助生产者实施召回。

第二十六条 生产者应当自召回计划备案之日起5个工作日内，通过报刊、网站、广播、电视等便于公众知晓的方式发布缺陷汽车产品信息和实施召回的相关信息，30个工作日内以挂号信等有效方式，告知车主汽车产品存在的缺陷、避免损害发生的应急处置方法和生产者消除缺陷的措施等事项。

生产者应当通过热线电话、网络平台等方式接受公众咨询。

第二十七条 车主应当积极配合生产者实施召回，消除缺陷。

第二十八条 质检总局应当向社会公布已经确认的缺陷汽车产品信息、生产者召回计划以及生产者实施召回的其他相关信息。

第二十九条 生产者应当保存已实施召回的汽车产品召回记录，保存期不得少于10年。

第三十条 生产者应当自召回实施之日起每3个月向质检总局提交一次召回阶段性报告。质检总局有特殊要求的，生产者应当按要求提交。

生产者应当在完成召回计划后15个工作日内，向质检总局提交召回总结报告。

第三十一条 生产者被责令召回的，应当立即停止生产、销售、进口缺陷汽车产品，并按照本办法的规定实施召回。

第三十二条 生产者完成召回计划后，仍有未召回的缺陷汽车产品的，应当继续实施召回。

第三十三条 对未消除缺陷的汽车产品，生产者和经营者不得销售或者交付使用。

第三十四条 质检总局对生产者召回实施情况进行监督或者委托省级质检部门进行监督，组织与生产者无利害关系的专家对消除缺陷的效果进行评估。

受委托对召回实施情况进行监督的省级质检部门，应当及时将有关情况报告质检总局。

质检总局通过召回实施情况监督和评估发现生产者的召回范围不准确、召回措施无法有效消除缺陷或者未能取得预期效果的，应当要求生产者再次实施召回或者采取其他相应补救措施。

第五章 法律责任

第三十五条 生产者违反本办法规定，有下列行为之一的，责令限期改正；逾期未改正的，处以1万元以上3万元以下罚款：

（一）未按规定更新备案信息的；

（二）未按规定提交调查分析结果的；

（三）未按规定保存汽车产品召回记录的；

（四）未按规定发布缺陷汽车产品信息和召回信息的。

第三十六条 零部件生产者违反本办法规定不配合缺陷调查的，责令限期改正；逾期未改正的，处以1万元以上3万元以下罚款。

第三十七条 违反本办法规定，构成《缺陷汽车产品召回管理条例》等有关法律法规规定的违法行为的，依法予以处理。

第三十八条 违反本办法规定，构成犯罪的，依法追究刑事责任。

第三十九条 本办法规定的行政处罚由违法行为发生地具有管辖权的产品质量监督部门和出入境检验检疫机构在职责范围内依法实施；法律、行政法规另有规定的，依照法律、行政法规的规定执行。

第六章 附 则

第四十条 本办法所称汽车产品是指中华人民共和国国家标准《汽车和挂车类型的术语和定义》规定的汽车和挂车。

本办法所称生产者是指在中国境内依法设立的生产汽车产品并以其名义颁发产品合格证的企业。

从中国境外进口汽车产品到境内销售的企业视为前款所称的生产者。

第四十一条 汽车产品出厂时未随车装备的轮胎的召回及其监督管理由质检总局另行规定。

第四十二条 本办法由质检总局负责解释。

第四十三条 本办法自 2016 年 1 月 1 日起施行。

附录Ⅲ

未随车装备轮胎召回计划备案表单

缺陷汽车轮胎召回计划（试行）

国家质量监督检验检疫总局：

根据《缺陷汽车产品召回管理条例》的相关规定，__________（生产者名称）现备案本召回计划，决定对本计划中所涉及的未随车装备的汽车轮胎实施召回，以消除安全隐患。

1 生产者信息

生产者名称		召回编号（由国家质检总局缺陷产品管理中心填写）	
地 址		邮 编	
网 址			
召回负责人			
固定电话		手 机	
电子邮件		传 真	
联系人1			
固定电话		手 机	
电子邮件		传 真	
联系人2			
固定电话		手 机	
电子邮件		传 真	

2 召回轮胎信息

2.1 轮胎的识别信息

<table>
<tr><td colspan="2">品 牌</td><td colspan="4"></td></tr>
<tr><td colspan="2">召回轮胎生产类型</td><td colspan="2">进口/国产</td><td>生产者类型</td><td>国内独资/合资/外商独资</td></tr>
<tr><td colspan="2">是否在其它国家开展此召回行动</td><td colspan="4">□ 是（说明其它国家的召回时间安排）
□ 否</td></tr>
<tr><td colspan="2">轮胎类型</td><td colspan="4"></td></tr>
<tr><td colspan="2">召回轮胎总数量</td><td colspan="4"></td></tr>
<tr><td>序号</td><td>轮胎规格型号</td><td>花纹编号</td><td>召回数量</td><td>生产日期范围</td><td>周期号范围</td></tr>
<tr><td rowspan="2">1</td><td rowspan="2"></td><td rowspan="2"></td><td rowspan="2"></td><td>起：</td><td>起：</td></tr>
<tr><td>止：</td><td>止：</td></tr>
<tr><td rowspan="2">2</td><td rowspan="2"></td><td rowspan="2"></td><td rowspan="2"></td><td>起：</td><td>起：</td></tr>
<tr><td>止：</td><td>止：</td></tr>
</table>

注：（1）若生产周期编号不连续，需附具体明细，有胎号的应提供胎号明细。

（2）召回涉及轮胎规格型号较多时，可增加表格。

2.2 召回轮胎的照片

2.3 召回轮胎辨识信息图例

注：(1) 信息图例至少明确轮胎规格型号、花纹编号和周期号或胎号的位置。

(2) 若有多个规格型号，请分别提供轮胎照片和辨识信息图例。

(3) 信息图例示意如下：

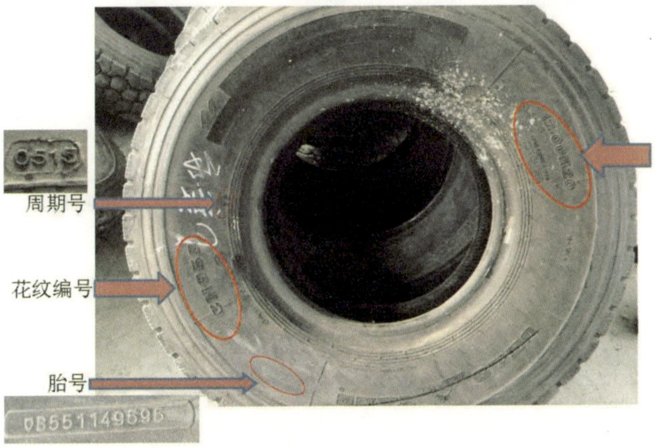

全钢子午线轮胎信息图例

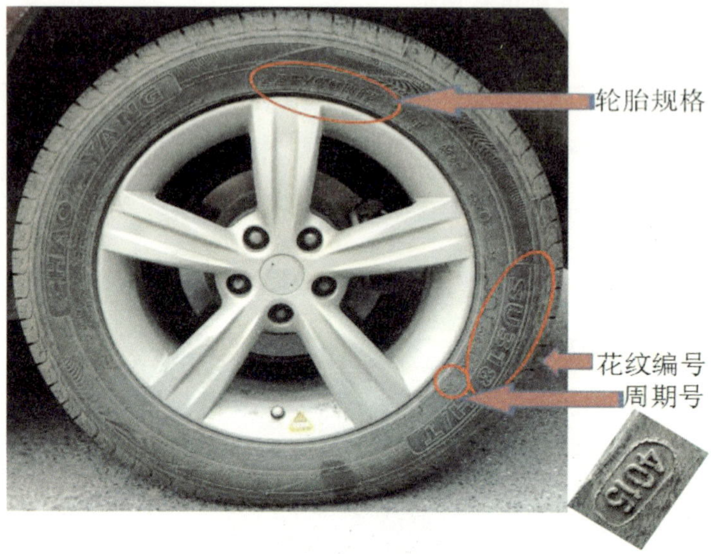

半钢子午线轮胎信息图例

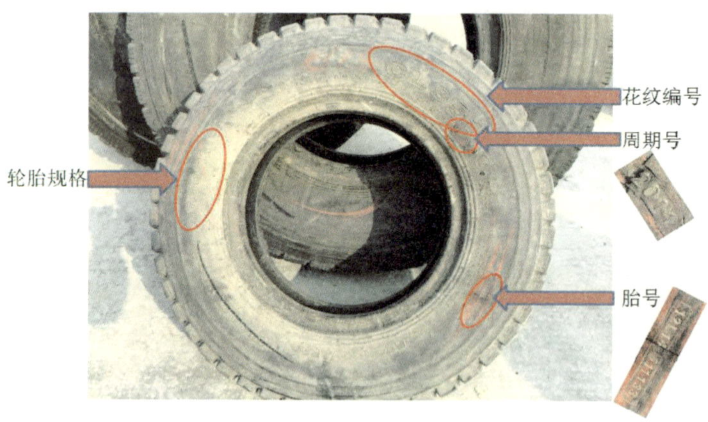

斜交轮胎信息图例

3 缺陷描述

3.1 缺陷产生的原因

3.2 缺陷确定的时间和方法。包括但不限于调查启动、调查过程、相关重要决策以及确定缺陷的时间节点。

3.3 缺陷可能导致的后果。说明可能产生的危险及其严重程度，以及避免损害发生的应急处置办法。

3.4 缺陷发生前及发生时车辆的预警和警示信息（如：异响，报警等）

3.5 缺陷的投诉、索赔及故障案例信息。包括但不仅限于：缺陷报告案例或投诉数量、事故、人员伤亡情况、保修或索赔案件，以及全球其它市场的前述数据。

3.6 缺陷鉴定检测的数据或报告（随附件 2 提供技术说明材料）

---

4 缺陷的补救措施

4.1 缺陷的消除方法（随附件2提供技术说明材料）

____

4.2 用于召回的轮胎与被召回轮胎的主要区别

____

4.3 正在生产的产品是如何及何时修正的

____

5 召回日程

5.1 拟发布召回信息的时间：20____年___月____日____时。

5.2 说明召回的时间安排及理由。如果由于轮胎生产原因不能及时开展召回活动，说明时间计划。

____

5.3 明确生产者选择的公开发布信息的方式

____

5.4 通知经销商和用户的方案。包括但不限于通知时间、方式、是否分批次实施。

____

注：生产者应当自召回计划备案之日起5个工作日内，通过报刊、网站、广播、电视等便于公众知晓的方式发布缺陷汽车产品信息和实施召回的相关信息，30个工作日内以挂号信等有效方式，告知经销商和用户关于轮胎产品存在的缺陷、避免损害发生的应急处置方式和生产者

消除缺陷的措施等事项。

6 召回的预期效果。包括但不限于召回计划完成率及依据、缺陷消除措施的有效性。

7 其他需要说明的情况

生产者名称（签章）

日期

缺陷汽车轮胎召回通知书（试行）

经营者/用户：

根据《缺陷汽车产品召回管理条例》的相关规定，_______________（生产者名称）决定对本通知中所涉及的未随车装备的缺陷汽车轮胎实施召回，以消除安全隐患。

1 召回轮胎信息

1.1 轮胎的识别信息

<table>
<tr><td colspan="2">品　牌</td><td colspan="4"></td></tr>
<tr><td colspan="2">轮胎类型</td><td colspan="4"></td></tr>
<tr><td colspan="2">召回轮胎总数量</td><td colspan="4"></td></tr>
<tr><td>序号</td><td>轮胎规格型号</td><td>花纹编号</td><td>召回数量</td><td>生产日期范围</td><td>周期号范围</td></tr>
<tr><td rowspan="2">1</td><td rowspan="4"></td><td rowspan="4"></td><td rowspan="4"></td><td>起：</td><td>起：</td></tr>
<tr><td>止：</td><td>止：</td></tr>
<tr><td rowspan="2">2</td><td>起：</td><td>起：</td></tr>
<tr><td>止：</td><td>止：</td></tr>
</table>

注：（1）若生产周期编号不连续，需附具体明细，有胎号的应提供胎号明细。

（2）召回涉及轮胎规格型号较多时，可增加表格。

1.2 召回轮胎的照片

1.3 召回轮胎辨识图例

注：（1）附图例明确轮胎规格型号、花纹编号和周期号或胎号的位置。

（2）若有多个规格型号，请分别提供轮胎照片和辨识图例。

2 缺陷描述

2.1 缺陷产生原因

2.2 缺陷可能导致的后果。说明可能产生的危险及其严重程度，以及避免损害发生的应急处置办法。

2.3 缺陷发生前及发生时，车辆出现的预警和警示信息(如异响、报警灯等)

2.4 可能引致危险的操作及其他情况

2.5 召回前，为避免缺陷引致危险而建议车主应采取的预防措施

---

3 召回措施的具体内容

3.1 为消除缺陷而采取的具体措施

如：通过修理、更换等方式消除相关缺陷，并说明上述召回措施是免费的。

3.2 召回措施的实施计划

如:召回开始日期，修理、更换或者收回地点，指定或者推荐的经销商等。

3.3 消除缺陷所需的工作量和时间

3.4 其他信息

包括:在采用修理措施消除缺陷时，应向指定或推荐的修理商提供所需修理的轮胎品牌、类型、规格型号和数量及其他技术资料的获取途径；采用更换措施消除缺陷时，对更换轮胎加以说明；采用退换货措施时，对退换价格的说明等。

生产者名称（签章）

日期

缺陷汽车轮胎召回阶段性报告（试行）

国家质量监督检验检疫总局：

根据《缺陷汽车产品召回管理条例》的相关规定，__________（生产者名称）现对召回活动提交召回阶段性报告。

召回编号：

<table>
<tr><td rowspan="5">召回基本信息</td><td>召回公告发布时间</td><td colspan="3"></td></tr>
<tr><td>轮胎品牌</td><td></td><td>轮胎类型</td><td></td></tr>
<tr><td>轮胎规格型号</td><td colspan="3"></td></tr>
<tr><td>花纹编号</td><td colspan="3"></td></tr>
<tr><td>缺陷描述</td><td colspan="3"></td></tr>
<tr><td colspan="2">本报告提交人</td><td></td><td>联系方式</td><td></td></tr>
<tr><td colspan="2">召回阶段性报告起止时间</td><td colspan="3">起：__________ 止：__________</td></tr>
<tr><td colspan="2">通知经营者起止时间</td><td colspan="3">起：__________ 止：__________</td></tr>
<tr><td colspan="2">通知用户起止时间</td><td colspan="3">起：__________ 止：__________</td></tr>
<tr><td colspan="2">召回轮胎总数量</td><td colspan="3"></td></tr>
<tr><td colspan="2">本阶段召回的实际轮胎数</td><td></td><td>已召回的实际轮胎数</td><td></td></tr>
<tr><td colspan="2">召回计划备案完成率</td><td></td><td>目前实际的完成率</td><td></td></tr>
<tr><td colspan="2">已实施和未实施召回的轮胎信息（随附件1提供）</td><td colspan="3"></td></tr>
<tr><td colspan="2">缺陷消除后是否再次发生故障或事故</td><td colspan="3"></td></tr>
<tr><td colspan="2">无法通知到经销商和用户的情况</td><td colspan="3"></td></tr>
</table>

其他情况	

注：（1）一般情况下，召回阶段性报告从召回活动开始之日起每三个月提交一次，直到提交召回总结报告为止；

（2）召回活动不足三个月的，可不提交召回阶段性报告；

（3）已实施和未实施召回的轮胎信息随附件1以EXCEL表格形式提供（轮胎清单包括但不限于轮胎类型、规格型号、生产周期号、生产日期、用户姓名、详细地址、电话、购买时间等）。

（4）本表单中的汽车轮胎指汽车出厂时未随车装备的轮胎产品。

生产者名称（签章）

日期

缺陷汽车轮胎召回总结报告（试行）

国家质量监督检验检疫总局：

根据《缺陷汽车产品召回管理条例》的相关规定，________________（生产者名称）现对召回活动提交召回总结报告。

召回编号：

<table>
<tr><td rowspan="5">召回基本信息</td><td>召回公告发布时间</td><td colspan="3"></td></tr>
<tr><td>轮胎品牌</td><td></td><td>轮胎类型</td><td></td></tr>
<tr><td>轮胎规格型号</td><td colspan="3"></td></tr>
<tr><td>花纹编号</td><td colspan="3"></td></tr>
<tr><td>缺陷描述</td><td colspan="3"></td></tr>
<tr><td colspan="2">本报告提交人</td><td></td><td>联系方式</td><td></td></tr>
<tr><td colspan="2">备案的召回起止时间</td><td colspan="3">起：________ 止：________</td></tr>
<tr><td colspan="2">通知经营者起止时间</td><td colspan="3">起：________ 止：________</td></tr>
<tr><td colspan="2">通知方式</td><td colspan="3"></td></tr>
<tr><td colspan="2">通知用户起止时间</td><td colspan="3">起：________ 止：________</td></tr>
<tr><td colspan="2">通知方式</td><td colspan="3"></td></tr>
<tr><td colspan="2">通知用户成功率</td><td colspan="3"></td></tr>
<tr><td colspan="2">召回轮胎总数量</td><td></td><td>实际召回轮胎数量</td><td></td></tr>
<tr><td colspan="2">预期完成率</td><td></td><td>实际完成率</td><td></td></tr>
<tr><td colspan="2">召回各阶段完成情况</td><td colspan="3"></td></tr>
</table>

<table>
<tr><td>已实施和未实施召回的轮胎信息（随附件1提供）</td><td colspan="5"></td></tr>
<tr><td rowspan="2">未实施召回的原因</td><td>类型</td><td>无法通知用户</td><td>用户不愿参加召回</td><td>轮胎报废或转手</td><td>其他</td></tr>
<tr><td>数量</td><td></td><td></td><td></td><td></td></tr>
<tr><td>将对未实施召回的轮胎采取的针对性措施</td><td colspan="5"></td></tr>
<tr><td>轮胎缺陷消除后是否再次发生故障或事故</td><td colspan="5"></td></tr>
<tr><td>其他情况</td><td colspan="5"></td></tr>
</table>

注：

（1）已实施和未实施召回的轮胎信息随附件1以EXCEL表格形式提供（轮胎清单包括但不限于轮胎类型、规格型号、生产周期号、生产日期、用户姓名、详细地址、电话、购买时间等）。

（2）在备案的召回计划时间范围内，未达到备案的完成率时，生产者须进行解释说明。

（3）本表单中的汽车轮胎指汽车出厂时未随车装备的轮胎产品。

生产者名称（签章）

日期

缺陷汽车轮胎召回总结报告网站公开版（试行）

召回编号：

<table>
<tr><td>生产者名称</td><td colspan="5"></td></tr>
<tr><td>轮胎品牌</td><td colspan="2"></td><td colspan="2">轮胎类型</td><td></td></tr>
<tr><td>召回公告发布时间</td><td colspan="5"></td></tr>
<tr><td>召回实施起止时间</td><td colspan="5"></td></tr>
<tr><td>缺陷描述</td><td colspan="5"></td></tr>
<tr><td>召回涉及轮胎数量</td><td colspan="2">条</td><td colspan="2">实际完成召回轮胎</td><td>条</td></tr>
<tr><td>尚未实施召回的轮胎信息查询</td><td colspan="5">轮胎周期号：查询
轮胎胎号（有）:查询</td></tr>
<tr><td rowspan="2">未实施召回的原因</td><td>类型</td><td>无法通知用户</td><td>用户不配合召回</td><td>轮胎报废或转手</td><td>其他</td></tr>
<tr><td>数量</td><td></td><td></td><td></td><td></td></tr>
<tr><td>对尚未实施召回的轮胎计划采取的针对性措施</td><td colspan="5"></td></tr>
<tr><td>其他情况</td><td colspan="5"></td></tr>
<tr><td>备注</td><td colspan="5">车主可拨打***公司客户服务热线***咨询相关</td></tr>
</table>

备注	事宜，也可登陆国家质检总局网站（www.aqsiq.gov.cn），国家质检总局缺陷产品管理中心网站（www.dpac.gov.cn）了解更多信息。此外也可拨打国家质检总局缺陷产品管理中心的热线电话（010-59799616）反映召回活动实施过程中的问题或提交缺陷线索。

附录 IV

2016年缺陷汽车产品召回简表

召回编号	企业名称	召回数量	缺陷描述	召回措施
2016V0001	沈阳捷通消防车有限公司	1	本次召回范围内的部分车辆配置钢板弹簧悬架的单转向前桥，因由于生产线装配问题，连接钢板弹簧和前桥的U型螺栓之紧固螺母可能松动，造成前桥移位和轮胎磨损，存在安全隐患	生产者将为召回范围内的车辆进行免费检查，对转向前桥U型螺栓螺母紧固扭矩小于校验值的车辆进行松开所有U型螺栓螺母并重新拧紧至标称扭矩，以消除安全隐患
2016V0002	广汽日野汽车有限公司	4511	本次召回范围内部分车辆随车所附的驾驶员手册中，缺少起步气压范围的记载，不符合我国关于《机动车运行安全技术条件》（GB 7258—2012）中的有关规定，存在安全隐患	生产者将对召回范围内的车辆免费检查和更换为新版驾驶员手册
2016V0003	上海华东建筑机械厂有限公司	3	本次召回范围内部分车辆随车所附的驾驶员手册中，缺少起步气压范围的记载，不符合我国关于《机动车运行安全技术条件》（GB 7258—2013）中的有关规定，存在安全隐患	生产者将对召回范围内的车辆免费检查和更换为新版驾驶员手册
2016V0004	徐州利勃海尔混凝土机械有限公司	4	本次召回范围内部分车辆随车所附的驾驶员手册中，缺少起步气压范围的记载，不符合我国关于《机动车运行安全技术条件》（GB 7258—2014）中的有关规定，存在安全隐患	生产者将对召回范围内的车辆免费检查和更换为新版驾驶员手册
2016V0005	现代汽车（中国）投资有限公司	71	本次召回范围内的部分车辆因设计原因轮胎侧壁变形部位应力分散不足，在行驶过程中轮胎可能有噪音或底盘会有异常震动，长时间行驶后，轮胎侧壁面可能开裂，存在安全隐患	生产者将对上述受影响的召回对象车辆，按照维修程序免费更换成4条锦湖轮胎，以消除该缺陷

续表

召回编号	企业名称	召回数量	缺陷描述	召回措施
2016V0006	大众汽车（中国）销售有限公司	78083	本次召回范围内的部分车辆，长头发或纤维等异物可能进入转向柱开关电子模块，极端情况下可能阻碍电子模块内部的导线（扁平电缆）并产生导线连接故障，影响驾驶员侧前气囊的功能和喇叭功能。在发生车辆碰撞时驾驶员侧前气囊可能无法正常展开。故障发生时仪表板上的气囊报警灯会点亮提醒驾驶员立即联系授权经销商进行检修	对于涉及此次召回，气囊报警灯没有点亮的车辆，生产者将委托授权经销商免费为涉及召回车辆的转向柱开关电子模块加装外罩密封环，从而可以有效地防止异物的进入，避免发生此类问题。对于涉及此次召回且气囊报警灯已经点亮的车辆，经销商将为需要更换转向柱开关电子模块的车辆更换此零件
2016V0007	克莱斯勒（中国）汽车销售有限公司	2334	点火钥匙在运行（RUN）位置产生意外转动可能导致发动机熄火	生产者将为涉及车辆更换点火开关模块
2016V0008	浙江豪情汽车制造有限公司	1593	由于线束供应商制造原因，有可能导致侧气帘信号不能正确传递	生产者将为召回范围内的车辆免费检测，加装线束转接装置，以消除安全隐患
2016V0009	梅赛德斯－奔驰（中国）汽车销售有限公司	194	车辆右侧大灯的照射角度可能不符合相关的法规要求	生产者将通过梅赛德斯－奔驰授权经销商召回车辆免费检查受影响车辆的大灯并根据需要进行调整
2016V0010	大众汽车（中国）销售有限公司	2120	如果有水漏到后备厢内且无法排出，水会积蓄在后备厢地板下方且肉眼无法发现，如果水积蓄的过多，则会浸泡高压蓄电池并导致发生短路	生产者将委托授权经销商免费为涉及召回车辆的后备厢备用胎槽内安装排水阀
2016V0011	长城汽车股份有限公司	8291	由于供应商生产制造原因，电动转向控制单元内部元器件焊接强度不足，车辆长期使用后可能会出现开焊	生产者将免费更换改进后的电动转向控制单元
2016V0012	马自达（中国）企业管理有限公司	295	气囊气体发生器在气囊展开时可能存在气体发生器因内部压力异常造成壳体破损	生产者将对召回范围内车辆免费检查更换气体发生器，回收旧件用于调查
2016V0013	一汽轿车股份有限公司	46702	气囊气体发生器在气囊展开时可能存在气体发生器因内部压力异常造成壳体破损	生产者将对召回范围内车辆免费检查更换气体发生器，回收旧件用于调查

续表

召回编号	企业名称	召回数量	缺陷描述	召回措施
2016V0014	丰田汽车（中国）投资有限公司	749	空气囊控制单元中，由于系统启动程序不完善，当车辆处在不平整路面泊车的状态下，起动发动机后且迅速跨越路肩等时，车辆的侧翻传感器校正的零点有可能发生偏差。因此，当车辆发生倾斜时，就可能会被误判断为车辆侧翻，从而导致帘式空气囊及座椅安全带预收紧装置工作，影响驾驶员的正常操作，存在安全隐患	生产者将对所有对象车辆，更换修改了系统启动程序的空气囊控制单元
2016V0015	斯巴鲁汽车（中国）有限公司	4015	该当车型前机盖锁及安全锁由于锈蚀或者锈蚀所造成的异物等原因，组件可能会出现卡死的情况	本次召回分两个阶段实施。第一阶段，免费清查召回车辆的锈蚀状况。必要时免费更换新的前机盖锁及安全锁，避免故障发生。第二阶段，为召回车辆免费具有强制闭锁功能的前机盖锁及安全锁，消除安全隐患
2016V0016	大众汽车（中国）销售有限公司	86	本次召回范围内的部分车辆由于供应商制造问题，驾驶员侧及副驾驶员侧安装的侧气囊可能存在制造缺陷，导致在车辆发生碰撞引起侧气囊打开时造成气囊气体发生器破裂	生产者将委托授权经销商免费为安装了相应生产批次高田侧气囊的车辆安装新生产的侧气囊
2016V0017	一汽 – 大众汽车有限公司	18	本次召回范围内部分车辆由于供应商制造问题，驾驶员侧及副驾驶员侧安装的侧气囊可能存在制造缺陷，导致在车辆发生碰撞引起侧气囊打开时造成气囊气体发生器破裂	生产者将委托奥迪特许经销商免费为安装了相应生产批次的高田侧气囊的车辆安装新生产的侧气囊
2016V0018	克莱斯勒（中国）汽车销售有限公司	1357	点火钥匙在运行（RUN）位置产生意外转动可能导致发动机熄火	生产者将检查所有可能存在该隐患的车辆，并为消费者免费更换相关部件

续表

召回编号	企业名称	召回数量	缺陷描述	召回措施
2016V0019	广汽本田汽车有限公司	50	驾驶席气囊在展开时，可能存在气体发生器壳体破损、壳体碎片飞出，可能伤及车内乘员的安全隐患	生产者将对召回范围内的车辆免费更换驾驶席气囊气体发生器
2016V0020	东风本田汽车有限公司	100	驾驶席前气囊在事故中展开时，气体发生器容器可能发生损坏	生产者将免费为对象范围内车辆更换驾驶席前气囊气体发生器
2016V0021	克莱斯勒（中国）汽车销售有限公司	16576	上述自由光汽车车辆后电动尾门模块设计存在缺陷，在特殊环境下若有液体流入相关车型后电动尾门模块，可能会引起其内部腐蚀短路，从而导致后尾门模块无法正常工作或烧蚀，存在安全隐患	生产者将检查所有可能存在该隐患的车辆，并为消费者免费更换受损模块，包含受到腐蚀的后尾门模块，安装螺栓替换胶垫以增加防水性及在模块外部安装防水罩等措施。该项召回从 2016 年 2 月 28 日开始实施
2016V0022	本田技研工业（中国）投资有限公司	12019	驾驶员前气囊在事故中展开时，气体发生器容器可能发生损坏	生产者将免费为对象范围内车辆更换驾驶员前气囊气体发生器
2016V0023	广汽本田汽车有限公司	382090	驾驶席气囊在展开时，可能存在气体发生器壳体破损、壳体碎片飞出，可能伤及车内乘员的安全隐患	生产者将对召回范围内的车辆免费更换驾驶席气囊气体发生器
2016V0024	东风本田汽车有限公司	533350	驾驶席前气囊在事故中展开时，气体发生器容器可能发生损坏	生产者将免费为对象范围内车辆更换驾驶席前气囊气体发生器
2016V0025	丰田汽车（中国）投资有限公司	13474	由于后排座椅坐垫金属骨架形状不恰当，受事故时冲击的影响，如果骨架与后排座椅安全带发生强烈干涉，可能导致座椅安全带损伤，可能无法起到约束乘员的作用，存在安全隐患	生产者将在所有对象车辆的后排座椅坐垫金属骨架上安装树脂套
2016V0026	天津一汽丰田汽车有限公司	419864	由于后排座椅坐垫金属骨架形状不恰当，受事故时冲击的影响，如果骨架与后排座椅安全带发生强烈干涉，可能导致座椅安全带损伤，可能无法起到约束乘员的作用，存在安全隐患	生产者将为所有对象车辆的后排座椅坐垫金属骨架安装树脂套

续表

召回编号	企业名称	召回数量	缺陷描述	召回措施
2016V0027	三菱汽车销售（中国）有限公司	23195	驾驶席气囊展开时，气体发生器有可能破损	作为预防措施，免费更换驾驶席气囊气体发生器
2016V0028	通用汽车（中国）投资有限公司	263	带高低调节功能的前座外侧安全带锚座固定索断裂	生产者将在 2014 年 3 月 28 日之后已经停止进口欧宝车辆，因此正在生产的车辆不再销往中国
2016V0029	长安福特汽车有限公司	191368	召回范围内部分车辆其制动真空助力器密封圈缺少润滑油脂，导致密封圈过早磨损，极端情况下密封圈会与隔板分离，导致制动踏板变硬，车主会感觉到真空助力不足从而需要更用力地踩刹车，存在安全隐患	生产者将为召回范围内的车辆免费检查并更换有潜在风险的制动真空助力器
2016V0030	丰田汽车（中国）投资有限公司	79	关于副驾驶席空气囊的气体发生器（膨胀装置），尽管原因尚未明确，但在空气囊展开时，气体发生器的容器有可能发生破损，因此作为预防措施及推进原因调查，决定扩大正在实施的 LEXUS 雷克萨斯 SC430 车副驾驶空气囊气体发生器召回范围	生产者将更换所有对象车辆的副驾驶席空气囊气体发生器，此外，对更换的所有零件进行回收，调查导致容器破损的原因
2016V0031	浙江豪情汽车制造有限公司	1007	本次召回范围内部分车辆的燃油管在制造过程中由于切割设备故障，可能导致部分批次燃油管损坏，随着使用时间的推移可能出现燃油气味溢出，在极端情况下可能出现燃油泄漏，存在安全隐患	生产者将按照标准操作指引，更换燃油管
2016V0032	北京奔驰汽车有限公司	80	全景天窗接板粘接强度不符合要求	生产者将通过梅赛德斯－奔驰授权经销商召回车辆免费更换受影响车辆的天窗接板
2016V0033	东南（福建）汽车工业有限公司	2334	本次召回范围内的汽车由于供应商问题，驾驶席主气囊在展开时，气体发生器容器可能发生损坏，可能伤及车内人员，存在安全隐患	生产者将免费更换驾驶座气囊的气体发生器

续表

召回编号	企业名称	召回数量	缺陷描述	召回措施
2016V0034	克莱斯勒（中国）汽车销售有限公司	20670	因转向动力油管固定夹安装位置不当导致低压回油管漏油并可能导致车辆起火	生产者将对 2015 年款指南者与自由客车辆发起主动召回，公司将为涉及车辆转向油管固定夹进行检查并重新安装固定夹
2016V0035	广汽三菱汽车有限公司	3342	零部件厂家联络“根据其他公司市场回收件的调查结果，发现 2014 年之前生产的部分主驾驶气囊的 SDI 型气体发生器的火药推进剂密度波动大。”在展开时，气体发生器容器可能发生损坏，导致碎片飞出，可能伤及车内人员，存在安全隐患	生产者将对 2014 年之前生产的车辆的主驾驶气囊气体发生器更换成新件
2016V0036	广汽长丰汽车股份有限公司	2810	零部件厂家联络“根据其他公司市场回收件的调查结果，发现 2012 年之前生产的部分主驾驶气囊的 SDI 型气体发生器的火药推进剂密度波动大。” 在展开时，气体发生器容器可能发生损坏，导致碎片飞出，可能伤及车内人员，存在安全隐患	生产者将对 2012 年生产的车辆的主驾驶气囊气体发生器更换成新件
2016V0037	丰田汽车（中国）投资有限公司	126	装有 PCS 碰撞预测安全系统（减轻与前方障碍物碰撞的装置）的车辆，由于误将路面金属接缝等认知为障碍物，导致警告音响，并有可能启动辅助制动或自动制动。如果驾驶员慌乱中进行制动操作，有可能诱发后车追尾等事故	生产者将更换为改良后的碰撞预测安全系统的控制电脑及毫米波雷达传感器，以提高对障碍物认知的精确度
2016V0038	宝马（中国）汽车贸易有限公司	6109	燃油泵控制单元的设计缺陷可能导致燃油泵无法正常工作。在极端条件下，燃油泵控制单元内部电子元件可能在车辆进入休眠状态或从休眠状态唤醒时的瞬间发生击穿损坏。燃油泵因此无法正常工作。发动机将无法得到燃油供给	生产者将免费整体更换新的燃油泵控制单元

续表

召回编号	企业名称	召回数量	缺陷描述	召回措施
2016V0039	现代汽车（中国）投资有限公司	597	雨刮电机发生间歇性工作不良现象	生产者将更换雨刮电机配件（电机线路板及盖、盖密封垫）
2016V0040	玛莎拉蒂（中国）汽车贸易有限公司	20842	所涉及车辆的加速踏板可能被卡滞在工作位置	根据车辆的生产批次，生产者将为涉及召回的车辆进行：1. 加速踏板饰罩的更换（针对所有涉及车辆，新的加速踏板饰罩尺寸减小以尽可能增大与脚垫之间的距离，以降低踏板被未被正确固定的脚垫卡滞的可能）。2. 驾驶员脚垫的更换（针对部分涉及车辆，新的脚垫背面增加了防滑措施以防止其向前移动，以降低踏板被未被正确固定的脚垫卡滞的可能）。3. 检查加速踏板与其侧面的地毯之间的距离，如存在干涉，则使用专用的模板对地毯进行剪裁
2016V0041	克莱斯勒（中国）汽车销售有限公司	4082	上述车辆因制造问题，某些情况下，车辆的空调管路布线存在错误，可能导致空调管路与排气歧管接触，可能增加车辆起火风险，存在安全隐患	生产者将为涉及车辆检查空调管路的布线，并对于错误的布线进行更换和正确的安装，以消除该缺陷。该召回行动将自 2016 年 4 月开始实施
2016V0042	克莱斯勒（中国）汽车销售有限公司	60332	上述车辆因设计问题，某些情况下，部分车辆 ABS 防抱死制动系统模块会有水分进入，可能导致 ABS 防抱死制动系统与 ESC 电子稳定控制系统失效与故障，可能增加碰撞和乘员受伤的风险，存在安全隐患	生产者将为涉及车辆 ABS 防抱死制动系统模块地线进行密封，使用双层热缩管密封线束，根据需要更换前大灯和仪表板线束，并在必要时更换 ABS 防抱死制动系统模块，以消除该缺陷。该召回行动将自 2016 年 4 月 18 日开始实施
2016V0043	克莱斯勒（中国）汽车销售有限公司	2	上述车辆因制造原因，车辆风挡玻璃可能使用了超期的风挡底漆，车辆发生碰撞的情况下，风挡玻璃有可能发生位移，增加乘员受伤的风险，存在安全隐患	生产者将为涉及车辆更换风挡玻璃，以消除该缺陷

续表

召回编号	企业名称	召回数量	缺陷描述	召回措施
2016V0044	斯巴鲁汽车（中国）有限公司	78	涡轮增压发动机增压器进气歧管前端塑料成型件因生产管理不当用错材料可能导致进气歧管前端部分发生龟裂	生产者将对本次召回车辆的进气歧管的生产编号进行核对，为装有错误材料生产的塑料成型件的车辆，免费更换新的增压器进气歧管
2016V0045	保时捷（中国）汽车销售有限公司	108910	本次召回范围内的部分车辆，制动踏板铰链上的卡簧可能松脱。如果卡簧松脱，踏板枢轴销可能会出现移位，导致踏板偏离工作轨迹。如果该问题没有被发现，继续使用车辆会导致踏板轴断裂松脱。在极端情况下，驾驶员可能无法通过松脱的踏板有效的对车辆进行制动，增加了车辆的碰撞风险，存在安全隐患	作为一个预防性的措施，生产者将委托授权经销商免费为召回范围内的车辆检查踏板轴承上的卡簧，并确保其已经正确。在有必要的情况下，将为车辆安装一个新的卡簧
2016V0046	大众汽车（中国）销售有限公司	103569	本次召回范围内的部分车辆，制动踏板铰链上的卡簧可能松脱。如果卡簧松脱，踏板枢轴销可能会出现移位，导致踏板偏离工作轨迹。如果该问题没有被发现，继续使用车辆会导致踏板轴断裂松脱。在极端情况下，驾驶员可能无法通过松脱的踏板有效的对车辆进行制动，增加了车辆的碰撞风险，存在安全隐患	作为预防措施，生产者将委托授权经销商免费为召回涉及的车辆检查踏板轴承上的卡簧，并确保其已经正确的安装。在有必要的情况下，将为车辆安装一个新的卡簧
2016V0047	宝马（中国）汽车贸易有限公司	3115	气囊控制单元的制造缺陷可能导致在极端情况下气囊无法正常工作。供应商制造过程中，气囊控制单元内部可能被小金属片污染。在某些极端条件下，金属片可能移动并导致控制单元内部电路短路。此时气囊控制单元将进入短暂的重启过程。重启过程中气囊控制单元将无法工作，在此期间气囊将失效	生产者将免费整体更换新的不存在该缺陷的气囊控制单元

续表

召回编号	企业名称	召回数量	缺陷描述	召回措施
2016V0048	捷豹路虎汽车贸易（上海）有限公司	36145	部分 2013 至 2015 年款配备 2.0 GTDi 发动机的捷豹 XJ，XF 车辆前端附件传动系统（FEAD）中的惰轮固定螺栓失效，可能导致 FEAD 系统失去动力	生产者将更换成防尘盖未做喷漆处理的惰轮
2016V0049	现代汽车（中国）投资有限公司	8549	高压泵驱动部磨损，共轨压力不足	生产者将更换新的高压泵
2016V0050	斯巴鲁汽车（中国）有限公司	14802	VDC（车辆动态控制系统）控制单元中，由于电子驻车的制动控制程序编程不当，停车时开启电子驻车制动并熄火后，在一个特定的瞬间内再次启动车辆点火开关，会导致电子驻车的制动马达持续工作，并因过热而损坏	免费为对象车辆升级 VDC 控制单元的制动程序，消除隐患，避免故障发生
2016V0051	丰田汽车（中国）投资有限公司	15322	供应商在生产过程中，由于制动执行器中的油泵检查设备不恰当，有可能未能检查出在组装时发生的油泵 O 形圈损伤的零件，进而未将问题零件报废处理。因此，可能无法正常提供制动防抱死系统（ABS）及车身稳定控制系统（VSC）等工作时所需油压，有可能影响车辆行驶稳定性，存在安全隐患	确认所有对象车辆制动执行器的产品序列号，并更换问题对象制动执行器。（从气密检查记录中可追溯问题零件的产品序列号）
2016V0052	天津一汽丰田汽车有限公司	127	在音频功放器内的冷却开口部附近装配有扬声器驱动元件，由于该元件未设置保护电路，如果异物混入，可能导致该元件发生短路，造成音频功放器基板烧损。严重情况下，可能导致起火，存在安全隐患	天津一汽丰田汽车有限公司将为所有对象车辆更换改善后的音频功放器
2016V0053	东风汽车有限公司	181958	部分车辆的后背门气动撑杆外筒，在特殊环境下长时间使用后可能会引起接头处锈蚀，在极端情况下，撑杆外筒发生破损	为客户免费更换改善后的后背门气动撑杆

续表

召回编号	企业名称	召回数量	缺陷描述	召回措施
2016V0054	郑州日产汽车有限公司	84679	部分车辆的后背门气动撑杆外筒，在特殊环境下长时间使用后可能会引起接头处锈蚀，在极端情况下，撑杆外筒发生破损	为客户免费更换改善后的后背门气动撑杆
2016V0055	广汽菲亚特克莱斯勒汽车有限公司	2990	特定情况下，部分车辆会有水份进入ABS防抱死制动系统模块，可能导致ABS防抱死制动系统与ESC电子稳定控制系统失效与故障，可能增加碰撞和乘员受伤的风险	克莱斯勒会发起一次召回行动，为涉及车辆的ABS防抱死制动系统模块地线进行密封，使用双层热缩管密封线束，根据需要更换前大灯和仪表板线束，并在必要时更换ABS防抱死制动系统模块
2016V0056	东风汽车有限公司	36686	由于乘客分类系统控制单元内的程序问题，当成人入座副驾驶席时，系统可能误判为儿童，报警灯点亮，也有可能误判为空座的极个别情况	把乘客分类系统控制单元更换成改进型产品
2016V0057	日产（中国）投资有限公司	20962	由于乘客分类系统控制单元内的程序问题，当成人入座副驾驶席时，系统可能误判为儿童，报警灯点亮，也有可能误判为空座的极个别情况	把乘客分类系统控制单元更换成改进型产品
2016V0058	丰田汽车（中国）投资有限公司	19529	因车辆发动机控制电脑中对EGR(排气再循环)阀门控制的程序不完善，当频繁踩下加速踏板时，偶尔会发生EGR阀门开度与控制指令有偏差，阀门无法完全关闭的情况。在排气不断进入进气循环的情况下，可能引发发动机转速不稳，极端情况下，车辆在行驶过程中发动机可能发生熄火，从而导致后方车辆追尾进而诱发交通事故，存在安全隐患	对所有对象车辆，升级其发动机控制电脑的程序
2016V0059	神龙汽车有限公司	24562	由于供应商制造原因，三角臂前托架紧固螺栓质量不符合要求；在极端情况下，三角臂前托架紧固螺栓存在安全隐患	更换合格的三角臂前托架紧固螺栓

续表

召回编号	企业名称	召回数量	缺陷描述	召回措施
2016V0060	阿斯顿马丁拉共达（中国）汽车销售有限公司	20	本次涉及召回范围内的车辆，当右前座椅被调节至后部极限位置时，座椅的内侧滑轨有可能压迫电池电源缆线。如受到座椅滑轨的反复压迫，则可能会导致绝缘层受损而使得座椅滑轨组件与地线之间的线路短路及过热现象发生	阿斯顿马丁将对召回范围内车辆的电池电源缆线进行检查并在电池电源缆线上安装布线导块以改变电池电源缆线的布线位置，确保座椅滑轨不会压迫到电池电源缆线。如发现电池电源缆线受损，则将对缆线增加额外的绝缘层。该工作共需要 30 分钟，并向车主免费提供
2016V0061	上汽通用汽车有限公司	44096	本次召回范围内的车辆，在特定工况下，钥匙遗忘提醒功能缺失	免费更新收音机软件
2016V0062	福特汽车（中国）有限公司	6251	部分受影响车辆，后悬架前束连接臂可能存在焊接质量不良的问题，这可能会导致后悬架前束连接臂断裂	根据维修手册步骤，拆卸和更换后前束连接臂。此维修措施不向车主收取任何费用
2016V0063	玛莎拉蒂（中国）汽车贸易有限公司	19970	所涉及车辆的后轮前束调整拉杆与后轮轴承支架（即后羊角）之间的连接紧固程度不能达到设计要求。后轮前束调整拉杆的固定螺钉上的设计紧固扭矩不足，以及后轮前束调整拉杆与后轮轴承支架之间的连接的强度不适用于极端激烈驾驶	生产者将对涉及召回的车辆的后轮前束调整拉杆的固定螺钉的紧固扭矩和状态进行检查，并根据检查结果采取如下措施以消除缺陷：1. 如果拉杆固定螺钉尚未松动，则需要更换拉杆固定螺钉（带有螺纹胶）及其垫圈，并增大施加在拉杆固定螺钉上的扭矩。2. 如果拉杆固定螺钉已经松动或受到磨损，则需要更换后轮轴承支架（后羊角），后轮前束调整拉杆，拉杆固定螺钉（带有螺纹胶）及其垫圈，并增大施加在拉杆固定螺钉上的扭矩
2016V0064	神龙汽车有限公司	287	门锁的其中一个组件存在的制造缺陷可能造成门锁内部机构卡滞，导致车辆的一个或多个车门无法关闭	生产者将对召回范围内的车辆进行检查，对故障车门锁免费更换，以消除安全隐患

续表

召回编号	企业名称	召回数量	缺陷描述	召回措施
2016V0065	戴姆勒卡客车（中国）有限公司	15	本次召回的部分车辆在驾驶过程中，后桥间不当的法兰角度可能引起传动轴倾斜角度的偏差，导致万向节过热，传动轴和万向节间的装配间隙随着行驶里程的增加而增大，引起噪音和振动，甚至可能导致万向节的衬套或十字轴脱落	作为预防措施，生产者将更换受此召回影响的车辆的后一桥和后二桥之间的传动轴；同时，在两后桥 Y 型控制臂与后桥之间加装调整垫片
2016V0066	神龙汽车有限公司	49	安装在第二排后座上的安全带锁扣支架在供应商生产的过程中可能已损坏	对召回范围内的车辆按工艺进行检查，若属于缺陷范围内，即免费更换安全带锁扣支架
2016V0067	大众汽车（中国）销售有限公司	486	本次召回范围内的部分车辆，其全景天窗自动回缩功能的夹紧力触发上限可能过大，如果客户使用遥控钥匙开启和关闭全景天窗，且没有注意到有乘客将身体部位放置在天窗滑动区域，在少数情况下有可能造成对乘客的人身伤害，不符合国家标准的有关要求，存在安全隐患	为了确保在车辆天窗操控过程中的乘客人身安全，生产者将委托授权经销商为涉及范围内的车辆通过软件匹配的方式关闭全景天窗的遥控钥匙开启和关闭功能，并在产品说明书当中增加相应的内容，同时在车辆天窗控制面板部位增加安全警示标记
2016V0068	现代汽车（中国）投资有限公司	19	大灯开关触点产生瞬间的接触不良	更换组合开关组件（雨刷开关，内置改善的大灯控制逻辑）
2016V0069	上汽通用（沈阳）北盛汽车有限公司	1149655	本次召回范围内部分车辆，发动机曲轴箱通风阀膜片耐腐蚀性不足，在长期使用后膜片可能被腐蚀	免费更换曲轴箱通风阀，清理进气歧管
2016V0070	上汽通用东岳汽车有限公司	752169	本次召回范围内部分车辆，发动机曲轴箱通风阀膜片耐腐蚀性不足，在长期使用后膜片可能被腐蚀	免费更换曲轴箱通风阀，清理进气歧管
2016V0071	上汽通用汽车有限公司	258955	本次召回范围内部分车辆，发动机曲轴箱通风阀膜片耐腐蚀性不足，在长期使用后膜片可能被腐蚀	免费更换曲轴箱通风阀，清理进气歧管

续表

召回编号	企业名称	召回数量	缺陷描述	召回措施
2016V0072	捷豹路虎汽车贸易（上海）有限公司	5	捷豹路虎工程师从市场所返还的旧件上发现，油箱燃油出口法兰位置有裂缝的情况，可能导致燃油泄漏。并发现由于统计遗漏，部分涉及车辆未包含在之前召回的范围内	更换新的油箱汽油滤清器上盖和垫圈
2016V0073	铃木（中国）投资有限公司	288	由于后轮制动钳加工不良，部分制动钳的活塞缸径过大，导致制动钳内部密封性降低，制动液渗漏警告灯点亮	生产者将为涉及车辆免费更换符合规格的制动钳，以消除该隐患
2016V0074	沃尔沃（中国）投资有限公司	261	本次召回范围内的车辆由于驾驶室举升液压缸存在液压油内部泄漏的潜在风险，在驾驶室举升作业时可能出现驾驶室无阻尼下降，导致驾驶室举升液压缸工作失效，驾驶室倾斜后无法回位，存在安全隐患	生产者将为召回范围内的车辆进行免费检查，对车辆的驾驶室举升液压缸进行测试，对测试结果不合格的液压缸进行更换，同时更换驾驶室举升泵上的过滤塞，以消除该缺陷。所有库存车辆将在消除该缺陷后再行销售
2016V0075	克莱斯勒（中国）汽车销售有限公司	13676	因部分自由光车辆雨刷存在缺陷，导致前雨刮无法使用	生产者将针对2014年款进口自由光发起主动召回，对受影响车辆增加一个接地线圈，消除静电的聚集并更换受损的车身控制模块
2016V0076	丰田汽车（中国）投资有限公司	142592	本次召回范围内部分车辆搭载的高田产副驾驶席双级控制式空气囊气体发生器（膨胀装置），由于供应商原因，其气体发生剂在防潮方面存在不完善，长期在温度和湿度反复变化的影响下，气体发生剂有可能劣化。在空气囊展开时，气体发生器的容器有可能发生破损，存在安全隐患	生产者将为召回范围内的车辆免费更换副驾驶席空气囊总成或者气体发生器，以消除缺陷
2016V0077	东风裕隆汽车有限公司	8919	由于供应商制造原因，碰撞传感器工作异常，极端情况下可能出现气囊警告灯点亮、气囊自爆或车辆达到起爆条件时不起爆等情况，存在安全隐患	为召回范围内的车辆免费检查，并免费更换其中存在风险的碰撞感知器，以消除安全隐患

续表

召回编号	企业名称	召回数量	缺陷描述	召回措施
2016V0078	江铃汽车股份有限公司	355	因部分新世代全顺转向油管缺陷导致转向液泄漏，从而导致转向系统无助力	更换转向高压油管及柯蒂斯螺母
2016V0079	梅赛德斯－奔驰（中国）汽车销售有限公司	6302	车辆前舱盖的锁止力可能不符合要求，当车辆高速行驶时，车辆的前舱盖板存在脱开的可能性	作为预防措施，生产者将授权经销商召回车辆免费更换锁止连杆，如果需要，对前舱盖板进行调整
2016V0080	捷豹路虎汽车贸易（上海）有限公司	11282	部分进口的2012至2013年款路虎发现4，揽胜运动和2013年款新揽胜的曲轴位置传感器失效	更换正确的曲轴位置传感器
2016V0081	梅赛德斯－奔驰（中国）汽车销售有限公司	16	离合器焊缝不合格	作为预防措施，生产者将授权经销商为召回车辆免费更换离合器
2016V0082	梅赛德斯－奔驰（中国）汽车销售有限公司	12	碳纤维驱动轴与其法兰连接不良	作为预防措施，戴姆勒股份公司将通过梅赛德斯－奔驰授权经销商召回车辆免费检查，如果需要，更换碳纤维驱动轴
2016V0083	大众汽车（中国）销售有限公司	623	由于供应商在组装遮阳天窗的过程中，针对接合框架和顶盖时的清洁工作不充分，导致在使用周期内顶盖可能发生脱离	生产者将委托授权经销商免费为涉及范围内的车辆的遮阳天窗进行检查，并在其顶盖内侧采取进一步的粘接措施，确保消除可能存在的隐患
2016V0084	一汽－大众汽车有限公司	4839	由于供应商在组装遮阳天窗的过程中，针对接合框架和顶盖时的清洁工作不充分，导致在使用周期内顶盖可能发生脱离	生产者将委托授权经销商免费为涉及范围内的车辆的遮阳天窗进行检查，并在其顶盖内侧采取进一步的粘接措施，确保消除可能存在的隐患
2016V0085	日产（中国）投资有限公司	3970	线控主动转向系统控制单元程序有偏差，当电瓶出现低电压时，控制单元有可能对发动机起动时方向盘的角度做出误判，导致方向盘的转角和车轮的转角可能存在差异	将线控主动转向系统控制单元的程序进行重新编程

续表

召回编号	企业名称	召回数量	缺陷描述	召回措施
2016V0086	东风汽车有限公司	2924	线控主动转向系统控制单元程序有偏差，当电瓶出现低电压时，控制单元有可能对发动机起动时方向盘的角度做出误判，导致方向盘的转角和车轮的转角可能存在差异	将线控主动转向系统控制单元的程序进行重新编程
2016V0087	东风本田汽车有限公司	1038240	乘员侧前气囊在展开时气体发生器壳体可能出现破损、壳体碎片飞出等情况	免费为对象范围内车辆更换乘员侧前气囊气体发生器
2016V0088	上汽大众汽车有限公司	147955	本次召回范围内的部分车辆，在较高空气湿度、快速温度变化和震动等极端情况下，保护车外照明灯的一个保险丝可能因过热而失效，导致部分车外照明灯无法正常工作。但是，车辆电路可确保车辆周围部分灯光继续照明。该情况发生时，组合仪表的显示屏立即向客户发出灯光异常警告	免费为召回涉及的车辆更换改进后的灯光保险丝
2016V0089	斯巴鲁汽车（中国）有限公司	13336	由于供应商原因，副驾驶气囊展开时，气体发生器有可能发生破损，导致碎片飞出，可能伤及车内人员，存在安全隐患	生产者将为召回范围内的车辆免费更换副驾驶气囊气体发生器总成，以消除缺陷
2016V0090	浙江吉利汽车有限公司	373	由于零部件供应商制造原因，本次召回范围内部分车辆在极端工况下行驶，可能出现手动变速器第 6 档跳档现象	生产者将对上述召回范围内存在缺陷隐患的车辆免费更换改进后的手动变速器总成，以消除隐患
2016V0091	浙江豪情汽车制造有限公司	148	由于零部件供应商制造原因，本次召回范围内部分车辆在极端工况下行驶，可能出现变速器第 6 档跳档现象	生产者将对上述召回范围内存在缺陷隐患的车辆免费更换改进后的变速器总成，以消除隐患
2016V0092	东风本田汽车有限公司	684	乘员侧前气囊在展开时气体发生器壳体可能出现破损、壳体碎片飞出等情况	免费为对象范围内车辆更换乘员侧前气囊气体发生器

续表

召回编号	企业名称	召回数量	缺陷描述	召回措施
2016V0093	日产（中国）投资有限公司	6961	本次召回范围内部分车辆的气囊装配了高田公司生产的未带干燥剂的硝酸铵气体发生器。在气囊展开时，上述气囊的气体发生器可能发生异常破损，导致碎片飞出，伤及车内人员，存在安全隐患	生产者将为召回范围内车辆免费更换副驾驶席正面气囊气体发生器
2016V0094	法拉利汽车国际贸易（上海）有限公司	621	本次召回范围内部分车辆的气囊装配了高田公司生产的未带干燥剂的硝酸铵气体发生器。在气囊展开时，上述气囊的气体发生器可能发生异常破损，导致碎片飞出，伤及车内人员，存在安全隐患	生产者将为召回范围内的车辆更换乘客侧前气囊
2016V0095	梅赛德斯–奔驰(中国)汽车销售有限公司	2341	发动机控制单元软件存在问题可能导致车辆在即将停止时意外熄火，该问题增加了车辆在正常行驶过程中发生碰撞的风险，存在安全隐患	对召回范围内的车辆发动机控制单元软件进行免费升级，以消除缺陷
2016V0098	广汽菲亚特克莱斯勒汽车有限公司	2509	本次召回范围内的部分车辆由于电路板供应商制造设备故障，在一定环境条件下，可能发生车身控制模块故障，导致大灯或喇叭等功能产生异常，存在安全隐患	广汽菲亚特克莱斯勒汽车有限公司将为召回范围内的车辆免费更换车身控制模块，以消除安全隐患
2016V0099	丰田汽车（中国）投资有限公司	30859	抑制燃油蒸发气体排出装置（燃油吸油器法兰盘）中，因蒸发气体通路（树脂材料）的端部形状不完善，在使用过程中该端部可能会发生龟裂。如果在此状态下长期持续使用，该龟裂会继续发展直至贯穿。在燃油满箱状态下，有可能发生燃油渗漏，存在安全隐患	为所有对象车辆更换改良后的燃油吸油器零件

续表

召回编号	企业名称	召回数量	缺陷描述	召回措施
2016V0100	三菱汽车销售（中国）有限公司	7725	本次召回范围内部分车辆由于供应商问题，驾驶席主气囊在展开时，气体发生器容器可能发生损坏，导致碎片飞出，可能伤及车内人员，存在安全隐患	本次召回范围内部分车辆由于供应商问题，驾驶席主气囊在展开时，气体发生器容器可能发生损坏，导致碎片飞出，可能伤及车内人员，存在安全隐患
2016V0101	长安马自达汽车有限公司	74310	乘员侧前气囊在展开时，气囊的气体发生器壳体可能出现破损、壳体碎片飞出等情况	对召回范围内车辆免费更换乘员侧前气囊气体发生器
2016V0102	克莱斯勒（中国）汽车销售有限公司	43	气囊控制模块内的集成电路中的贵金属材料电极在某个共振频率时会使等效串联电阻升高，从而导致集成电路损坏，引起电流过载和侧气帘或前气囊偶发启动	生产者将为召回范围内的车辆进行检查并免费更换气囊控制模块，以消除缺陷
2016V0103	四川一汽丰田汽车有限公司	4458	抑制燃油蒸发气体排出装置（燃油吸油器法兰盘）中，因蒸发气体通路（树脂材料）的端部形状不完善，在使用过程中该端部可能会发生龟裂。如果在此状态下长期持续使用，该龟裂会继续发展直至贯穿。在燃油满箱状态下，有可能发生燃油渗漏，存在安全隐患。在燃油满箱状态下，有可能发生燃油渗漏，存在安全隐患	为所有对象车辆更换改良后的燃油吸油器零件
2016V0104	丰田汽车（中国）投资有限公司	7482	由于供应商原因，在生产过程中部分帘式空气囊的气体发生器储气管的润滑剂未能充分洗净，导致焊接时该部位可能产生微小龟裂	免费为召回范围内的车辆在帘式空气囊气体发生器相应部位追加保护罩，以消除安全隐患
2016V0105	四川一汽丰田汽车有限公司	1042	由于供应商原因，在生产过程中部分帘式空气囊的气体发生器储气管的润滑剂未能充分洗净，导致焊接时该部位可能产生微小龟裂	免费为召回范围内的车辆在帘式空气囊气体发生器相应部位追加保护罩，以消除安全隐患

续表

召回编号	企业名称	召回数量	缺陷描述	召回措施
2016V0106	大连奥尼斯汽车销售有限公司	517	本次召回范围内的车辆制动踏板铰链上的卡簧可能松脱。如果卡簧松脱，踏板枢轴销可能会出现移位，致使踏板偏离工作轨迹，而继续使用车辆可能导致踏板轴断裂。在某些情况下，驾驶员可能无法通过松脱的踏板进行有效制动，甚至造成事故，存在安全隐患	生产者将委托授权经销商免费为召回范围内的车辆检查踏板轴承上的卡簧，并确保其已经正确。在有必要的情况下，将为车辆安装一个新的卡簧。库存车辆将在消缺缺陷后进行销售
2016V0107	大连华宇汽车进出口有限公司	1236	本次召回范围内的部分车辆，制动踏板铰链上的卡簧可能松脱。如果卡簧松脱，踏板枢轴销可能会出现移位，导致踏板偏离工作轨迹。在极端情况下，驾驶员可能无法通过松脱的踏板有效的对车辆进行制动，增加了车俩的碰撞风险，存在安全隐患	免费为召回范围内的车辆检查踏板轴承上的卡簧，并确保其已经正确。在有必要的情况下，将为车辆安装一个新的卡簧。库存车辆须消除缺陷后方可销售
2016V0108	大众汽车（中国）销售有限公司	7	本次召回范围内的部分车辆，其全景天窗自动回缩功能的夹紧力触发上限可能过大，如果客户使用遥控钥匙开启和关闭全景天窗，且没有注意到有乘客将身体部位放置在天窗滑动区域，在少数情况下有可能造成对乘客的人身伤害，存在安全隐患，不符合国家标准的有关要求。大众汽车（中国）销售有限公司已于2016年5月24日起，因相同缺陷对2015年10月14日至2016年2月9日期间生产的部分进口2016款迈腾旅行及迈腾四驱汽车进行召回。因产品追溯原因，大众汽车（中国）销售有限公司决定扩大召回范围	为了确保在车辆天窗操控过程中的乘客人身安全，大众汽车（中国）销售有限公司将委托授权经销商为涉及范围内的车辆通过软件匹配的方式关闭全景天窗的遥控钥匙开启和关闭功能，并在产品说明书当中增加相应的内容，同时在车辆天窗控制面板部位增加安全警示标记
2016V0109	北京奔驰汽车有限公司	9	车辆电子助力转向控制单元软件问题	作为预防措施，戴姆勒股份公司将通过梅赛德斯－奔驰授权经销商为召回车辆免费升级电子助力转向控制单元软件

续表

召回编号	企业名称	召回数量	缺陷描述	召回措施
2016V0110	大连圣博国际贸易有限公司	1479	车辆制动踏板铰链上的卡簧可能松脱	大连圣博国际贸易有限公司将委托授权经销商免费为召回范围内的车辆检查踏板轴承上的卡簧，并确保其已经正确。在有必要的情况下，将为车辆安装一个新的卡簧
2016V0111	上汽大众汽车有限公司	341	因生产制造原因，部分车辆天窗与车身粘合效果不佳，极端情况下可能导致天窗松脱	免费为涉及的车辆更换天窗总成
2016V0112	东风本田汽车有限公司	67411	供应商将气囊控制单元中的侧气囊展开指令输出通道设置错误	免费为对象范围内车辆更换气囊控制单元
2016V0113	东风汽车有限公司	5534	本次召回范围内部分车辆由于供应商制造原因，侧碰撞传感器工作异常。补充说明：AX7侧面的碰撞传感器与前面的碰撞传感器完全相同，统一零件名称为侧碰撞传感器。侧面的碰撞传感器与前面的碰撞传感器都要更换	生产者将为召回范围内的车辆免费检查和更换被动安全约束系统侧碰撞传感器，以消除安全隐患
2016V0114	广汽本田汽车有限公司	282	副驾驶席前气囊在展开时，可能存在气体发生器壳体破损、壳体碎片飞出伤及车内乘员的安全隐患	对召回范围内的车辆免费更换副驾驶席前气囊气体发生器
2016V0115	广汽本田汽车有限公司	1823457	副驾驶席前气囊在展开时，可能存在气体发生器壳体破损、壳体碎片飞出伤及车内乘员的安全隐患	对召回范围内的车辆免费更换副驾驶席前气囊气体发生器
2016V0116	华晨宝马汽车有限公司	670	由于特定批次的制动助力器元件在装车前碰撞受损，召回范围内的极个别车辆的制动助力器存在外壳变形破损的可能性	检查制动助力器序列号，如为可能存在缺陷批次的产品，则更换制动助力器
2016V0117	日产（中国）投资有限公司	99	由于混合动力动力传动系控制模块（HPCM）中的高压冷却系控制程序存在偏差，当混动系统用电动水泵发生故障时，驱动马达有时会出现温度升高的情况	将混合动力动力传动系控制模块（HPCM）进行重新编程

续表

召回编号	企业名称	召回数量	缺陷描述	召回措施
2016V0118	大众汽车（中国）销售有限公司	224	由于供应商在组装遮阳天窗的过程中，在对框架和顶盖进行粘接过程中的清洁工作不充分，可能导致车辆在行驶过程中其遮阳天窗的顶盖从框架上脱离，并有可能给后方的车辆造成危险	大众汽车（中国）销售有限公司宾利品牌授权经销商将为召回范围内车辆的遮阳天窗进行检查，并在其顶盖内侧采取进一步的粘接措施，确保消除安全隐患
2016V0119	保时捷（中国）汽车销售有限公司	30	在配件目录中，固定安全带支座和安全带卷轴的螺栓安装位置混淆了，可能会因错误的配件目录信息导致螺栓使用错误，在事故碰撞中安全带系统的约束功会受到影响	为召回范围内的车辆检查安全带支座和安全带卷轴的固定螺栓，并确保其已经正确的安装。在必要时，将为车辆安装新的固定螺栓，以消除安全隐患
2016V0120	上汽通用五菱汽车股份有限公司	12485	变速箱传感器线束接插件端子在特定条件下可能接触不良，极端情况下变速箱控制模块（TCM）故障灯点亮，车辆进入空档行驶，存在安全隐患	为召回范围内的车辆免费更换 TCM 线束及 TCM 模块，以消除安全隐患
2016V0121	马自达（中国）企业管理有限公司	461	因气囊气体发生器的密封性等导致气体发生剂劣化，气囊展开时，气体发生器有可能发生异常破损，造成碎片飞出，可能伤及车内人员，存在安全隐患	对召回范围内车辆免费检查更换气体发生器
2016V0122	潍柴（重庆）汽车有限公司	124	本次召回范围内的部分车辆由于供应商制造原因，碰撞传感器工作异常，可能出现气囊警告灯点亮，极端情况下可能导致气囊误点爆或车辆达到点爆条件下不点爆等情况，存在安全隐患	生产者将为召回范围内的车辆免费检查，并免费更换其中存在问题的碰撞传感器，以消除安全隐患
2016V0123	宝马（中国）汽车贸易有限公司	156922	本次召回范围内部分车辆后排座椅处的 ISOFIX 儿童安全座椅固定锚点的 U 型支架与其底板间的焊接强度不足，长期在过大负荷下使用后，U 型支架可能发生变形，极个别极端案例中，可能从其底板上断裂，造成儿童安全座椅可能无法装入，或无法牢固地同车身固定。此种情况增加了车辆乘员在交通事故中受伤的可能，存在安全隐患	生产者将免费为召回范围内车辆焊接 ISOFIX 锚点加强件，以消除缺陷。库存的受影响车辆也将在维修完成后再进行销售

续表

召回编号	企业名称	召回数量	缺陷描述	召回措施
2016V0124	一汽轿车股份有限公司	845300	气囊装配了高田公司生产的未带干燥剂的硝酸铵气体发生器	免费更换气囊气体发生器
2016V0125	一汽轿车股份有限公司	8603	由于供应商制造原因，侧碰传感器工作异常，极端情况下可能出现气囊警告灯点亮、气囊自爆等情况，存在安全隐患	为召回范围内的车辆免费检查并更换侧碰传感器，以消除安全隐患
2016V0126	克莱斯勒（中国）汽车销售有限公司	12397	在售后维修车辆遮阳板，内饰顶衬过程中易对车辆遮阳板内的线束造成损坏，使其线束短路，造成梳妆灯失效或引起烧蚀	生产者将为召回范围内的车辆免费进行检查并重新安装遮阳板，以消除缺陷
2016V0127	福建奔驰汽车工业有限公司	7	本次召回范围内的车辆，由于涂料供应商制造过程中存在的质量问题，导致该期间内生产的部分凌特汽车使用了错误的化学涂料组分，而该组分的涂料无法保证车身漆面与前挡风玻璃间能充分粘合。当事故发生时，前挡风玻璃存在从车身脱离的可能性，存在安全隐患	生产者将为召回范围内的车辆免费检查车身的漆面性能并对前挡风玻璃粘合部位重新喷漆，以消除安全隐患
2016V0128	深圳市誉诚汽车贸易有限公司	226	本次召回范围内部分车辆制动踏板铰链上的卡簧可能松脱。如果卡簧松脱，踏板枢轴销可能会出现移位，致使踏板偏离工作轨迹，而继续使用车辆可能导致踏板轴断裂。在某些情况下，驾驶员可能无法通过松脱的踏板有效的进行制动，存在安全隐患	生产者将为召回范围内的车辆检查踏板轴承上的卡簧，并确保其已经正确。在有必要的情况下，将为车辆安装一个新的卡簧，以消除缺陷
2016V0129	丰田汽车（中国）投资有限公司	762	本次召回范围内部分车辆搭载的副驾驶席空气囊气体发生器（膨胀装置），由于供应商在生产过程中高压气体封止阀的焊接不恰当，导致该阀门打开压力降低，在这种状态下，在未达到打开条件下高压气体有可能漏出，从而导致空气囊展开，存在安全隐患	生产者将为召回范围内的车辆免费更换副驾驶席空气囊总成，以消除缺陷

续表

召回编号	企业名称	召回数量	缺陷描述	召回措施
2016V0130	日产（中国）投资有限公司	74	本次召回范围内部分车辆由于供应商制造原因，副驾驶侧正面气囊的初级气体发生器内部化学成分配比不当，可能导致气囊无法展开，存在安全隐患	生产者将为召回范围内的车辆免费更换副驾驶侧正面气囊，以消除缺陷。库存车辆将在消除缺陷后进行销售
2016V0131	马自达（中国）企业管理有限公司	11449	盐水附着产生的锈蚀，损耗了防尘密封圈，盐水侵入球节内部导致球面生锈。稳定杆的反作用力使轴承和球笼磨损，导致脱落，存在安全隐患	为召回范围内的车辆免费更换改善后的下控制臂组件，以消除缺陷
2016V0132	宝马（中国）汽车贸易有限公司	13	车辆在长时间行驶后，出现后传动轴断裂的情况（后驱车），进而造成车辆动力传输中断	生产者将免费为召回范围内车辆检查传动轴，对存在缺陷的传动轴，进行免费更换，以消除缺陷
2016V0133	福特汽车（中国）有限公司	5789	本次召回范围内部分车辆的车侧门锁闩内的爪簧调整片可能断裂，可能导致车门无法上锁。某些情况下，车主能够将门上锁，但车门可能在车辆行驶过程中解锁，存在安全隐患	生产者将对召回范围内的车辆免费更换设计变更的车门锁闩，以消除缺陷。在召回正式实施之前，如果召回范围内的车辆出现类似车门不能关闭、车内灯点亮的警告，仪表上车门未关报警灯点亮或者发出车门未关的提示音，用户可以联系福特汽车（中国）有限公司授权经销商
2016V0134	一汽轿车股份有限公司	22817	本次召回范围内部分车辆，由于防尘密封圈密封性能不足，盐水易侵入下控制臂球节内部导致球面生锈进而松动，可能导致车辆行驶过程中球节脱落，车辆存在失控的安全隐患	生产者将对召回范围内车辆免费更换改善后的下控制臂组件，以消除安全隐患
2016V0135	大连保税区嘉恒汽车销售服务有限公司	810	本次召回范围内的车辆制动踏板铰链上的卡簧可能松脱。如果卡簧松脱，踏板枢轴销可能会出现移位，致使踏板偏离工作轨迹，而继续使用车辆可能导致踏板轴断裂。在某些情况下，驾驶员可能无法通过松脱的踏板进行有效制动，甚至造成事故，存在安全隐患	生产者将委托授权经销商免费为召回范围内的车辆检查踏板轴承上的卡簧，并确保其已经正确。在有必要的情况下，将为车辆安装一个新的卡簧。库存车辆将在消缺缺陷后进行销售

续表

召回编号	企业名称	召回数量	缺陷描述	召回措施
2016V0136	马自达（中国）企业管理有限公司	30190	本次召回范围内部分车辆由于后车门气动支撑杆外筒盖部分的涂装不恰当，在有盐害的地区可能因盐分的影响受到腐蚀。在此情况下持续使用时，可能导致腐蚀加剧，外筒膨胀，外筒盖出现裂缝，打开后车门时外筒破裂。在极端情况下，可能导致周围人员受伤，存在安全隐患	生产者将对召回范围内的车辆免费更换改善后的车后门气动支撑杆，以消除缺陷
2016V0137	梅赛德斯－奔驰(中国)汽车销售有限公司	39	本次召回范围内部分车辆由于供应商的生产偏差，个别车辆换挡机构的快速联结器不符合要求，可能导致车辆驻车时溜车或无法从“P”档换出	生产者将为召回范围内的车辆进行免费检修，以消除缺陷
2016V0138	一汽－大众汽车有限公司	7	本次召回范围内车辆由于供应商在制造过程中没有对转向控制单元电路板按照规定进行灰尘颗粒防护，可能会导致电路板短路，影响车辆转向助力功能，从而造成转向不便，存在安全隐患	生产者将为召回范围内的车辆更换转向器总成（更换后的转向器总成能够防护灰尘颗粒）
2016V0139	玛莎拉蒂（中国）汽车贸易有限公司	40	本次召回范围内部分车辆的前轮轴承，因零件制造商在感应淬火过程中放置轴承位置不符合要求，影响了轴承表面硬化的效果，导致其机械强度降低，可能会导致车辆前轮轴承在极限载荷下损坏，在极端条件下，可能会导致车辆不易控制，存在安全隐患	生产者将对召回范围内的车辆前轮轴承进行更换，以消除缺陷
2016V0142	克莱斯勒（中国）汽车销售有限公司	36	本次召回范围内部分车辆后下控制臂可能发生断裂，进而导致车身高度的突发变化，或可能增加车身后部的不稳定性和车辆制动功能降低，存在安全隐患	克莱斯勒（中国）汽车销售有限公司将为召回范围内的车辆免费检查并更换相关部件，以消除缺陷

续表

召回编号	企业名称	召回数量	缺陷描述	召回措施
2016V0143	大连圣博国际贸易有限公司	41	本次召回范围内部分车辆制动踏板铰链上的卡簧可能松脱。如果卡簧松脱，踏板枢轴销可能会出现移位，导致踏板偏离工作轨迹。如果该问题没有被发现，继续使用车辆会导致踏板轴断裂松脱。在极端情况下，驾驶员可能无法通过松脱的踏板有效的对车辆进行制动，增加了车辆的碰撞风险，存在安全隐患	生产者将为召回范围内的车辆检查踏板轴承上的卡簧，并确保其已经正确，必要的情况下，将为车辆安装一个新的卡簧，以消除缺陷
2016V0144	广汽吉奥汽车有限公司	1432	本次召回范围内部分车辆由于供应商制造原因，导致碰撞传感器工作异常。极端情况下，可能出现气囊报警灯点亮、气囊自爆或车辆达到起爆条件时不起爆等情况，存在安全隐患	生产者将为召回范围内车辆全部免费检查，免费更换其中存在问题的碰撞传感器，以消除安全隐患
2016V0145	北京现代汽车有限公司	98684	本次召回范围内的车辆，由于双离合变速器控制单元TCU程序存在瑕疵，车辆起步可能产生延迟。如果持续稳定踩加速踏板1.5~2.0秒，车辆会开始加速，且车辆恢复正常，但是如果反复踩下加速踏板，车辆可能无法加速，存在安全隐患	生产者将为召回范围内的车辆免费升级TCU程序，以消除安全隐患
2016V0146	比亚迪汽车工业有限公司	759	本次召回范围内部分车辆由于供应商高田制造原因，导致碰撞传感器工作异常。极端情况下，可能出现气囊报警灯点亮、气囊自爆或车辆达到起爆条件时不起爆等情况，存在安全隐患	生产者将为召回范围内车辆全部免费检查，免费更换其中存在问题的碰撞传感器，以消除安全隐患
2016V0147	安徽江淮汽车股份有限公司	999	本次召回范围内部分车辆由于供应商制造原因，导致碰撞传感器工作异常。极端情况下，可能出现气囊报警灯点亮、气囊自爆或车辆达到起爆条件时不起爆等情况，存在安全隐患	生产者将为召回范围内车辆全部免费检查，免费更换其中存在问题的碰撞传感器，以消除安全隐患

续表

召回编号	企业名称	召回数量	缺陷描述	召回措施
2016V0149	一汽 – 大众汽车有限公司	2251	本次召回范围内车辆由于零件制造问题，第三排座椅在车辆发生碰撞时可能会向前移位，增加了乘客受伤的风险，存在安全隐患	生产者将为召回范围内的车辆的第三排座椅加装固定支架。库存车辆将在消缺缺陷后进行销售
2016V0150	现代汽车（中国）投资有限公司	1271	本次召回范围内部分车辆由于电动座椅开关内的钢珠采用的是普通钢，在外部水分进入后，电动座椅开关钢珠会发生腐蚀，导致驾驶席电动座椅可能在未预料的情况下发生移动，影响驾驶员操作稳定性，存在安全隐患	生产者将为召回范围内的车辆更换改善后的电动座椅开关，使用无腐蚀性的不锈钢钢珠，以消除缺陷
2016V0151	沃尔沃汽车销售（上海）有限公司	9042	本次召回范围内部分车辆的空调排水管在装配过程中可能存在安装不当，进而可能导致空调排水管内的冷凝水渗漏到乘客舱。如果冷凝水发生渗漏，且超过一定时期未能够及时被发现，将会影响到空调等电气系统正常工作，存在安全隐患	生产者将对召回范围内的车辆进行免费检查，如有必要则更换空调排水管，以消除缺陷。库存车辆将在消除缺陷后进行销售
2016V0152	斯巴鲁汽车（中国）有限公司	9219	本次召回范围内部分车辆由于设计问题，控制二次空气泵的继电器触点可能熔化粘着，导致空气泵电机连续运转，进而导致空气泵气管内气压上升、气泵温度上升，严重时可能引起树脂部件熔损，发出异臭，冒烟，甚至起火，存在安全隐患	生产者将为召回范围内的车辆更换经过重新设定的二次空气泵继电器，以消除缺陷
2016V0153	东风悦达起亚汽车有限公司	32617	本次召回范围内的车辆，由于双离合变速器控制单元 TCU 程序存在瑕疵，车辆起步可能产生延迟。如果持续稳定踩加速踏板 1.5~2.0 秒，车辆会开始加速，且车辆恢复正常，但是如果反复踩下加速踏板，车辆可能无法加速，存在安全隐患	生产者将为召回范围内的车辆免费升级 TCU 程序，以消除安全隐患

续表

召回编号	企业名称	召回数量	缺陷描述	召回措施
2016V0154	上汽通用五菱汽车股份有限公司	5882	本次召回范围内部分车辆的发动机曲轴箱通风阀膜片耐腐蚀性不足，在长期使用后膜片可能被腐蚀，极端情况下会导致发动机损坏，存在安全隐患	生产者将为召回范围内的车辆免费更换凸轮轴盖总成，以消除安全隐患
2016V0155	浙江豪情汽车制造有限公司	56121	本次召回范围内部分车辆由于供应商高田制造原因，碰撞传感器工作异常。极端情况下，可能出现气囊报警灯点亮、气囊自爆或车辆达到起爆条件时不起爆等情况，存在安全隐患	生产者将为召回范围内车辆全部免费检查，免费更换其中存在问题的碰撞传感器，以消除安全隐患
2016V0156	长城汽车股份有限公司	8908	本次召回范围内车辆因长期使用后离合控制器电机传动效率下降，车辆换挡时可能会出现卡滞现象，车辆进入空挡行驶，动力输出中断，存在安全隐患	生产者将对召回范围内的车辆免费更换改进后的离合控制器总成，并免费更换离合分离系统；同时在车辆遮阳板上粘贴提示标识，提示用户定期到售后维修网点对离合控制器自由行程进行免费调整，以消除安全隐患
2016V0157	广汽菲亚特克莱斯勒汽车有限公司	68699	本次召回范围内部分车辆由于安装支架设计问题，变速箱控制模块安装后，受到支架的外部应力，导致变速箱控制模块内部芯片损坏而发生故障，可能造成车辆行驶中意外切换到空挡或发动机熄火，存在安全隐患	生产者将为召回范围内的车辆免费更换变速箱控制模块及新设计的变速箱控制模块支架，以消除安全隐患
2016V0158	梅赛德斯－奔驰（中国）汽车销售有限公司	6	本次召回范围内部分车辆前排座椅的导轨固定螺栓没有被正确拧紧，在车辆发生碰撞时，可能会由于前排座椅松动导致乘客受到伤害，存在安全隐患	生产者将对召回范围内的车辆进行维修，正确固定缺陷部位的螺栓，以消除缺陷

续表

召回编号	企业名称	召回数量	缺陷描述	召回措施
2016V0159	一汽轿车股份有限公司	24799	本次召回范围内部分车辆，由于车辆后车门气动支撑杆外筒盖部的涂装不恰当，造成后车门气动支撑杆的防锈性能下降。在部分地区因盐分影响可能导致腐蚀加剧，造成外筒膨胀、外筒盖出现裂缝或打开后车门时外筒破裂。在极端情况下，可能导致周围人员受伤，存在安全隐患	生产者将为召回范围内的车辆免费更换改善后的后车门气动支撑杆，以消除安全隐患
2016V0160	天津一汽丰田汽车有限公司	735897	本次召回范围内部分车辆的空气囊装配了高田公司生产的未带干燥剂的硝酸铵气体发生器。在空气囊展开时，上述空气囊的气体发生器可能发生异常破损，导致碎片飞出，伤及车内人员，存在安全隐患	生产者将为召回范围内的车辆免费更换所涉及的空气囊零部件，以消除安全隐患
2016V0161	奇瑞捷豹路虎汽车有限公司	722	本次召回范围内的部分车辆由于其安装的变速箱线束可能压接不良，在某些情况下可能会导致变速箱挂入空挡，车辆突然失去动力，存在安全隐患	生产者将对召回范围内的车辆免费升级变速箱软件，以消除安全隐患
2016V0162	广汽丰田汽车有限公司	22888	本次召回范围内部分车辆的空气囊装配了高田公司生产的未带干燥剂的硝酸铵气体发生器。在空气囊展开时，上述空气囊的气体发生器可能发生异常破损，导致碎片飞出，伤及车内人员，存在安全隐患	生产者将为召回范围内的车辆免费更换所涉及的空气囊零部件，以消除安全隐患
2016V0163	广汽丰田汽车有限公司	60813	本次召回范围内部分车辆的空气囊装配了高田公司生产的未带干燥剂的硝酸铵气体发生器。在空气囊展开时，上述空气囊的气体发生器可能发生异常破损，导致碎片飞出，伤及车内人员，存在安全隐患	生产者将为召回范围内的车辆免费更换所涉及的空气囊零部件，以消除安全隐患

续表

召回编号	企业名称	召回数量	缺陷描述	召回措施
2016V0164	三菱汽车销售（中国）有限公司	54672	本次召回范围内部分车辆由于设计原因，水分会从雨刮器电机与雨刮器连杆的接头部侵入，接头内部会发生异常磨损，可能导致前挡风玻璃雨刮器无法正常运转，影响前方视野，存在安全隐患	生产者将对召回范围内的车辆进行检查。如发现接头部位磨损，则更换改善后的雨刮器连杆，如果接头部位没有磨损，则更换经过加长的橡胶套
2016V0165	斯巴鲁汽车（中国）有限公司	71227	本次召回范围内部分车辆由于前雨刷电机底盖（内有电路）制造不当，在某些情况下，前雨刷电机底盖内的电路触点部位可能发生反复性的电弧放电从而导致发热，在这种情况下前雨刷电机的底盖可能会出现熔损，严重时可能起火，存在安全隐患	生产者将为召回范围内的车辆更换正确制造且使用抗燃抗炭化材料的前雨刷电机底盖，以消除缺陷
2016V0166	广汽三菱汽车有限公司	119543	本次召回范围内的部分车辆由于前挡风玻璃雨刮器盖板内面积蓄的水分会从雨刮器电机的周边滴下，并积聚在电机的呼吸孔周边。在前挡风玻璃雨刮器电机运转后的冷却过程中，雨水从呼吸孔吸入电机内部，造成内部零件生锈、卡滞或电路故障，导致雨刮器电机运转故障，可能影响司机在正常行驶过程中的视野，增加车辆碰撞风险，存在安全隐患	生产者将免费为客户更换前挡风玻璃雨刮器电机总成（新的电机总成在呼吸孔树脂帽追加了防水布），以消除安全隐患
2016V0167	三菱汽车销售（中国）有限公司	17547	本次召回范围内的部分车辆由于前挡风玻璃雨刮器盖板内面积蓄的水分会从雨刮器电机的周边滴下，并积聚在电机的呼吸孔周边。在前挡风玻璃雨刮器电机运转后的冷却过程中，雨水从呼吸孔吸入电机内部，造成内部零件生锈、卡滞或电路故障，导致雨刮器电机运转故障，可能影响司机在正常行驶过程中的视野，增加车辆碰撞风险，存在安全隐患	生产者将免费为客户更换前挡风玻璃雨刮器电机总成（新的电机总成在呼吸孔树脂帽追加了防水布），以消除安全隐患

续表

召回编号	企业名称	召回数量	缺陷描述	召回措施
2016V0168	捷豹路虎汽车贸易（上海）有限公司	33440	本次召回范围内的部分车辆由于其安装的变速箱线束可能压接不良，在某些情况下可能会导致变速箱挂入空挡，车辆突然失去动力，存在安全隐患	生产者将对召回范围内的车辆免费升级变速箱软件，以消除安全隐患
2016V0169	马自达（中国）企业管理有限公司	361	本次召回范围内车辆由于燃油箱泵盖部的隔热性能不足，导致燃油箱泵盖在受到发动机、排气管的反复热影响后将会产生裂纹，可能导致燃油外溢，甚至造成起火，存在安全隐患	生产者将为召回范围内的车辆免费更换新的燃油箱泵盖，并在燃油箱上面追加隔热板
2016V0170	沃尔沃汽车销售（上海）有限公司	11690	本次召回范围内车辆在某些情况下，可能发生发动机缸盖局部区域压力过大导致发动机缸盖开裂的情况，从而造成冷却液泄漏或机油渗漏，可能导致发动机舱冒烟，甚至起火，存在安全隐患	生产者将为召回范围内的车辆免费更换新的排气歧管垫，同时改装冷却旁通阀
2016V0171	大连保税区嘉恒汽车销售服务有限公司	59	本次召回范围内车辆驾驶位置和副驾驶位置的正面气囊气体发生器壳体由于焊接不良，在气体发生器作用时会发生壳体破损，壳体碎片可能会伤害车内乘员，存在安全隐患	生产者将为召回范围内的车辆检查驾驶位置和副驾驶位置的正面气囊，更换气囊模块
2016V0173	宝马（中国）汽车贸易有限公司	20971	本次召回范围内车辆由于供应商问题，气囊的控制模块无法正常工作,在车辆发生碰撞时,气囊、安全带预紧装置及主动头枕将无法启动，存在重大安全隐患	生产者将为召回范围内的车辆更换经过修正的气囊中央传感器模块。宝马（中国）汽车贸易有限公司建议相关用户在车辆修复前停止使用车辆
2016V0174	大连华宇汽车进出口有限公司	137	本次召回范围内车辆驾驶员侧正面气囊气体发生器壳体由于焊接不良，在气体发生器作用时会发生壳体破损，壳体碎片可能会伤害车内乘员，存在安全隐患	生产者将为召回范围内的车辆检查驾驶员侧正面气囊，更换气囊模块

续表

召回编号	企业名称	召回数量	缺陷描述	召回措施
2016V0175	鼎和（天津）进出口有限公司	89	本次召回范围内车辆驾驶员侧正面气囊气体发生器壳体由于焊接不良，在气体发生器作用时会发生壳体破损，壳体碎片可能会伤害车内乘员，存在安全隐患	生产者将为召回范围内的车辆检查驾驶员侧正面气囊，更换气囊模块
2016V0176	依维柯（中国）商用车销售有限公司	200	本次召回范围内部分车辆次级驻车制动拉线的接头材料强度不够，有可能开裂，如果接头开裂可能导致驻车制动器的功能失效或部分失效，坡道停车时，车辆可能会移动，存在安全隐患	生产者将为范围内车辆更换经过改良后的次级驻车制动拉线。库存车辆将在消缺缺陷后进行销售 相关用户在坡道停车使用驻车制动时，建议同时将手动变速箱挂入一档或倒档，自动变速箱挂入P档，或者在轮胎下放置垫块
2016V0177	三菱汽车销售（中国）有限公司	21051	本次召回范围内车辆的后车门气动支撑杆外筒盖部防锈性能不足，在长期受到盐分腐蚀的情况下，打开后车门时可能会造成外筒破裂并伤害周边人员，存在安全隐患	生产者将为召回范围内车辆的后车门气动支撑杆进行检查，免费更换为改善零部件 相关用户应尽量避免使用后车门或在开启后车门的过程中远离气动支撑杆，在召回行动开始后应尽快联系经销商进行维修
2016V0178	三菱汽车销售（中国）有限公司	3804	本次召回范围内车辆的副驾驶席前气囊装配了高田公司生产的未带干燥剂的硝酸铵气体发生器。在气囊展开时，上述气囊的气体发生器可能发生异常破损，导致碎片飞出，伤及车内人员，存在安全隐患	生产者将为召回范围内的车辆更换副驾驶席前气囊
2016V0179	丰田汽车（中国）投资有限公司	4042	本次召回范围内部分车辆由于与换挡杆连接的油路切换操控杆支点部强度不足，在反复换挡后会由于磨损而产生间隙，以致无法切换到目标档位，可能导致车辆无法行驶或者前进档与后退档出现乱档，存在安全隐患	生产者将为召回范围内的车辆更换改善的油路切换操控杆

续表

召回编号	企业名称	召回数量	缺陷描述	召回措施
2016V0180	玛莎拉蒂（中国）汽车贸易有限公司	263	本次召回范围内部分车辆因后差速器制造商在生产过程中未对部分差速器齿轮锁紧螺母的紧固扭矩进行校验，导致齿轮锁紧螺母可能未被完全紧固。这可能导致车辆后差速器在行驶过程中产生异响,降低齿轮和轴承的寿命，还可能导致齿轮油封漏油。如果长时间驾驶存在上述异响的车辆，可能导致后差速器内部卡滞，存在安全隐患	生产者将对召回范围内车辆的后差速器和传动轴进行检查；如果需要，将更换后差速器和（或）传动轴，以消除缺陷。库存车辆将在消缺缺陷后进行销售
2016V0181	沃尔沃（中国）投资有限公司	332	本次召回范围内部分车辆由于驾驶室内部照明装置存在设计缺陷，如果长期在潮湿或灰尘的环境下工作，可能导致驾驶室内部照明装置电路短路，照明装置PCB（印刷电路板）等部件烧毁，存在安全隐患	生产者将为召回范围内车辆的驾驶室内部照明装置加装带保险装置的线束
2016V0182	斯巴鲁汽车（中国）有限公司	46804	本次召回范围内的车辆由于发动机水泵轴承装配间隙小，可能导致轴承锁死、水泵无法正常工作。如继续行驶可能出现发动机熄火且不能重新启动的情况，存在安全隐患	生产者将对召回范围内车辆，免费更换水泵总成，以消除安全隐患
2016V0183	上汽通用东岳汽车有限公司	38786	本次召回范围内的车辆，由于进口制动软管供应商混料问题，长时间使用后制动软管可能发生开裂，极端情况下可能造成制动液渗漏，存在安全隐患	生产者将为召回范围内的车辆免费更换制动软管，以消除安全隐患
2016V0184	大连圣博国际贸易有限公司	108	本次召回范围内部分车辆，由于发动机控制单元软件存在问题，可能导致车辆在即将停止时意外熄火。该问题增加了车辆在正常行驶过程中发生碰撞的风险，存在安全隐患	生产者将为召回范围内的车辆免费升级发动机控制单元软件

续表

召回编号	企业名称	召回数量	缺陷描述	召回措施
2016V0185	四川一汽丰田汽车有限公司长春丰越公司	2231	本次召回范围内的车辆，由于起动机开关处的连接器与电瓶支架间隙不足，如果车辆在恶劣路况行驶，可能发生干涉造成连接器破损，车辆无法再起动，存在安全隐患	生产者将为召回范围内的车辆免费更换改良后的电瓶支架、起动机以及起动机线束，以消除安全隐患
2016V0186	大众汽车（中国）销售有限公司	238	本次召回范围内部分车辆前后座椅及仪表盘位置的部分螺栓连接扭矩数据缺失。相关螺栓可能没有正确地紧固，可能影响相关座椅安全带、气囊、加速踏板及转向机下沉等功能，导致在车辆发生碰撞时，降低车辆对人员的保护并导致人员伤害，存在安全隐患	生产者将委托授权经销商免费检查召回范围内车辆的相关螺栓连接状况，并对连接扭矩不正确的螺栓进行正确紧固。库存车辆将在消除缺陷后进行销售
2016V0187	斯巴鲁汽车（中国）有限公司	62598	本次召回范围内部分车辆的副驾驶席前气囊装配了高田公司生产的未带干燥剂的硝酸铵气体发生器。气囊展开时，气体发生器有可能发生破损，导致金属碎片飞出，可能伤及车内人员，存在安全隐患	生产者将为召回范围内的车辆免费更换副驾驶气囊气体发生器总成，以消除安全隐患
2016V0188	宝马（中国）汽车贸易有限公司	69	此次召回范围内车辆由于供应商问题，EPS 控制模块无法正常工作，在车辆行驶时可能发生转向助力失效，或 EPS 控制模块处可能升温，引发火灾风险，存在安全隐患	生产者将为召回范围内车辆更换经过修正的转向机总成（EPS 控制模块集成于转向机总成）
2016V0189	郑州日产汽车有限公司	30603	本次召回范围内车辆的副驾驶席正面气囊装配了高田公司生产的未带干燥剂的硝酸铵气体发生器。在气囊展开时，上述气囊的气体发生器可能发生异常破损，导致碎片飞出，伤及车内人员，存在安全隐患	生产者将为召回范围内车辆免费更换副驾驶席气囊气体发生器，以消除安全隐患

续表

召回编号	企业名称	召回数量	缺陷描述	召回措施
2016V0190	大众汽车（中国）销售有限公司	20919	本次召回范围内部分车辆，可能由于燃油泵连接器接触面磨损及腐蚀，造成接触电阻升高，从而导致油箱内侧插头过热及失效，进而导致车辆无法启动或者在行驶中抛锚等情况，存在安全隐患	生产者将委托进口汽车授权经销商（针对夏朗车型）以及具有西雅特品牌售后服务资质的大众品牌进口汽车授权经销商（针对欧悦博车型），为召回范围内的车辆燃油泵更换油泵盖帽及线束，以消除缺陷
2016V0191	大连奥尼斯汽车销售有限公司	48	本次召回范围内部分车辆，驾驶员位置正面气囊气体发生器壳体焊接不均匀，在气囊展开时气体发生器壳体可能破损，壳体碎片可能损坏车辆内饰，造成乘员伤害，存在安全隐患	生产者将将为召回范围内的车辆更换驾驶员位置正面气囊模块
2016V0192	大连圣博国际贸易有限公司	173	本次召回范围内部分车辆驾驶员位置正面气囊气体发生器壳体由于焊接不良，在气体发生器作用时会发生壳体破损，壳体碎片可能会伤害车内乘员，存在安全隐患	生产者将为召回范围内的车辆更换驾驶员位置气囊模块
2016V0193	东南（福建）汽车工业有限公司	8913	本次召回范围内部分车辆的副驾驶席前气囊装配了高田公司生产的未带干燥剂的硝酸铵气体发生器。在气囊展开时，上述气囊的气体发生器可能发生异常破损，导致碎片飞出，伤及车内人员，存在安全隐患	生产者将为召回范围内的车辆免费更换副驾驶席前气囊气体发生器，以消除安全隐患
2016V0194	北京奔驰汽车有限公司	3364	本次召回范围内部分车辆，由于后排坐垫下方的油泵控制单元线束存在固定偏差，在极端情况下，坐垫骨架受力下移可能导致线束受挤压而损坏，引发燃油供应中断，发动机熄火，存在安全隐患	生产者将为召回范围内的车辆重新固定线束，以消除安全隐患
2016V0195	一汽轿车股份有限公司	5618	本次召回范围内的车辆由于发动机控制程序存在瑕疵，在燃油表液位指示灯未发出警告的情况下，在行驶过程中可能发生突然熄火，有导致车辆发生事故的风险，存在安全隐患	生产者将为召回范围内的车辆免费刷新发动机控制单元软件，以消除安全隐患

续表

召回编号	企业名称	召回数量	缺陷描述	召回措施
2016V0196	保时捷（中国）汽车销售有限公司	42	本次召回范围内部分车辆的前桥下控制臂零件表面喷涂工艺不稳定，可能导致零件部分部位出现腐蚀裂纹现象。在极端受力条件下逐渐导致该部件断裂，从而影响车辆的操控性能	生产者将为召回范围内的车辆免费更换前桥下控制臂
2016V0197	宝马（中国）汽车贸易有限公司	336	本次召回范围内车辆由于供应商问题，气囊的控制模块无法正常工作,在车辆发生碰撞时,气囊、安全带预紧装置及主动头枕将无法启动，存在重大安全隐患	生产者将为召回范围内的车辆更换经过修正的气囊中央传感器模块。宝马（中国）汽车贸易有限公司建议相关用户在车辆修复前停止使用车辆
2016V0201	上汽通用汽车有限公司	1784	本次召回范围内的车辆，由于进口制动软管供应商混料问题，长时间使用后制动软管可能发生开裂，极端情况下可能造成制动液渗漏，存在安全隐患	生产者将为召回范围内的车辆免费更换制动软管，以消除安全隐患
2016V0202	丰田汽车（中国）投资有限公司	66830	本次召回范围内部分车辆由于制动控制电脑中的控制程序不完善，在车辆处在制动保持的停车状态下，如有解开座椅安全带等操作，车辆有可能会发生前移，存在安全隐患	生产者将为召回范围内的车辆免费升级控制程序，以消除缺陷。库存车辆将在消缺缺陷后进行销售
2016V0203	东风汽车有限公司	1600	本次召回范围内部分车辆 ABS 控制器内的油封硬度不足，可能会使制动液渗漏到零件内部电路板，导致 ABS 警告灯点亮。如继续使用，在极端情况下可能导致 ABS 电路板短路烧蚀，存在安全隐患	生产者将为召回范围内车辆更换 ABS 控制器，以消除安全隐患
2016V0204	东风汽车有限公司	28710	本次召回范围内部分车辆的油箱泵口处的毛边压合处理不充分，可能造成油箱密封圈局部龟裂，出现燃油气味溢出。极端情况下，在油箱加满油时，可能会导致燃油渗漏，存在安全隐患	生产者将为召回范围内车辆的油箱泵口进行压合处理并更换油箱密封圈，以消除安全隐患

续表

召回编号	企业名称	召回数量	缺陷描述	召回措施
2016V0205	克莱斯勒（中国）汽车销售有限公司	5265	本次召回范围内部分车辆前部模块线束布线不当，导致车辆在特定条件的碰撞中，气囊和安全带预紧器无法正常展开，可能增加乘员受伤的风险，存在安全隐患	生产者将为召回范围内的车辆进行检查并免费更改前部模块线束的布线，以消除缺陷
2016V0206	克莱斯勒（中国）汽车销售有限公司	760	本次召回范围内部分车辆因变速驱动桥油泵转子内外尺寸偏差导致转子损坏，引起车辆动力缺失，存在安全隐患	生产者将为召回范围内的车辆免费更换尺寸正确的驱动桥油泵，以消除缺陷
2016V0207	梅赛德斯–奔驰（中国）汽车销售有限公司	21	部分车辆的安全带延伸臂拉伸后无法完全收缩至设定位置，在某些情况下可能影响其保护功能，存在安全隐患	生产者将为受影响车辆升级安全带延伸臂促动的控制单元软件，以消除缺陷
2016V0208	梅赛德斯–奔驰（中国）汽车销售有限公司	35	部分车辆由于供应商的生产偏差，前大灯短焦距的预设定不符合国家相关标准的要求	生产者将为召回范围内的车辆实施免费检修，以消除隐患
2016V0209	宝马（中国）汽车贸易有限公司	168861	本次召回范围内车辆的气囊装配了高田公司生产的未带干燥剂的硝酸铵气体发生器。在气囊展开时，上述气囊的气体发生器可能发生异常破损，导致碎片飞出，伤及车内人员，存在安全隐患	生产者将为召回范围内的车辆免费更换所涉及部位的气囊气体发生器，以消除安全隐患。（注：对于X5及X6车辆，涉及部位为驾驶员及前排乘客的正面气囊；对于其他型号车辆，涉及部位为驾驶员正面气囊。）
2016V0210	华晨宝马汽车有限公司	24750	本次召回范围内车辆的气囊装配了高田公司生产的未带干燥剂的硝酸铵气体发生器。在气囊展开时，上述气囊的气体发生器可能发生异常破损，导致碎片飞出，伤及车内人员，存在安全隐患	生产者将为召回范围内的车辆免费更换所涉及部位的气囊气体发生器，以消除安全隐患。（注：对于X5及X6车辆，涉及部位为驾驶员及前排乘客的正面气囊；对于其他型号车辆，涉及部位为驾驶员正面气囊。）

续表

召回编号	企业名称	召回数量	缺陷描述	召回措施
2016V0211	玛莎拉蒂（中国）汽车贸易有限公司	11234	本次召回范围内部分车辆存在意外移动的风险。如果驾驶员未按照车辆使用要求进行操作和检查，在车辆变速器仍处于行驶档位上时，却可能导致驾驶员误认为其已经在驻车档位，进而可能造成车辆的意外移动。上述意外移动出现时，如果驾驶员离开车辆，可能会造成对车外人员的伤害，存在安全隐患	生产者将通过更换驾驶员侧车门门锁和升级车辆意外移动抑制功能相关模块的软件，为召回范围内的车辆增加车辆意外移动抑制功能，以消除缺陷。库存车辆将在消除缺陷后进行销售